# 史上最強の
# 人生戦略マニュアル

フィリップ・マグロー＝著
勝間和代＝訳

きこ書房

# はじめに

この本は、私たちが自分たちの弱さを認識した上で、これらの弱さに打ち勝ち、人生をより自分で主体的に関わるための具体的な戦略を私たちに教えてくれる。しかも、自己啓発書にありがちな精神論ではなく、個別具体的なマニュアルとなっているのが特長だ。

著者は訴訟コンサルタントのフィリップ・マグローで、原書のタイトルは「Life Strategies : Doing What Works, Doing What Matters」である。

私が本書に初めて出会ったのは、二〇〇一年。当時、私は三二歳、戦略コンサルティング会社のマッキンゼーで働いており、アソシエイトというヒラのコンサルタントから、中間管理職であるマネージャーに昇進したばかりだった。

そして、この本を当時の私が手に取ろうと思ったのは、当然、私自身が自分の人生の戦略に思い悩んでいたからである。

この時期、私は国内外のかなりの数の自己啓発書を読んだと思う。そしてその中でも、この「Life Strategies : Doing What Works, Doing What Matters」は間違いなく、もっとも秀逸な本の一つであった。そして、**もっとも私が影響受けた本の一つでもある**。

本書の序文は、アメリカの恋人と言われるオプラ・ウィンフリーのエピソードからはじまる。オプラ・ウィンフリーは日本ではあまり知られていないが、アメリカでは知らない人がいないくらい有名な司会者である。

オプラは、「オプラ・ウィンフリー・ショー」というトークショーを長年持ち、アメリカの良心として、エンターテイメントに走りがちなテレビショーに一石を投じ、視聴者と一体となった、共感を生みながらも、新しい情報や視点を視聴者に知らせようという姿勢が高く評価されてきた。結果、オプラが支持をすればオバマも人気が出るし、オプラが本を推奨すればあっという間にその本がベストセラーになるという信頼感を視聴者から勝ち取ってきたのである。

そんなオプラが、狂牛病についてメディアを通じてその危険性を告発した時、牧畜業者を中心にいわれのない中傷と個人攻撃、それに多額の賠償金を求めた訴訟を起こされた。賢明で力があり、アメリカでもっとも影響力がある女性と言われているオプラでさえ、そのような理不尽な逆境に直面した時には「現実が間違っている」「自分が正しいことは自然と証明されるはず」と現実を否定し、殻に閉じこもってしまったのである。

そして、そのような状態にあるオプラに対して、説得を行い、現実と立ち向かわせる力となったのが、著者のフィリップ・マグローだった。

スケールはずっと小さいが、私の三〇代前半の状態もオプラとまったく同じ状況であった。仕事においても、家庭においても、自分の意にそぐわない、不都合なことがいろいろと起きていた。そういった問題に対して、自分が正しければ、問題は自然と解決するはずという誤った思い込みを持っていたことを今でも忘れない。

しかし、そんな誤った思い込みをこの本は強烈に砕いてくれた。**この本を読んだことで、私も現実に立ち向かうことができ、それから数年間かけて、自分の人生のコントロール権を取り戻すことができた**のである。

本書では、人生の法則を1から10に分けて、ていねいに説明をしてくれるが、その法則のそれぞれが、著者フィリップ・マグローの豊富なコンサルティング経験と学術知識に基づいており、何度読み返しても、そのたびに新しい発見がある。

したがって、この本が私自身への指針となったのはもちろんのこと、自分の少し後輩の知り合いや友人から悩みを相談された時、いつも本書を読むように紹介してきた。ただ残念ながら、邦訳は絶版となっており、特にここ数年は入手が非常に難しい状況であった。

新刊が入手できないので、勧めた相手には、英語が得意な人であれば原書を読むことを勧めたり、そうでなければ中古の本を探してもらったりしていたが、この度、縁があって、私自身の翻訳でもう一度、本書を出版できることになったことは、この上なく、うれしく感じている。

本書で、フィリップ・マグローがもっとも強烈に放っているメッセージは、「楽観主義者」でも「悲観主義者」でもなく、**「現実主義者」になれ**ということである。

そして、どんなに不幸だと自分自身、思えることであっても、現実に起こっていることを一切否定せず、まずは、「ものがわかっているか、いないか」（人生の法則1）からはじめて、どんな時にも、自分以外の相手と対応しなければいけないのだから、まずは自分を理解し、そして何が相手を動かしているのかを理解し、適切な情報集め、自分自身をしっかりとコントロールすることを推奨している。

この本の内容が私たちにとってとてもわかりやすいのは、一つひとつの法則やエピソードが、すべて個別具体的であるということである。自分で責任を持つこと、自分の選択が自分の人生を作ること、という普遍的な法則については、多くの本がそれを語っている。
しかし、本書と他の本との違いは、全体が体系化されていることに加え、個別の法則においても、豊富なエピソード事例、それに、私たちが次に何をしたらいいかという課題にまで、ブレークダウンされていることである。

心理学や行動科学の中で、認知行動療法という概念がある。これは何かというと、私たちが何か行動の中で不適応を起こしたり、問題が生じたりした時に、まずは事前に私たちが持っている誤った認識や行動を阻害する要因となっている仮定についてそれを理解させ、さらに行動の変化を通じて問題に対して適応的に行動させるよう促すことにより、問題解決を促進する手法である。

フィリップ・マグローは、明確には認知行動療法という言葉は使っていないが、本書の中で行われていることは、まさしく認知行動療法である。これは、行動科学で博士号を取得している著者が、さまざまな臨床や実験おいてに得てきた知見を活かして文書に書き下ろしたものであろう。

本文中に出てくる様々な事例が、日本のものではないということで、親和性を感じることができない読者もいるかもしれない。しかし、本書の中でフィリップ・マグローが説いている手法は、私たち人間が陥りやすい認知の罠を説明し、そこから抜け出すための具体的な手法まで、法則にして著してくれている懇切ていねいな内容になっている。

さらに、本書は単なる読みものではなく、ワークブックになっている。本を読み進める時には、一八ある課題について、一つひとつ、紙とペンを使って（パソコンとワープロでもかまわない）、自分自身について書き起こしながら、アウトプットをしていってほしい。それを行えば、必ず、一つでも二つでも、あるいはそれ以上の、さまざまな人生をよりよく戦略的に生きるための指針やヒントが得られるはずである。

なお、原書については、フィリップ・マグロー自身が朗読しているオーディオブックも、CDやAudibleからのダウンロードの形で市販されているので、英語に自信がある人は、ぜひこちらにもチャレンジしてもらいたい。フィリップ・マグローの力強い呼びかけが、より具体的イメージできて、本書を読む時にも楽しくなるであろう。

本書が、手に取ってくれた読者のみなさんの人生をガイドするマニュアルとなり、初めて本書を手にした当初の私のように座右の書となって、迷った時には参照しながら、自分自身で責任を持って選択をした人生を歩んでいく、そんな助けになることを願っている。ぜひとも、ワクワクしながら、これから先の本文を読み進めていってほしい。

二〇〇八年八月

勝間和代

◆目次◆

## 第二章　あなたのゴールラインはどこか？　321

### ◆◆◆人生の法則⑩《自分が求めているものを知り、要求する》　322



## 第三章　ガイドつき人生の旅　347

## プロローグ

### ●――標的は「アメリカの恋人」オプラ・ウィンフリー

オプラは民事訴訟で、詐欺及び口頭誹毀《ひき》、名誉毀損《きそん》、過失のほか、もっと専門的な罪に問われていた。「でっち上げ」裁判になるのではないか。そんな不安を彼女は抱いていた。

オプラは、狂牛病と牛肉業界についてセンセーショナルに取り上げるため、嘘をつき真実をねじ曲げたとして公に告発された。すべては視聴率を上げるためだとされていた。オプラの高潔な精神と倫理は踏みにじられ、原告側は全国民に、オプラは見かけどおりの人間ではないと訴えていた。

彼女は、卑しい、真実を売り渡す無責任な人間として描かれた。原告側は法廷で、机を力一杯叩き、被告を信じてはいけない――面目を失わせ、一〇〇万ドルを越える罰金を払わせるべきだ、と主張した。

オプラのプロ意識への攻撃はひどいものだったが、これは彼女が大いに気にかけていたスタッフへの攻撃であると同時に、心を深く、あまりに深く傷つける彼女への個人攻撃でもあった。そのうえ、自分の世界では真実についての質問に自由に答えられたものが、法廷ではこれとは対照的に、連邦裁判所の規則により黙って座っているしかなく、いかめしい裁判官が敷いた厳しいかん口令によって、少なくとも公判が続く間は、彼女は公的な場で発言することができなかった。

私の見るところでは、政界との太いパイプを持つ億万長者の牧畜業者は、水中で血の匂いを嗅いだサメのようにいきり立っていた。

法律を巧みに操って彼女を自分たちのなわばりに引き込み、自分の息がかかる所に追いつめたのだ。ここにいるのは、牛肉業界をこき下ろした敵として描かれ、世界の食肉産業の中心地、白人男性優位のここテキサス州アマリロで罠にはめられた、きわめて裕福な黒人女性だ。

オプラに言えるのは、**これは公正ではない**ということだけだった。「こんなことが起こるなんて、信じられない。あまりにも不当だ。まさか私がこんな目に遭うなんて。夢を見ているに違いない。**どうしてこの私がこんな目に遭わなくてはならないのか？**　今起きていることにはすべて何か理由があってしかるべきだ」

トーク番組の世界では常識になってきた奇人偏重ムードに魂を売るのを拒んだのは、彼女ではなかったのか？　成功への道を歩んでいたのではなかったのか？　誤った人間性を示す変人を次々に紹介し、互いに「奇人変人度を競い合わせて」視聴率を上げよとの圧力にことごとく逆らい、変わらぬ姿勢で、ひたすら健全路線を歩んできたのではなかったのか？

正義はないのか？　人々はこの裁判がインチキだと見抜けないのか？　オプラにはわからなかった。

問題は、すぐに答えを得なければ、彼女は息の根を止められてしまうということだった。

テレビや映画の世界のスターの場合もそうだが、私たちは、オプラのイメージに幻惑されている。人生に何が起ころうとも、舞台全体に音楽が流れると、自信に満ちた落ち着いた態度で、両腕を伸ばしてあのお馴染みの手を振る仕草をしながら、彼女が舞台に躍り出るものと思っているのかもしれない。

実際よりも大物だと思っているのかもしれない。だがそうではない、**彼女も普通の人間**だ。だがアマリロで包囲攻撃にあいながらも、心の中では不安にとらわれながらも、オプラ・ウィンフリーは、自分が定めた道徳的な基準を守り続けた。

何百万人という視聴者は、毎日の暮らしを守ってくれる「盾」として、オプラに頼るようになってきている。オプラのいない世の中は狂気の世界であり、彼女はこの世界に理性を運んでくれる一陣のそよ風のようなものなのだ。

オプラは、頼りにしてもらったお返しに、攻撃にさらされている間も、こうした視聴者との関係を大事にした。彼女は「オプラ」であり続けた。番組をやめるわけにはいかないのだ。

## ●――揺れ動くオプラの心のうち

アマリロの一月の夜はふつう、凍てつくような寒さが当たり前だが、古風な佇まいのリトル・シアターは、暖かさには事欠かなかった。毎晩、四〇〇人の人々が肩と肩がぶつかるほどのぎゅうぎゅう詰めで座っていると、観客の興奮と頭上のまばゆいスポットライトのどちらが、より多くのエネルギーを発しているのかわからないくらいだった。

なにしろ、「ハリウッド」が街に来たのだ。ヘッドフォンをつけたプロデューサーが手を挙げると、期待のつぶやきでざわめいていた館内は静まり返り、「オプラ」のテーマソングが巨大なスピーカーから突然流れはじめると、場内は歓声と拍手にどっと沸く。

オプラ本人が光の中に颯爽と歩み出た時、間違いなく、観客の前にいるのはスターだった。セットから音楽、オプラの外見にいたるまで、すべてが完全に一つに調和していた。何もかもが洗練されていて、華やかで粋でありながら、ゆったりとして気取りがない――思わずつり込まれてしまうような雰囲気なのだ。

けれども、あの微笑みを前にすると、舞台の上にあるものは、どれもただの背景に過ぎないように見えた。人生の無邪気な喜びが表れた微笑み。観客と自分の今の仕事へのオプラの愛がにじみ出た微笑み。一時間半にわたる番組を二本続けて録画撮りしている間、観客はずっとこの愛にこたえる。

歓声を上げ、足を踏みならし、テキサス流の愛情表現で拍手の波、また波を送る。ふたたび、「オプラ」の世界になる。彼女は冷静で、自分が愛することをしている。彼女はオプラだった。

劇場での三時間にわたる録画撮りの間、誰もが楽しんでいた。だがいちばん楽しんでいたのは彼女だ。

観客は、彼女に触れたがり、抱きしめたいと思っていた。そうすることで、自分たちも彼女の温もりとエネルギーのおこぼれにあずかれるとでもいうように。このエネルギーが尽きることはないように思えた。

劇場が空っぽになってから長い時間が経ち、ほとんどの観客が眠りについた頃でも、彼女はよく、クルーといっしょにその場に残り、番組の広告用コマーシャルの録画撮りをしていた。あの輝く微笑みを浮かべて。まさに、彼女こそ「アメリカの恋人」だ。

けれども真夜中過ぎの静まり返った家の中で、私が目にしたのは、精根尽き果てかけているオプラだった。真っ暗に近い地下の娯楽室で、アメリカの恋人は微笑んではいなかった。乱れ髪で膝を抱えながら、私とともに床に座っていた。

それまでの何日間かと同じように、その日も長い一日だった。朝の五時半に始まり、裁判所で九時間も激しい攻撃を受けてから、ぶっ続けでトーク番組二本分の録画撮りをしたような日を表現するのに、「疲れた」という言葉ではまだまだ足りない。

それでもやはり、眠りは訪れそうになかった。地下室でいっしょに座っていた私には、オプラが「例のもの」の影響を受けているのがわかった。彼女は動揺し、自分自身を見つけようともがいていた。

猛烈な非難攻撃を浴びているせいで、はるか昔に根ざした好ましくない感情が、ふたたび顔をのぞかせはじめていた。危機的な状況に直面して、オプラは自分を見失っていた。

彼女の反応は、実に人間らしいものだ。彼女は、正直な話、現在アメリカ社会にはびこっている態度なり、考え方なりで反応していた。こうした態度や考え方、パターンは、人生を台無しにし、さらに言えば社会をダメにしかねないものだ。

そして、あなたの態度であれ、オプラ・ウィンフリーの態度であれ、はたまた社会全体の態度であれ、ある種の大きな不幸を確実にもたらすたぐいの反応である。

## ●——戦略をもって裁判にのぞむ

私も友人としては、彼女を抱きしめ、大丈夫、心配いらないと言ってやりたかった。だが私もバカではない。彼女が今の状態から抜け出さなければ、それもすぐに抜け出さなければ、一〇〇パーセント裁判に負け、どんなに不当なことであっても有罪のレッテルを貼られるということが、私にはわかっていた。

それだけでなく、訴訟を起こそうという動きが他の多くの州でもすでに見られ、この訴訟にオプラが負けたら、次は自分たちの州の裁判所に引きずり込もうと、相手は手ぐすねを引いて待っている状態だった。いずれも金の匂いをかぎつけたのだ。けれども私は、彼女に同情し、親身になって話に耳を傾けてやるために、そこにいるのではなかった。陪審員たちの心を勝ち取り、この訴訟に勝つための作戦を練る戦略家として、そこにいるのだ。

人には誰にでも仕事がある。家を建てるのが仕事の人もいれば、**私のように生きるための戦略を立てるのが仕事の者もいる。私は戦略家だ。私は、人間の性質と行動を研究している。**パートナーであり、アメリカ一の訴訟アナリストだと私が信じている親友のゲイリー・ドブズとともに、人生に求めるものを人々が手に入れられるプランを立てている。私の仕事はそれだけだ。扱うのが人生の場合には、いつも大きな賭けになる。
オプラの場合、金銭的にもその他の面でも、賭け金はべらぼうに高かった。一億ドルの訴訟では、次善の策というものはない。私には真実を暴くための、それも効果的に暴くための計画が、よく考え抜いて調査も済ませた戦略があった。この作戦を立てるのに何カ月もかかった。

もちろん、作戦の非常に大きな部分を占めるのはオプラである。彼女なしでは、彼女が全身全霊を傾けてくれなければ、私たちはこの牧畜地帯での裁判に負け、大敗を喫する恐れがあった。私たちには彼女が必要だった。彼女という人間の本質である、全力投球の姿勢が必要だった――それも今すぐに。

私の仕事の中で大きな割合を占めているのは、オプラに心構えをさせることであり、私はこれを実行するつもりだった。真実は彼女の味方だったが、間違ってはいけない。裁判所は真実が集まるところではない。

人生とちょうど同じように、申し分のない計画もなしで、裁判所にのこのこ出向くのは、考えが甘い。もはや、彼女が本来の自分に戻るのを、私は待っていられなかった。

裁判は進んでおり、日一日とテンポが速くなってきていた。決定が下され、計画が実行され、証人が入れ替わり立ち替わり証言台に立った。こうしたことはすべて、オプラに対してなされていることなのだ。マスコミや原告や陪審員、さらには私たち弁護団のメンバー全員さえも、彼女が自分の言い分を述べるのを待っていた。

ところが私たちの花形証人は、否認するばかりで、すべては「狂気の沙汰」だという思いに飲み込まれそうになっており、SFドラマ『未知の世界／ミステリーゾーン』ばりのこの体験が現実の出来事である、という事実と向き合おうとはしなかった。

オプラの主任弁護士を務めるチャールズ・「チップ」・バブコックは、マスコミ関係の訴訟を専門とする超腕利きの弁護士だったが、そんな彼の力でもってしても、オプラ本人が全力投球しなければ、この計画を成功させることは不可能だった。

毎日、チップは私に聞いてきた。「彼女は覚悟ができているのか？　私たちは彼女に心構えをさせなければならないんだ」。法廷弁護士として、チップ・バブコックの右に出る者はいない。だがそんな彼にも、オプラの本領が発揮されていないので、これが危険な訴訟だとわかっていた。

彼は、アメリカ全土の超有名なマスコミ関係者を弁護し、勝訴を勝ち取っていた。そして素晴らしい実績を持ちながらも、アメリカ国内で行われるこうした訴訟の八〇パーセントは、裁判の段階でもうすでに敗訴が決まっていることを承知していた。

彼は腕がいい。本当に腕利き弁護士だ。この裁判地では、その腕前が必要になるだろう。深く敬服するようになったこの女性と向き合って床に座りながら、私は心の中で適当な言葉を探した。

いっしょに話し合い、分析しはじめてから、すでにかなりの時間が経っていたが、オプラはあいかわらず、なぜこういうことになったのか、思いわずらうばかりだった。

私にわかるのは、「なぜ」に関係なく、私たちはこのアマリロにいて、彼女は標的にされているということだった。ついに私は彼女の手を取って言った。「**オプラ。私を見るんだ、今すぐ。目を覚ましたほうがいい、それも今すぐに。これは夢なんかじゃない。現実の出来事なんだ。そんな風に嘆くのはやめて、ゲームに参加したほうが身のためだ**」

## ●――オプラの考えに変化が

世界でもっとも影響力があることはほぼ間違いない女性相手に、牛がキャベツを食べるように、テキサスの牧畜業者たちが無気力な人間にどんな風に食らいつくか、教える人間はあまりいないのではないか。本能的に反発を感じたのだろう、彼女の目に一瞬怒りが浮かんだ。

だが、彼女の怒りの矛先が私に向けられていないことはわかっていた。手加減して話せば、オプラをダマすことになっただろう。彼女が耳を貸す表現で真実を語っただけのことだ。こうでもしなければ、聞いてもらえなかった。

根が正直な人間なので、彼女に対してこんな素っ気ない態度をとるのは難しいことだった。だが、オプラは私がどういう人間か、よく知っており、彼女のためを思って言ったことであることに気づいた。彼女は私の目を見て、これまで力を合わせてきた間、一度も耳にしたことがない断固とした口調で言った。「**そんなことはさせない**」

牧畜業者たちの敗訴が決まったのは、まさしくこの瞬間だと、私は心から確信している。それまでオプラは、**正当だろうと不当だろうと事実は事実であるということを受け入れずに、こうした扱いが正当かどうか、ずっとよくよく考え続けていた。**

勝つために必要なことに集中しないで、哲学めいたことを考えて気もそぞろの状態だった。そもそもの初めから、彼女は自分の行為は正しいと深く信じていた。億万長者の食肉業者が好もうが好むまいが、食糧の供給を含めて、国民の健康と安全について公に議論する自由は、言論の自由を謳ったアメリカの憲法修正第一条により保障されていると、強く信じていた。

けれども、彼女個人やその職業に対する悪意に満ちた攻撃に動揺し、「オプラ・ウィンフリー」であることをやめてしまったのだ。頭は闘っていても、心は闘っていなかった。彼女は、弁護に役立つ適切なことをいろいろしてきた。番組の録画撮りの場所をアマリロに移し、毎日公判に足を運ぶことにも同意し、夜な夜な原告側の申し立てについて検討してきた。

しかし彼女は、不当なことなのだから、何かが裁判の成り行きを変えて、問題は解決するはずだという考えにがんじがらめになっていた。

制作スタッフへの絶え間なく続く攻撃にも、心をかき乱されていた。彼女は、ハーポ・プロダクションズとそのスタッフ全員を家族同然と見なしていたからだ。原告の申し立てはまったく根も葉もない嘘だという信念にとらわれて、自分の力を投げ出してしまっていた。

原告側の牧畜業者たちや司法制度、悪意に満ちた攻撃にさらされている現状のなすがままになり、オプラは自分自身をなくしていた。すっかり自信を喪失し、心をかき乱されて気もそぞろの精神状態で証人席に立ち、退屈で情け容赦がなく巧妙に操作された、神経がすり減るような三日間にわたる反対尋問に応じていたら、ろくなことにはならなかったはずだ。はっきり目標を定めた作戦がなければ、おそらく陪審員にきわめてひどい印象を与えていただろう。陪審員はこう思ったに違いない。「オプラに確信がないのに、どうやって私たちに確信を持てというのか？」

道は二つに一つ。気に入らないから現状を受け入れるのを拒み続けるか。それとも、現状を受け入れ、攻撃を受けている仲間と自分自身のために立ち上がるか。彼女の目を覆っていた目隠しをはずし、あれこれ考えるのをやめて現実に対処しはじめるや、彼女は**本来の自分に戻った**。

彼女は証言台に立ち、陪審員の目を正面から見据え、真実を語った。それも効果的に。そして同じように原告側の目を見据えた。彼女が送ったメッセージははっきりしていた。

「さあ、もしあの番組に問題があるなら、私が相手になるわ。この場で決着をつけましょう。問題があるなら、私にかかってきなさい。スタッフには手を出さないで。あなたたちは私をこの場に呼んだ。そして今、私はここにいる。全力でかかってきなさい。私は逃げも隠れもしない。怖じ気づいたりもしない」。

オプラ・ウィンフリーは恐るべき女性である。オプラ・ウィンフリーは勝者である。そしてひとたび彼女が全力で問題に取り組み、自分自身と自分の信念について抗弁に打ち込むや、原告側は手も足も出せなくなった。一件落着だった。

# 第一章

# 問題がひとりでに解決することは、絶対にない

## ●──誰もあなたに代わって闘ってはくれない

さて、あなたが抱える問題について、『ニューヨーク・タイムズ』紙の記事で読んだり、CNNで今夜あなたの映像を見たり、することはなさそうだ。少なくともそうであってほしい。あなたはたぶん、自分が直面している争いごとや裁判、災難について、世界中のメディアに分刻みで詮索される、テレビ界や映画界の国際的なスターではないだろう。けれどもオプラとまったく同じように、毎日、問題に直面している。

自分の身に起きていることはまったく不当だと感じているかもしれないし、あなたが正しいのかもしれない。オプラとまったく同じように、世の中は制御不能になることがあり、誰が善人か忘れ、悪い奴らをのさばらせ、時には度を超したことをするのを大目に見ている、と感じているかもしれない。

時々、人はフェアでなかったり、鈍感だったりするが、こうしたことは人生にはつきものだ。悲しいことだが、成功していればいるほど、中傷されることが多いように感じられる。フェアであろうがなかろうが、どっちみちオプラと同じようにあなたは、他の誰でもない、自分自身を助けなければならない。六時のニュースで取り上げられなかったからといって、問題が取るに足りないことというわけではない。少なくともあなたにとっては。

私の言葉を信じてほしい。あなたが立ち上がって自分のために闘わなければ、**他の誰も自分に代わって闘ってはくれない。この世の中でもっとも必要な味方は、他の誰でもない自分自身だ**ということに、あなたはもしかしたら気づいているのではないだろうか。このことについては後ほどもっと話すつもりだが、人生というこの闘いで、勝敗を左右するのは、たいてい自分自身の心の中で行なわれる闘いだと察しているだろう。

問題を大きくしているのは、ただ単に、それが自分の問題だからだと言うことを認めよう。オプラのスタジオと同じ通りにある店の店員にとって、オプラ・ウィンフリーがアマリロで敵に囲まれて、他でもない彼女の人格について非難されていても、たいして問題ではないかもしれない。だが、オプラ・ウィンフリーにとっては大いに問題なのだ。

同じように、あなたの問題は、隣人にとってはたいした問題ではないかもしれない。だからといって、隣人があなたをきらっているとか、薄情だというのではない。自分自身の関心事を最優先するのが人情というものだ。だが、他の人にはともかく、自分にとっては重大な問題なのである。もし、問題が自分にとって重要でないなら、状況を本当に変えることができる誰にとっても、重要ではなくなるだろう。

自分の問題をささいなことだと見なしたり、言い訳したりすべきではない。この世の中はあまりにも昔から、私たちに波風を立てないように仕向けてきた。

その結果、私たちは、ややもすると事を荒立てずに問題を解決してしまう。問題があなたにとって重大なら、それで充分。重視してしかるべきなのだ。問題が重要なのは、あなたが重要だからだ。

大局的に見れば自分の問題は取るに足りないことに見えるのではないか――そんな心配は無用だ。私が足首の骨を折って病院に入院したら、隣のベッドには足を切断したばかりの人がいたとしよう。ひどい話だ。けれども、だからといって私の足首の痛みがましになるわけではない。あなたにとって問題であるなら、もちろんその問題を気にかけるべきだ。それだけでなく、自分の身に降りかかったことが正当か不当か、くよくよ考えるような状態に、はまり込まないように気をつけないといけない。不当なことであっても、それはそれとして、**対処しなければいけない**ことに変わりはないのだ。

## ●——今の方法でうまくいかないなら、せめて他のやり方を検討しよう

人生を変えることは本当に可能である。あなたにはただ、そのための道具と焦点、「心の掘り下げ」が欠けているのだ。自分の問題を重大だと見なして本書を読み進めば、何か得るものがあるだろう。

ここまで読んだ時点で、「そんなことをしてどうなるんだ?」と思っている人もいるのではないだろうか。だが本書こそが、人生にずっと求めているものを得るのに必要なものだったらと考えてみてはどうだろうか。もし、今の方法でうまくいかないなら、せめて他のやり方を検討するくらいのことをしても、バチは当たらない。望むものを手に入れるために必要なことを、自分はすべて知っているわけではないのかもしれないと認めることからはじめればいい。

オプラは法廷に立ったことがなかった。人生経験は豊富だったが、訴訟の経験はゼロだった。彼女は進んで、自分が知らないということを認め、食らいついて学んだ。彼女は学ぶことを厭わなかった。ゲームのルールを学ぶと、勝利を導き出した。あなたにだって同じことができる。このゲームのルールを学べば、結果に驚くかもしれない。訴訟がいい例だ。実際、法廷は人生の縮図と言ってもいいだろう。どんな裁判でも、必ず誰かが他の誰かから何かを取り上げようとして

いる。人生でもそれは同じだ。だから私は、アマリロでのオプラの体験をあなたに紹介したのだ。その凝縮した人生のドラマの中には、貴重な教訓がいくつもある。

訴訟は、私たちの人生につきものの競争を象徴している。公判が終われば、勝者と敗者にはっきりわかれる。自由が失われることもあるし、金を取り上げられることもある。けれども有無を言わせぬほど訴訟が人生と似ている点がある。人生では法廷と同じように、競争が始まる時、あるいは世間に先んじる時、申し分のない戦略を立てておいたほうがいいというところだ。

それだけではない。ゲームのルールを知っておいたほうが身のためだ。さもないと、悪い奴らが昔はあなたのだったものを分け合うことになるだろう。連中は、あなたの給料や恋人を横取りするか、何らかの方法であなたを出し抜いて取って代わるだろう。

今すぐ、自分自身に問いかけることだ。「私は、本当に、人生の戦略を持っているだろうか?」、「それともただ単に、受け身でその日その日をやり過ごし、自分のところに巡ってきたものを手に入れているだけなのだろうか?」。もしそうなら、あなたには競争心が欠けている。世間には「骨を追いかける大勢の犬」がいて、ヨロヨロと進んでいては絶対に成功しない。

この人生の勝者たちはゲームのルールを知り、計画を立てている。だから、そうではない人たちから見ると、いささか手際の良さが目につくのだ。人生の勝者が勝者である理由は、大きな謎ではない。事実はこの通りだ。

あなたもゲームのルールを知り、計画と地図を持たなくてはならない。自問する必要がある。

**「私は本当に、自分が望むところに向かっているのだろうか？　それともただ、さまよっているだけなのだろうか？」**。

**「今日私がしていることは、本当に私がしたいと思っていることなのだろうか？　それとも、昨日も同じことをしたから、今もそうしているのだろうか？」**。

**「私が手に入れたものは、本当に自分が求めているものだろうか？　それとも、簡単で安全で、私が本当に求めていたものほど恐ろしいものではないから、これで我慢しているのだろうか？」**。

難しい質問だと思うが、あなたはすでに答えを知っているのではないだろうか？

## ●——たいていの人が、自分自身をダマしている

オプラのアマリロでの体験は、さまざまな状況に当てはまる教訓を与えてくれる。この教訓から、あなた自身がなぜ人生の途上で困難な状況に陥るのか、その理由がわかる。オプラはなぜあれほど魅力的なのだろうか。それは、彼女が自分を偽らず、人間らしくて、みなと同じようにも

ろい部分があるからだ。
私の経験から言うと、アマリロで受けた攻撃への最初の反応や、途中で幾度か示したパターンは、あらゆる職業・社会的階級の人たちが日々の問題に直面した時に示す反応と、まったく同じだ。実際、こうした反応は、現代アメリカに流行病さながらに蔓延し、老若を問わず、世慣れた人間かどうかに関係なく、数え切れないほど多くの人々の人生や目標、夢を蝕んでいる。

違うのは、オプラが人生をコントロールする技能を磨いていた点かもしれない。一億ドルの訴訟を起こされて、個人攻撃を受けている様子に全世界が注目しているのと比べれば、はるかにましな状況でも、あなたなら参ってしまうかもしれない。それでも大丈夫。どんな状況にあろうと、私は力になるつもりだ。今でもいい人生を送っているが、もっといいものにできればと思っている場合であろうと、あるいは、悲惨な人生を送っていて、自分でも変えなければと思っている場合であろうと問題ではない。本書は、目的と戦略を持って生きていくのに必要な道具を与えるためのものだ。なにしろ、あなたは今も将来も、**自分自身の人生に責任がある**のだから。

きっとあなたも例外ではないと思うが、**たいていの人は、自分に難しい質問をぶつけず、自分の本当の性格や態度を直視せず、成功するための努力を無にする肝心な問題に取り組まないことによって、自分をダマしている。**私の考えはこうだ。自己欺瞞の霧の中で暮らしている他の人たちのことは放って置こう。あなたは目隠しをとり、真実に対処する。そうすれば他の人に差をつけられる。

## ●──間違った四つの行動パターン

さて、アマリロでの問題の中でオプラを脅かし、アメリカでもごく当たり前になっているパターンは何だろう？　あなたが人生を変え、求めるものを手に入れるチャンスを台無しにしているかもしれないパターンは何か？

まず、共通するのは、否認のパターンだ。オプラは、非常に不当なことが自分や自分のスタッフの身に起こりうるという事実を受け入れまいと抵抗した。だが実際には、その間もずっと、不当なことが起きていたのだ。

**放っておけばますます複雑になるだけなのに、現実を受け入れず、事実に対処する代わりに、こんなことが起こるはずがない理由に彼女は執着した。**

彼女がそんな反応を示すのも無理のない話だ。自分が何をしたのか、彼女は本当のことを知っており、原告側の建て前ではなく真の動機がわかっていたのだから。だが、世の中は必ずしも筋が通ったものばかりではない。

あるべき状況ではなく、ありのままの現状に対処せざるを得ない場合もしばしばある。たとえばオプラは、どんなかたちや経緯であれ、こうした問題に巻き込まれることすら、不愉快に思っていた。訴訟からは何も生まれず、関係者全員の時間が無駄になると感じていた。訴えられたのでなければ、絶対に裁判所に足を踏み入れることはなかっただろう。彼女は、こうした「否認の一人問答」をしていたのだ。

次のパターンは、最初に何かを決めてかかり、本当かどうか、あるいは正確かどうかを調べないというものだ。何らかの立場や意見、あるいは信念を身につけ、それが正しいか確かめなかったとする。もしそれが正しくなければ、こうしたものに基づいた判断がまったく健全で筋の通ったものであっても、とんでもなく間違った結果に行きつく可能性がある。

オプラは、自分に対して起こされた訴訟は、でっち上げで「不当」であるのは一目瞭然だから、最終的にはそのことが暴かれて、煙と消えるだろうと**決めつけていた**。彼女は、アメリカの司法制度がこの茶番劇をかぎつけ、葬り去ってくれるだろうと**決めつけていた**。彼女は、当局の誰かが介入して、「富を増やすために裁判制度を濫用させるわけにはいかない」と、原告側の牧畜業者たちに言ってくれるものと**決めつけていた**。

彼女はこうした仮定にしがみついた。それが本当であってほしかったから。もし彼女が、仮定が正しいか理性的に確認していたら、アメリカの司法制度と自分の仮定には欠陥があることに、もっと早く気づいたかもしれない。だが、自分を信じているがゆえに、自分が信じるものは正しいのだと思いこむと、ともすれば別の可能性に心を閉ざしてしまう。

三番目の問題は、「無気力」、つまり恐怖や否認によって生じた麻痺状態だ。定員いっぱいまで乗客が乗っている故障した航空機が急降下しているのに、操縦席でじっと座っているパイロットを思い描いてほしい。

彼は言う。「ああ、こんなことが起きるなんて信じられない。すぐに神様が助けてくれるにちがいない」。あるいはこうだ。「そんなひどいことになるはずがない。私は一度も墜落したことがないんだから。きっと奇跡が起きて助かるはずだ」。

受け入れるのが苦痛に思えることを否定してそのままにしていたら、気づかないうちに、精力的に有効な自衛策をとれない状況になり、失敗するだろう。オプラ・ウィンフリーは難局にうまく対処したが、まずことの深刻さを含めて状況を把握しなければならなかった。あなたも、問題の本質を把握しないと、有効な手を打てない。無気力は、ゲームからあなたの最高の資源を奪ってしまう。

もう一つのパターンは、偽りの仮面をかぶることだ。大方の人と同じように、オプラも仮面をかぶることがある。彼女の仮面は魅惑的すぎて、彼女にも必要なものがあることを、人々に忘れさせかねない。私たちは、必要としているのに、そのことを認めれば自分の弱さを見せることになるように思えて、「毅然とした態度」をとることがままある。けれども、「困難に耐え抜いてみせる」と言い張っていると、得られる助けをはねつけてしまうかもしれない。他人は強がりを真に受け、あなたの欲求に気づかないからだ。

**行動を選ぶと、結果も選ぶことになる**ということを、よくわかっていない人も大勢いる。「不当だ」ということにこだわり続けていたら、問題を拒むことにではなく取り組むことに注げた貴重な時間とエネルギーを、オプラはずっと無駄にすることになっただろう。

こうした態度を選んだのは彼女だ。本人がどんなにもっともな理由をつけようと、彼女が選んだ態度は「否認」であり、こうした選択をしたことで、自分自身を守る力は飛躍的に増しているのに、気持ちがそれについていけないといった結果を選んでいた。さいわい、彼女は態度を百八十度変え、抵抗をやめて前向きに対処する道を選んだ。彼女は、行動を起こすという選択をし、それによって最終的に勝利をおさめるという結果を選んだ。

これらのパターンはすべて、互いに関連性があり、私たちが往々にして犯す間違いである。危険な状況がいくつか重なった時にこうした間違いを犯すと、大きな悲劇につながる恐れがある。もちろん、問題が大きければそのぶん、処置を誤った時にこうむるダメージも大きい。

今までの人生を振り返れば、とりわけ記憶に残っているこうした出来事が必ずあるはずだ。現実を否定しながら生きていた時、あるいはあとになって間違いであることがわかったが、その時は正しいと信じていた最初の仮定に基づいて決断を下した時、どういうことになっただろうか？無力感に陥っていた時、仮面をかぶることによって他人の助けをはねつけていた時、どんな結果になったか？　そしてたぶん、次のことが何より肝心だろう。あなたのどんな選択が、自分が望んでいない、あるいは必要としていない結果をもたらしたのか？　あなたの問題はありふれたものだったか？　それとも途方もなく大きな問題だっただろうか？

あなたの知り合いに、やみくもに自分から災難に飛び込んでいるように見える人がいるかもしれない。あなたはまず考える。「いったい、何を考えているんだ？」、と。私の予想では、本書を読み終わるころには、あなたは自分自身の人生を客観的な目で見て、**「いったい、どうして私はあんなことを考えたんだろう？　どうしてこんなことがわからなかったんだろう？　どうしてあんな態度をとってしまったんだろう？」と首を傾げているだろう。あなたの課題は、少なくとも課題の一つは、こうしたパターンがあなたの人生や夢、欲求にどんな影響を与えたか見極めることだ。**

今でもこうしたパターンがあり、それも強くなっているのだろうか？　あるいは、現在ちまたに蔓延しているこうした行動パターンは、あなたの人生の中で密かに猛威をふるい、あなたの問題を化膿させ、あなたの夢を毒しているだろうか？

日常生活の中でも、見るのを拒んだために消えた夢の劇的な例が見つかる。息子は麻薬に手を出してはいないのだと自分自身に信じ込ませ、ついには麻薬の過剰摂取で死んだ息子の遺体と対面する両親。自分が乳ガンだという事実を受け入れず、治療できないほどガンが進行した女性。愚かにも、自分の配偶者は本当はＦＢＩ特別捜査官で、週末の夜だけ任務があるのだと信じている夫（妻）。

どの例でも結果は同じだ。**問題がひとりでに解決することは絶対ない**と言っていい。そのまま放って置いて状況が良くなることはない。麻薬中毒の子供や重病、浮気性の配偶者を持つよりも悪いことが、一つだけある。問題を抱えているのにそれに気づかないこと、あるいはそれ以上に悪いのは、**気づいていながら本当ではない振りをする**ことだ。

本書は、受け身の体験をするために書かれたものではない。読み進めば、対話形式で書かれていることがわかるだろう。後半の章で紹介されている主な原則は、前半の章で詳しく取り上げたテーマに沿っており、あなたはすべての章で能動的な役割を演じることが求められる。

**《課題一》**

書き出してほしい。心の奥では問題だとわかっていながら認めていない、あるいはとにかく辛すぎて避けて前もって言っておくが、本書を最後まで読み終わるころには、あなたは多くのことを書き出しているはずだ。話を前に進める際に登場する「課題」の答えをすべて書き出せる日記のようなものを用意しよう。各ページをあとから一冊にまとめられるルーズリーフがいいだろう。この日記は極秘扱いにして、他の人の目に触れないようにすること。こうすることで、あなたは心を完全に開くことができる。

おそらくリストに書かれたものはすべて、ある程度は自分自身の態度が原因のはずだ。それだけでなく、**あなたの問題と、私たちがテレビや新聞で目にするもっと悲惨な状況との主な違いは、結果であって、それに至る態度ではない**と、私は思っている。というのも、あなたの人生とこうした痛ましい話には、共通するパターンがないだろうか?

車で近所の通りを、少しスピードを出しすぎて走る。子供を放ったらかしにしたまま、「ちょっとの間」隣の家に行く。理性の声が運転するなと言っているのに、飲酒運転で家路につく。避妊具を使わずにセックスする。税金をごまかす——思い当たったことはないだろうか?

「ショッキングなニュース」には、しばしば、まさにこの通りのことをした人たちのことが書かれている。だが悲惨なことに、結果が違うだけで、彼らは刑務所に入ったり、子供を失ったり、エイズにかかったりしているのだ。

飲酒運転やスピード違反で、子供をひいてしまった人のニュースが流れているが、たぶんあなたは同じことをしても、誰も殺さなかっただろう。隣は税務署の調査を受けていても、あなたのところには来ていない。あなたが家に帰った時、子供たちはまだ無事だ。なにも**あなたの態度が良かったとか、いい選択をしたというわけではない。たまたまそれで何事も起こらずに済んだだけのことだ。**だが、いつも下手な人生管理をしているなら、それは危険なことだ。思っているほどうまく切り抜けられないかもしれない。

## ●――今すぐ、事態を変える

この世の中を支配し、私たちの行為の結果を決める基本的な「人生のルール」は変わることがないと私は確信している。ゲームの一部の特徴はきっと異なるだろうが、それでも結果を決めるのは、この基本的な「人生のルール」だ。

当然のことながら、こうした「人生のルール」を知らずに、あるいは意識的に無視して生きていると、非常に大きな問題を生み出すことになる。そして、私たちは答えを求めるあまり、しばしば有害あるいは愚かな、もしくはその両方である答えに飛びつくだろう。

なぜ、私たちが制御不能になっているか知りたければ、今差し出されている「解決法」がどういうものであるか考えるといい。今日、実践されている心理学について言えば、私はあまり好きではない。私の見るところでは、あまりに曖昧で漠然としすぎて、意見と主観ばかりだからだ。俗世間を離れた象牙の塔の住人で、人生の曖昧で抽象的な面について、もったいぶって話をすることができるなら、それでもいいだろう。だが、あなたはそんなものを求めてもいないし、必要ともしていないと思う。

あなたは現実の世界に住み、現実に変える必要がある本当の問題に取り組んでいるのではないか。あなたの問題への洞察や理解は必要ない。あなたが必要としているのは、今すぐ、事態を変えることだ。

あなたはこう考えるのではないだろうか。もし船がどんどん沈み続けたり、どんどん進路から外れてきたりしたら、誰かが最後に立ち上がって、**「おい、これじゃダメだってことくらい、誰にでもわかるだろう?」**と言うにきまっている、と。

私は今、まさしくその通りのことを言っているのだ。それも声を大にして。あなたには、新しい戦略がぜひとも必要だ。こんなことを言うのは、「今の流行」ではないかもしれないし、政治的に正しくないかもしれない。けれども私は、曖昧な哲学的意見や熱狂的で大げさな言葉、専門的な響きを持つ気の利いた流行語や、人生はどうあるべきか、あるいはなぜ人生を変えるべきかについての一時しのぎの解決策を並べることには、あまり関心がない。

私が「今」関心を抱いているのは、問題やパターンや障害を乗り越え、自分と自分が気にかける人たちのために、人生に求めるものを手に入れることによって、人生の勝者となるための、知識に基づく具体的な戦略をあなたに持たせることだ。

## ●——意思ではなく、結果に焦点をあわせる

あなたにとっての「勝利」が、関係を修復したり、傷ついた心を癒したりすることを意味しようと、新しい仕事やよりよい家庭生活、何らかの心の平和や静けさを手に入れること、あるいは他の有意義な目標を達成することを意味しようと、そのためには戦略と戦略の立て方についての手引きが必要だ。なぜ私の言葉に耳を傾けるべきなのか？　別に、自分自身の判断の代わりに、私の判断に従うようにと押しつけているわけではない。

私はこれまで「人生の法則」を研究し、それを一つにまとめてきた。そして今、それらについて説明しようとしている。できれば明快に。

**私は何年も、あらゆる職業・社会的階級の、そして思いつけるかぎりのあらゆる苦境に立っている、何千人という依頼人とともに、彼らが勝つための戦略を立てるという名誉ある仕事をしてきた。私が彼らの問題に取り組んだ時と同じように、あなたにも自分の問題に取り組んでほしい。つまり、意思ではなく結果に実際に焦点を合わせてほしいのだ。**戦略的に生きるにはテクニックがいる。この複雑な時代にそれを知らずにいるのは、読み書きができないのと同じだ。私は依頼人に代わって戦略を立てたのではない。彼らといっしょに戦略を立てたのだ。あなたともそうするつもりだ。

では私は何者なのか？　きっと、あなたと違う職業と人生を研究するという道を選んだことを別にすれば、私の経歴はあなたのと、よく似ているのではないだろうか。私の両親は貧しい家の出だ。父も母も、子供時代にはテキサス州中部で綿花を摘んでいた。

二人は、善良だが無学な両親に育てられた。第二次世界大戦が終わり、故郷に戻った父が、復員兵援護法（訳注　復員兵に対する大学教育資金や住宅資金の給付を定めたもの）による給付金で大学に行くつもりだと告げると、父の家族は、「学生ごっこ」をしたいのか、仕事に就く代わりに本を読んで人生を無駄にしたいのか、と言ってあからさまに父をあざ笑った。それにもかかわらず父は、私たち一家全員にとって非常に大きな犠牲を払って、最終的に心理学の博士号を取得し、二五年間にわたって心理学を生業とした。

一九九五年のある日曜の朝、教会で教えている最中に父は倒れ、亡くなった。五三年間父に連れ添った私の母は、高校を卒業後、私の生涯を通じて時々働きに出た。母は、献身的に尽くし、愛情を持って私と私の三人の姉妹を育てた。本当に立派な女性だ。

私が高校生の時、父と私は家を離れていた。父は病院実習のため、電気やガスや水道がろくに通っていないアパートで暮らしていた。お金がなかったからだ。浅はかで社会的な地位を気にしていた私は、自分が貧乏であることを恥ずかしく思い、そんなことは問題ではないということがまだよくわかっていなかった。

同年代の友人たちの中で、私は上等の服も車も金も将来の見込みもないティーンエイジャーだった。私を監督する者などいないも同然で、体育の授業がなければたぶん高校を中退していただろう。多くの家庭と同様に、我が家もその日暮らしの切りつめた生活を送り、おんぼろ自動車を乗り回していた。けれども私たち一家は、互いに愛し合い、寄り添い合い、夢中で生きていた。

フットボールで奨学金を受けていなかったら、たぶん大学にも進学せず、今この本を書いてはいなかっただろう。私は心理学者になったものの、治療を行うよりも戦略を立てるほうが好きだということに気づいた。そこで、自己開発及び自己発見フォーラムを開き、一〇の「人生の法則」を使って人生を変え、目標を達成するための方法を人々に伝授しはじめた。

私は、彼らが現状を抜け出して前進するための計画を立てる手助けをすることに力を注いだ。予想に違わず、このアプローチのおかげで、私たちははるかに短い期間で解決策を見つけることができた。**本当の問題に注目したからだ**。対処するのは辛く、放っておいたほうが楽なように思えて、問題が脇へ押しやられることが多すぎる。

「思えて」と言ったのは、問題に対処する時に感じる痛みは激しくて容易に認識できるが、問題を避ける場合は、たとえかすり傷程度でも根が深い痛みになる。

もしあなたも、「人生をコントロールできない病」に罹っているなら、次の項目の中に自分に当てはまるものがあるかもしれない。

・今の仕事でもっとお金を稼げないことに不満を抱いている
・自分には今以上のことを成し遂げる能力がある
・型にはまってしまって、望むものが手に入らない
・自分にうんざりしている
・感情が欠けた不毛の生活あるいは結婚に黙って堪えている
・死ぬほど退屈でやりがいのない仕事を無気力にだらだら続けている
・目標達成に向けて努力を払っていない
・情熱も計画も目標もなく、人生を「おざなりに生きている」

・実際にはあなたの行動には信じられないほどの危険が伴うのに、空想の世界に生きて自分が失敗することはないと思っている
・苦労することも自分が望むものもろくになく、望んでもいないものが多すぎる安全地帯に引きこもっている
・変わる見込みのほとんどない孤独な人生を送っている
・手に負えない金銭的負担に苦しんでいる
・罪悪感や不満、憂鬱をいつまでも引きずって生きている

こうした重荷を受け入れるだけではだめだ。本書は、戦略に基づいて、より良い何かを手に入れる方法について書かれたものだ。あなたには、そのための能力も権利もある。だがそうは言っても、まず、現在ちまたに蔓延している態度から抜け出さなければならない。こうした態度が蔓延しすぎたせいで、アメリカは相対性理論に取りつかれてしまった。

アインシュタインはたぶん、自分の科学的な理論が社会的習慣に当てはめられるとは、つゆほども思っていなかっただろう。アメリカ人は、何事も相対的であるかのように振る舞っている。もはや絶対的なものはない。善悪も正邪も、満たすべき基準もない。すべては妥協だ。次のような発言をしたり聞いたりすることが、幾度あっただろう。

「私たちは、比較的よくやっている」

「私は、本当はこんなことを望んでいるわけじゃないが、君はどうするつもりだい？」

「やってみてはいるが、知っての通り、難しいんだ」

「もっとひどいことになったかもしれないんだから、それを思えば、そう悪くない」


人は、こうした考え方に惹きつけられる。明確な基準やはっきりとしたゴールがなければ、たとえ望むものを手に入れていなくても、自分は敗者ではないという振りができるからだ。曖昧で、本当の姿を隠すのが容易になるのだ。魅力的かもしれないが、これは事実に反する考え方だ。はっきり言って、**あなたは人生の勝者か敗者かのどちらかである**。あなたは競争社会に生きており、結果は、私がこれから紹介する明確な「人生の法則」によって決まる。


ここで一つ約束してほしい。人生を取り巻く環境について、何か行動を起こしていようといまいと、どんどん月日は流れていく。「人生の法則」を学んでこれを受け入れようと受け入れまいと、どんどん歳月は流れていく。

「知らぬが仏」ということわざどおりの生き方はもうやめると、今この場で決心してほしい。そんな生き方をしていると、あなたの選択や行動は、心の平和や喜びよりも痛みや恐怖をもたらすことになる。「人生の法則」だの責任だの、はたまた難しい質問だの決定だの、あなたが聞きたいことではないかもしれない。だが、良くも悪くも、約束事はこれだけだ。

**《課題二》**

作文を書いてほしい。書き出しは「この本を読んで勉強しても、私は、有意義で長続きする変化を作り出せなかった。その理由は……」。

これは、自分をダマすことによって墓穴を掘っていることを認める気がどの程度あるか、確認するためのテストだ。

書き終えたところで、自分の作文を見直してみよう。自分の力には限界があるといった趣旨のことを書いているはずだ。何かを試みるたびに自分にブレーキをかける考えや信念のリストができたわけだ。

そこに並んでいるのは、本書によって自分の人生をより良いものに変えるのを妨げる時に、あなたが利用するであろう考えや信念と同じものだ。率直に、そして自分に批判的に書かれていればいるほど、価値も高い。次の言い訳はよく使われるものだ。あなたのリストにも同じものがなかっただろうか？

・あまりにも難しすぎる　・彼は私のことをまったく理解していない　・どれもこれも、私に

は当てはまらない　・育児と仕事のせいで集中できない　・彼は厳しすぎる。私にはもっと優しいアプローチが必要だ　・私の問題とは違う　・もう一度読まなければ　・パートナーがこの本を読んでくれないかぎり、状況は今のままだ　・私は正しい。彼は間違っている

## ●——正しいかどうかではなく、うまくいっているかどうか

しばらく私といっしょに、今までとは違うことに挑戦してほしい。少なくとも本書を読んでいる間、自分の人生や態度、考え方を百八十度違う角度から見れば、非常にためになる。自分の生き方や考え方、態度が「正しい」かどうか自問する代わりに、それで**うまくいっているかどうか**自問してほしい。

自分が選んでいるものでうまくいっていないなら、そのこと自体、現状を変える価値があると示しているのではないだろうか。私の言い分は、完全に筋が通っているはずだ。もちろん、あなたが成功することよりも正しくあることに関心を持っているなら、話は別だが。逆に、勝者となって望むものを手に入れることを優先しているなら、少なくとも本書を読んでいる間くらいは、私たちが取り組むすべてのことについて、「自分の姿勢を変える」心構えでいてもらいたい。

あなたは、**いつでも昔の取り組み方に戻ることができる。今のやり方でうまくいっていないなら、進んでそれを変える決意をしてほしい。**

これはなにも、比喩的な意味で言っているのではない。文字どおりの意味だ。結婚生活や自己管理がうまくいっていないなら、今とは違う行動をとろう。「子育て」がうまくいっていないなら、たとえ自分が絶対正しいと思っていても、やり方を変えるべきだ。なぜ人生の敗者でいることに甘んじなければならないのか？

「自分は正しい」とか「自分が正しいことを認めさせる」といったことは忘れよう。今のやり方でうまくいかないなら、違う方法をとることだ。

**「うまくいっているか、いっていないか」が、あなたの考え方や行動をはかる物差しになる。**簡単明瞭だ。あなたはもう十分長い間正しかった。今度は、勝者になる番だ。

ここまで読んだところで、あなたは今、岐路に立っている。これからのわずかな時間で、人生の中でとりわけ重要な決定を下すことになる。「人生の法則」を学んで人生戦略に織り込み、目的を持って生きはじめるか。あるいは、ポケットに手を突っ込んで人生を静観し、手に入るものをつかみ、自分が持っていないもののことで不満を言い続けるか。

**「絶好の時」なんてものはない。だから今をおいて絶好の時はないのだ。スタートを切るのに、**

**いま以上ふさわしい時はない。**

本書が対象としているのは、「私は、手に入れたものにうんざりしている。『人生の法則』を教えてほしい。戦略的に生きる方法を、人生に望むものを生み出す方法を教えてほしい。もう心の用意はできている」と言っている読者だ。

ゲームはいま始まったばかりだ。まだ手遅れではない。どんな状況にあろうと――何かが欠けているために、自分は質の高い人生を送っていないのではないかと疑っているだけであろうと、

**修羅場のような人生を送っていようと――あなたを勝者にしてくれる戦略はある。**

私たちは力を合わせて、あなたを現実主義の世慣れた海千山千の人間にしようとしているのだ。「遺伝」や「不運」、「タイミングの悪さ」についての泣き言はもうたくさんだ。いまこそ、「あなたの時代」であり、「あなたの番」である。

ただし、自分自身についての真実と向き合う勇気が必要だ。傷ついたり、手厳しすぎると思ったりしたら、元の人生に戻ってしまう。だが次の二つの真実を考慮してほしい。一つは、あなたは必要なものをすでに持っており、真実を見つけて戦略を立てるのに必要な努力をするだけの価値がある人間だということ。もう一つは、誰もあなたの代わりをつとめてはくれないということだ。

その夜、自分には多くの人に対して責任があり、自分だけでなくその人たちにも影響が及ぶと

いう事実を私に突きつけられると、オプラはすぐにシャキッとなった。自分が八つ裂きにされるのを、ただ手をこまねいて待つのをやめ、オプラは全力を注ぐようになった。彼女はすぐに、例の流行の態度をとるのをやめた。彼女は、障害を乗り越えるのを妨げるようなことをしなくなった。

何より肝心なのは、彼女が、この世の中を支配する「人生の法則」を積極的に取り入れ、これらをしっかり踏まえて生きはじめたことだ。

自分の運命を戦略によって自分で決める力をあなたに与えるために、私たちは協力するわけだが、オプラが学んだのと同じ法則を学ぶチャンスがあなたにも与えられる。私の希望としては、あなたの人生にも取り入れてほしい。

「人生の法則」はゲームのルールだ。「これらの法則が正しいと思うか」とか「こうした法則が存在するはずだと思うか」と聞かれることはない。引力の法則と同じようなものだ。投票してもらうわけではない。「人生の法則」を無視してつまずきながら進み、なぜ自分は成功しているように思えないのか首を傾げることもできる。あるいは、「人生の法則」を学んで順応し、選択と行動をそれなりに変えて、実りある人生を送ることもできる。

自分だけの人生戦略に必要不可欠な知識を持つために本書で習得しなければならないことの中でも、「人生の法則」を学ぶのは、基本中の基本である。

# 第二章

# 本当に生きるということ

◆◆◆人生の法則❶

# ものがわかっているか、いないか

これは非常に基本的な法則なので、人生戦略を立てるうえでの課題と受け止めるべきだ。もちろん、あなたがまだ、もののわかった人間の一人でないならば、そうなりたいと思うだろう。たいていどんな場合にも、もののわかった人間とそうではない人間がいる。

両者を見分けるのは実に簡単だ。もののわかった人間は、その分いい思いをしている。ものがわかっていない人は、途方に暮れて挫折感を抱き、しばしば、やるだけ無駄なことをして、どうも自分は運に見放されていると不満を漏らす。もののわかった人は、調子を合わせ、ただ何かをやるだけでなく、実際に思いどおりにしているように見える。

はっきりとした成功の公式があることがわかっているから、馬鹿げた間違いを犯さないし、「〜であるべき」といった考えにとらわれない。彼らには自分の公式がある。望む結果を生み出すのに必要な知識を身につけているので、いつも成功する。つまり、ものがわかっているのだ。

わかっていなければならない「もの」は、時や状況に応じて変化するかもしれないが、重要な共通要素がいくつかあるだろう。あなたにとっての「もの」、あなたが頭を柔らかくして取り組む必要がある「もの」は、対人関係や自己管理、仕事上の競争といった分野のことかもしれない。あるいは、自分の感情をコントロールする必要があることかもしれない。その「もの」が何であれ、世の中の仕組みを**本当に理解すれば**、知識と力を兼ね備えた人間になれる。これは明らかに良いことだ。

いまやあなたは「ものがわかっている少数派の人間」の一人で、他の多くの人たちは、やみくもに試行錯誤を繰り返してとぼとぼ進み続けているとなれば、なおのことである。

窃盗や暴行といった犯罪を禁ずる刑法に違反すると、罰金を払うか、刑務所行きになる。引力のような自然界の法則に背くと、痛い思いをする。法則に背いた時にどの程度の高さにいたかによるが、下手をすると命を落とすことだってある。

こういった法（則）とまったく同じように、「人生の法則」に背くと、罰を受ける。それも、場合によっては非常に厳しい罰だ。きっとあなたはこれまでの人生で、法則に背いたために高い代償を払ったことがあるはずだ。

望む結果を生み出すのに必要な情報や技術もなしに行動すると、必ずこの「人生の法則」に背いてしまう。どんな行動をとるとどういう結果になるか、といったようなゲームのルールを理解していないと、あるいは戦略がないと、これがあれば成功間違いなしという必要条件を満たせないかもしれない。

ものがわかっている人間、つまり必要な技能を備えていて、ルールをわきまえ、計画を立てている者と競争すると、あなたは脅威にもならない。ただのカモだ。競争力がないうえに、人生の仕組みを理解していないと、権力者と衝突する恐れもある。

ルールに従って行動しないと、権力と支配力を持つ上司や他の人たちは、あわててあなたを見限るか、心構えがなっていないという理由であなたに罰を与えるかもしれない。

ものがわかっていないばっかりに、つまずきながら人生を送っている人たちを見ると、よくもここまで生き延びられたものだと驚く。何もしないうちから失敗するのが目に見えていることを、人々がするのを見るのは辛いものだ。

彼らは努力し、夢と希望を抱いている。けれども、ものがわかっていないばっかりに、結果が失敗に終わることが、あなたにはわかっているのだ。もし、あなたがこうした人たちの一人なら、世の中に調子を合わせて、ものがわかっていないというだけで、何もしないうちから負けるのをやめてもいい頃ではないだろうか？

人生の法則に背くと必ず、失敗の原因を知る手がかりを得られないまま、破滅の道を歩み続けることになる。ものがわかっている人間は、注意を払い、世の中に調子を合わせる。私は少年時代に、一流の学校教育を受けるだいぶ前に、この法則について「学ぶ機会」を何度も持った。ものがわかっていないと、世の中は繰り返し私に殴りかかってきた。

自分が世の中に合わせれば、痛い目に遭うことが少なくなり、逆に調子を合わせなければ、痛い目に遭うことが多くなるということを、私は苦労して学んだ。そして何より、注意を払わなければならないということを学んだ。

## ●どんな時でも自分以外の人間を相手にしなければならない

あなたに身につけてもらいたいのは、本当に生きることとただ存在することの違いを明確に知り、区別するための知識だ。存在するというのは、本能的なことだ。

ここでいう本能とは、自分の意思には関係なく無意識のうちに反応する自衛本能のことであり、人生の質に関係なく、ただ日々を生き延びるのがいちばんの目標である。いっぽう、生きるというのは、自分が身につけ、武器となるまで研ぎ澄ました、ある種の技能や態度、能力を使うことだ。そのいちばんの目標は、やりがいのある自分だけの質の高い経験をすることだ。

質の高い人生を作り出すのに必要な技能は、人生の因果関係を理解し、コントロールする技能だ。言いかえると、自分の知識を生かして、望むようなかたちで物事が起きるようにすることだ。つまり、自分および他人がなぜそんな行動をとっているのか、なぜ行動しないのか、その理由を知ることである。こうした知識は、人生の競争の中で信じられないほど役に立つ武器になりうる。

考えてみるといい。**自分自身や他人の行動を予測して、コントロールできるだけの優れた知識があるせいで損をするという状況は、一つとして思いつけないはずだ。**私たちは、社会に生きている。何をするにも、人とのやりとりが必要といってもよいくらいだ。

パン一個買うのにも、職場で同僚と仕事をするのにも、家族という単位の中で生活するのにも、ルームメートと接するのにも、あるいはただ生きていくだけでも、とにかくどんな時でも自分以外の人間を相手にしなければならない。

例はいくらでも挙げられる。もし、コンピューターを使う仕事に応募し、コンピューターの使い方がわかっていれば、明らかに、その知識があるおかげで仕事をこなす能力があるということになり、仕事を得るうえで必須条件を満たしていることになる。

だがそれが武器になるのは、面接官を納得させることができればの話だ。たとえ森の奥深くにいても、森から出る道がわかっていれば、問題ない。もしも、数人で森の奥深くにいて、森から出る道を知っているのがあなただけなら、もう最高だ。

知識があるのだから、その場の主導権を握れる。他のみんなを従え、人に頼らずにすんだことで特別な心の平和と自信を感じることができる。これはあなたが魅力的だからとか、金持ちだからとか、素晴らしい個性を持っているからではなく、ものをわかっているからだ。知識は力である。

考えてほしい。あなたの世界を動かしている人たちのことを。ビジネスや政治、スポーツや愛、あるいは人生全般において成功している人たちのことを。こうした人たちは十中八九、自分がしてほしいと思っていること、あるいはしてもらう必要があることを相手にやらせる術を知っている。彼らはどのボタンを押せば、人々を自分が望む方向に向かわせ、自分のアイデアや価値観、信念を取り入れさせることができるか、わかっているのだ。

彼らは、人間の行動を左右する要因を実によく理解しているので、他の人たちがしそうなこと、しそうにないことを予測することもできる。他人の行動を予測できるということは、その行動をコントロールできるのと変わらないくらい、強い武器になりうる。自分自身の意欲をかき立て、コントロールしようとする場合には、なおさらだ。

たとえば、なぜいつも、望みを達成する前に自分は止めてしまうのか、突然その理由に気づき、そのパターンを変える方法がわかれば、人生はたちまち違ってくる。同じことが当てはまる例はいくらでもある。なぜ配偶者がそんな行動をとっているのか、突然その理由を悟り、相手を変える方法がわかれば、結婚生活をよりよいものにするのに大きな一歩を踏み出したことになる。こういった知識があれば、子育てや職場での競争、自分自身や自分が扱う製品の売り込みでどれほど有利になるか、あるいは尊敬し、大切に思っている人たちの信用や信頼、愛を勝ち取るのにどれほど有利になるか、考えてほしい。信じられないほど強力な武器になることがわかるだろう。

ゲームのルールと、どこに圧力をかければ結果を引き出せるかを心得ていれば、勝つのに必要な支配力を持てる。どういう行動をとればどういう結果になるかわかっていれば、失敗も減る。そして勝者になるのだ。

これらは学んで身につく技能であり、知識であることを強調したい。いかに頭が良くても、誰かに教えてもらわないとロシア語を話すことができないことは誰でもわかる。どれほど頭が良くても、訓練を受けていなければ、ボーイング七四七ジェット旅客機の操縦席にあなたを縛りつけ、滑走路の端から飛び立たせることはできないし、操縦の仕方があなたにわかるとも思えない。

問題は、人生というゲームでの成功という話になると、ゲームの遊び方はもちろんのこと、あなたにルールを本当に教えてくれる人は誰もいないということだ。

## ●――一度覚えてしまった古いやり方を忘れる

アメリカの現代生活に見られる行動パターンに目を向けた時、私は、アメリカ社会がなぜ衰退していっているのか、その理由を自問自答することはない。むしろ「当たり前だ」と思う。私たちの準備ができていない以上、他の結果はまったく期待できないではないか。

私たちは、何が問題かわかるほど、人間の営みに通じていない。考えてみよう。なぜ、これほど多くの結婚生活が失敗するのか。

それは、**誰も結婚生活の送り方を教えられていないからだ**。なぜどのようにして結婚相手を見つけるかも、教えられていない。結婚したらどのように感情を処理すればいいかも知らない。夫婦ゲンカをどうやって終わらせればいいかも知らない。既婚者は、なぜ自分や自分の配偶者がそんな風に感じ、そんな風に行動するのか、一度も教えられていない。

私たちは誰からもこうした基本的なことを教えられていないのだ。では、なぜアメリカ人に肥満が多いのか？　理由は、衝動をどのように処理すればいいか、誰も教えてくれなかったからだ。健康で幸せであるために自分自身をプログラムする方法を、誰からも教えられなかったのである。ではなぜ、子供たちが麻薬に手を出す年齢が、どんどん下がってきているのか？　それは、麻薬を使わなくても、感じたい感覚を子供たちが味わえるようなしつけの仕方を、誰も親たちに教えなかったからだ。

私たちは、社会から正式な訓練を受けていないので、自分の人生の中にある役割モデルに頼っている。けれども、私たちの大半は、人間の営みをまったくと言っていいほど重んじなかった時代に生まれた両親に育てられたのではないだろうか？

人生の管理について言えば、前の世代の人々は、準備ができていようといまいと、操縦席に縛りつけられ、滑走路から離陸させられた。私たちの両親が良い母親や父親、良い妻や夫になるための「訓練」を受けていなければ、彼らはどんな役割モデルになれるというのか？

実際、もし幸運にもあなたの人生に良い役割モデルがいたとすれば、あなた（とその役割モデルとなった人たち）は、神や偶然の幸運、あるいは彼らに正しい理解をさせるにいたった試行錯誤に感謝してもいいと思う。けれども、それに、訓練や準備はまったく関係ないと見たほうが無難だ。

簡単に言えば、あなたにはきわめて重大なある種の情報が不足しているかもしれないというだけでなく、あなたの情報が間違っている恐れがあるということだ。しばしば、何か新しいことを学ぶうえでもっとも難しいのが、**一度覚えてしまった古いやり方を忘れることである。**

**《課題三》**

人生の中で、盲目的に信じて受け入れた、あるいは伝統や歴史に従って行ったことがあれば、書き並べよう。個人面や対人関係面、あるいは仕事面や家庭面で、共通してみられるパターンがないか考えてほしい。あなたと同じくらい何もわかっていない他の誰かがそうしたからというだけの理由で、ある種のやり方をとっているケースが、人生に実にたくさんあることに驚くだろう。

明らかに、あなたにできるのは、やり方を知ることだけだ。知るべきことがもっとあるということ、そして自分の知識が間違っている可能性があることを気づかせるのが、私の狙いだ。

これから紹介する九つの「人生の法則」は、教科書にはたぶん載っていないが、世の中の仕組みを正直かつ正確に反映した信頼できる知識を与えるために体系づけられたものだ。マヤ・アンジェローの言葉は、このことを雄弁に語っている。

「あなたは、やり方を知っていることを行う。よく知っていればいるほど、うまくやれる」。あなたもそろそろ、よく知ってもいい頃だ。

## 災難からでも成功をもぎ取れる

いま私たちが「システム」と言っているものが、本書では、あなたの人生や対人関係、仕事や家庭生活、精神生活や社会への参加、そして何より大事な自分自身との関係にあたる。だから、ケタはずれに才能に恵まれた赤ん坊としてこの世に生まれてきたのでないかぎり、このシステムを学ぶか、「持たざる者」でいることに慣れる必要がある。

言い古された言葉のように聞こえるかもしれないが、人生は旅だ。他のあらゆる旅と同じように、地図やプラン、時刻表を持っていないと、道に迷ってしまう。逆に、よく考え抜かれた現実的で本格的なプランがあれば、驚くほどどんなことでも起こりうる。

人生の戦略を立てる糸口がないからといって、愚かだということにはならない。こうしたことには技術があり、この技術は学ぶことができる。必要なのは、人生のシステムとこの技術を知っていて、たとえ聞くにたえないことであっても、事実をありのままに話してくれる案内人だ。

あなたに学ぶ意思があるなら、私はいつでもありのままの現実を教えられる。私は物事の核心を知っており、長年にわたりこうした知識を得るために努力を重ねてきた。そのために私が経験しなければならなかったような試行錯誤を、あなたがしないで済むようにしたいと思っている。

人生に「方針マニュアル」があるとすれば、私はそれを何度も読み返している。だが重要なのは、私が人間行動の機微を理解するのを自分の仕事にしていることだ。私は、いまあなたの人生に影響を与えている社会力学に細心の注意を払っている。

たとえば、オプラ・ウィンフリー訴訟をはじめとする何百という訴訟や、何千人という人間の人生の戦略を立てるうちに、状況を好転させることが可能であることを私は学んだ。災難からだって成功をもぎ取ることが**できる**のだ。誰でもみな、静かな海には対処できるが、ずっと成功する人はどんな海にでも対処し、激しい嵐の中でも浮かんでいられる方法を知っていることも学んだ。

私は、こうした人たちが知っていることを教えたい。私は、他の誰でもなくあなたに、もののわかった一握りの人間の一人になってほしい。手品師がトランプのカードを表を上にして広げて、たねあかしをする時のように、一〇の「人生の法則」を学んでこれに従えば、結果がどれほど大きく変わるかを知って、あなたは驚くかもしれない。

## ●——何が相手を動かしているのか

オプラ訴訟の戦略を立てるという難業は、望ましい結果を生み出すために、知識をどのようにして武器とするかを示す最近の例だった。私は、人々に、問題の出来事を彼女と同じ角度から見せるような戦略を編み出さなければならなかった。

そのためには、この訴訟の陪審員にとって何が重要で、彼らに正しい結論を出させるには何を強調したらいいか、私は知っておく必要があった。すでにあなたが承知しているように、私たちは牧畜地帯に閉じこめられており(何人かの陪審員は、自らも牛を飼っていたのだ!)、目の前に立ちはだかる山は信じられないほど険しかった。それでも私はこの難業に、情熱と決意を持って挑んだ。

戦略といっても、陪審員をダマしたり、「ごまかし」戦法を編み出したりしたわけではない。私の戦略は、一二人の聡明で道義をわきまえた陪審員に、億万長者の「工場式」牧畜業者に対して抱いているかもしれない間違った忠誠心に打ち勝って、**真実をありのままに見せる**というものだった。

こうした戦略の中には、自分の目標を支持するよう周囲の人間を説得するために、あなたに必要な知識のたぐいも含まれていた。人間に絡んだ戦略の場合、しなければならないことが必ず最低二つはある。向こうの抵抗や言い訳に負けないことと、自分の世界観を受け入れさせることだ。アマリロで私は、「自分たちのことは自分たちで始末をつける」という、人間の強い傾向に打ち勝つ方法を見つけださなければならなかった。陪審員からすれば、オプラはよそ者で地元の人間と対立しているのだ。

自分が偏見を持っていることに陪審員は気づいていないが、こういった無意識の偏見は、意識的にえこひいきする場合よりもはるかに危険になる恐れがあるという確信が、私にはあった。

私は、テキサスという土地柄を知っているし、人は一般に、生活や仕事、信仰をともにしたり、ともに成長したりしていない者を疑うということを知っている。私たちは、彼らの現在の信念に歩み寄りつつも、こちらと同じ考え方をするよう丸め込まなければならなかった。

あなたは、相手がどういう人間か理解し、何が相手を動かしているのか知ったうえで、関係を結ばなくてはならない。相手は、あなたと自分、そしてあなたの価値観と自分の価値観に共通するものを必要としている。それが、絆の基礎になる。

結果的に私たちは、あることを理解しなければならなかった。それは、自分の人生に影響を与えてほしいと思っている相手とうまくやっていくために、あなたが知っておかなければならないこととだいたい同じである。

つまり、相手が自分の子供であろうと夫（妻）であろうと、上司であろうと他の人であろうと、**彼らを動かしているものを知らなければならないのだ。**あなたが、変なことを考えている頭のおかしな人ではないという事実を、相手に納得させなければならない。

## ●——他人を理解するための八つのリスト

誰かを本当に理解するために、知っておかなければならないことは何だろう？　どんな情報があれば、相手がどういう人間か本当にわかるだろうか？　もし私が誰か、あるいは何らかのグループについて、すべての真実をとことん知りたいと思っていて、何を差し出したら相手の興味を惹きそうか知るチャンスが与えられたら、最低でも以下のことを知っておきたい。

①彼らは自分の人生で何をいちばん大事にしているのか？　倫理だろうか？　それとも金や成功だろうか？　あるいは力だろうか？　それとも思いやり？　彼らの人生観の中で本当に重要なものは何だろう？

②彼らは、人生はどういうもので、どうあるべきだと期待し、そして信じているのか？

③彼らは、何に反発を抱き、どんな傾向——恐怖、偏見、先入観——があるのか？

④彼らは、どんな姿勢やアプローチ、あるいは哲学を拒絶もしくは認める傾向が強いのか？
⑤ある人物が基本的に「いい人」で、信用できるという結論を下すために、彼らは相手からどんな言葉を聞く必要があるのか？
⑥彼らはどういったことを適切だと見なすのか？
⑦彼らは自分のことをどのように思っているのか？
⑧彼らが人生にいちばん望んでいるのは何か？

## ●――万人に共通する一〇の特徴リスト

自分や他の人がなぜそんな行動をとるのか、その理由を学ぼうと努めるうちに、人によって行動の動機が違うことにあなたは気づくだろう。行動を左右するさまざまな見返りについては、「人生の法則3　人はうまくいくことをする」で詳しく取りあげているので、ここでは割愛する。しかしながら、人間の営みの基礎である重要な一般的真実がいくつかある。

これらの共通点は、ほとんどすべてのケースに当てはまるので、人間についての知識の基礎になるはずだ。もちろん、人間の営みに共通する特徴を知っていれば、自分や他の人のための戦略に活かせる。

私はいつも、陪審員だけでなく、あらゆる職業・社会的地位の人たちに関係する戦略を立てる際、これらの特徴を参考にしている。これらを念頭に置いて人と接すれば、人生の行路をいつでもすぐに変えられるので、必要なら手の中に書いておくといい。私が発見した一〇の非常に重要な共通する特徴は、以下の通りだ。

①すべての人がいちばん恐れるのは、「**拒絶される**」ことである
②すべての人がいちばん必要としているのは、「**受け入れられる**」ことである
③人を動かすには、**相手の自尊心を傷つけない**、もしくは、くすぐるようなやり方をとらなければならない
④人は皆——例外なしに——どんな状況にさしかかっても、「**自分はどうなるのだろう?**」という不安を、少なくともある程度は抱く
⑤人は皆——例外なしに——自分にとって**個人的に大事なこと**を話したがる
⑥人は、**自分が理解できることだけ**に耳を傾け、自分の中に取り入れる
⑦人は、**自分に好意を持っている**人を好み、信じて頼る
⑧人はしばしば、**はっきりとした理由もなく**行動する
⑨上流階級の人の中にも、**料簡の狭いつまらない**人間がいる
⑩すべての人には——例外なしに——**「外面」**がある。あなたは、その仮面の向こうにあるも

のを見なくてはならない

　このリストを読んで、こう思っているかもしれない。「おいおい、こいつは人間について悲観的だな」。そうではない。私は悲観論者ではない。現実主義者だ。私はありのままの事実を伝えただけだ。自分の経験を正直に見つめ直せば、あなたも私とまったく同じように、自分がこの一〇の意見が正しいことを示す生きた証拠であることに気づくだろう。
　これら二つのリスト――誰かを本当に理解するために知っておかなければならない個人情報のリストと、人々に共通する一〇の際だった特徴のリスト――は、成功するために、誰かを説得して自分と同じような見方をさせる必要があるような人生戦略を立てている場合に、知っておかなければならないたぐいのことだ。夫（妻）や子供、顧客や何らかの権力者、雇い主や同僚、あるいは自分自身といったように相手が誰であろうと、考えたり行動したりする際にガイドとしてこのリストを利用すれば、自分が優位に立てるアプローチをあらかじめ考えて事にあたることができる。

　もちろん、人間行動についてのこれらの「既定事実」を無視するのは、間違った考えだ。考えを誤ると、はじめもしないうちに失敗する恐れがある。失敗は、偶然に起こるものではない。自分自身を失敗するように仕向けているのだ。避けようと思えば、失敗を避けることはできる。ただし、自分自身や他の人を思いのままに操ろうとする際にこの情報を利用すればの話だ。この二つのリストを利用するだけでも、戦略を持つことができる。だが、これらのリストで焦点を当てていることは、人間、ひいては世の中の仕組みを理解する出発点にすぎない。

つまり、人間の性質の探求者となることに没頭しなければならないということだ。この世は社会であり、あなたは社会的動物だ。あなたが本書を読みはじめてから、私がこう言うのはこれでたぶん三度目だと思うが、あなたの頭にたたき込むためにもう一度言っておく。他の人々がなぜそんなことをするのか、あるいはしないのか、その理由を理解すれば、自分自身や他の誰かに不意打ちを食らうことがなくなるだろう。

## ●――他の人には見えないものを見る

すでに言ったことだが、残りの九つの法則では、世の中の仕組みについて非常に詳しく触れている。あなたは進んでこれらの法則について学び、熱心な探求者となって、世の中を渡りながら毎日情報を集め、本書で学ぶ以上のことを身につけなければならない。

態度についてはこれに尽きる。明日からは、心の扉を開き、**人々の行動と行動の理由**に注意を払おう。あなたが接する人々と自分自身のことを理解する取っかかりとして、二つのリストを使うといい。

明日は、前述のリストにある共通する特徴のいくつかをテストして、簡単な実験を行おう。二番目に書かれている特徴、「すべての人がいちばん必要としているのは、『受け入れられる』ことである」は、実に簡単にテストできる。

レストランや商店に行った時か、職場でのやりとりの際に、しばらくしてから率直に相手を認めるようなことを言うのだ。「一生懸命働いているね」とか「大変な仕事だね」といったことを言ってやるといい。こうすることで、自分が相手を認めていることを伝えられる。たちまち自分に対する態度やサービスがよくなるのがわかるだろう。

たとえばレストランにいて、さんざん待たされたあとようやくウェイターが自分のところに来たら、こんな風に声をかけてみるといい。「今日はずいぶんこき使われているね。君みたいに早く動こうと思ったら、ローラースケートが必要なくらいだ。こちらに来てくれてありがとう」。

わざとらしく聞こえるかもしれないが、一度試してみることだ。リストにある一〇の共通する特徴が、でたらめに書かれているわけではないと思うようになるはずだ。

成功している人もいれば、成功していない人もいることは、あなたにもわかっている。両者の違いを研究し、なぜそんな違いが生まれたのか、その理由を探ってみよう。

子供の時、私はいつも、自分が「スーパーマン」、それもX線を通してものを見る力があるスーパーマンになったら、いったいどんな感じだろうと空想していた。健全な育ち盛りの少年だったころを振り返れば、空想の中で私がその特別な力をどんなかたちで利用したか、あなたにも想像がつくのではないだろうか（ヒントだ。誰が地下室に閉じこめられているか、見るためではなかっただろう）。

いずれにしても、そんな答えは本書のテーマから外れている。いま私たちが話しているのは、**他の人には見えないものを見ることができる**ということだ。きっとX線を通してものを見るほど面白くはないだろうが、大いに役に立つだろう。世の中で行われている営みをまったく違うレベルから見られるのだ。注意を払って見れば、大きな利益になるだろう。

## ⑮——コントロールすべき相手は自分自身

人間の行動を予測したり、他の人を思いのままに操ったりするための知識を持つことよりはるかに重要なのは、自分自身の行動を予測し、操るための知識を持つことだ。他の人をうまく操る術を知るのは役に立つ。だが、自分自身をうまく操ることのほうが、比較にならないほど重要だ。どんな場所、あるいはどんな環境で人々に出くわそうと――家庭や職場だろうと、遊んでいる時だろうと――そうしたすべての状況の共通項はあなたなのだ。

あなたがいちばん多くの時をともに過ごす相手はあなただ。**あなたが影響力を及ぼし、コントロールする必要があるいちばんの相手は、あなただ。**

マイナス思考の特徴や行動パターンを最小限にとどめたり、取り除いたりしてやらなければならないいちばんの相手は、あなただ。逆に、プラス思考の特徴や行動パターンを最大限に引き出してやらなければならないいちばんの相手も、あなただ。

抑うつや不安感、怒りや無感動、孤独感や、考えられる他の多くの特徴だろうと、それを最小限にしたり、なくしたりしてやらなければならない相手は、あなただ。

そのためには知識が必要になる。どういう時にマイナス思考の特徴が現れるのか、なぜそんな特徴をいつまでも持っているのか、そしてもっと大切なのは、どうすればそれを前向きなプラス思考の特徴に置き換えることができるか、知る必要がある。

これまでの人生の中で、あなたは他人を見てこう思ったことが幾度あっただろう。「あんな風に幸せになれたらいいのに」。「あんな風に自信が持てたらいいな」。「あの人たちみたいに一つになれたらいいのに」。

あなたが正直な人間なら、少なくとも時々は自分自身に向かってこのようなことを言ったはずだ。それでいいのだ。良い日ばかりじゃない。それに、他の人を見てあんな性質や特徴を自分も持ちたいと思うのは、健全なことだ。だが最優先すべきことは、自分の内面を探って、どうしてそんな風に感じるのか、**自分の心の仕組みを理解する**ことだ。

もののわかった人間になるのが、なぜそんなに大事なことなのかを理解するには、いまのあなたとは違う状態を考えるだけでいい。知識の反対はもちろん無知もしくは知識不足だが、もっと危険なのは間違った考えを抱いたり、誤った情報に頼ったりすることだ。

一般に、自分自身よりも他の人々の中にこうした例を見つけるほうが、はるかに簡単だ。人が何を重視しているかまったくわかっておらず、他の人が衝撃を受けていることを感じ取るだけの感受性が微塵もない人間に、あなたは何度となく遭遇しているのではないだろうか？

## ●──情報を集める決心をしよう

知識の力について話す時、「知ったかぶり」についても触れないわけにはいかない。知ったかぶりは、意欲が欠けているとどうなるかを示す格好の例である。

この手の人間は、カンに障り人をうんざりさせ、他の人に害を及ぼすだけでなく、本人自身も意欲の欠如に苦しんでいる。すでに全部知っているのに、どうして新しい情報を得るチャンスに多少でも心を開いたり、敏感になったりすることがあろうか？

彼らはすでにその情報について知り尽くしているのだから、それ以上の情報を求める理由がないのだ。彼らに何か新しいことについて考えさせようとするのは「のれんに腕押し」するようなものであり、そんなことをすれば、カメが甲羅の中に頭を引っ込めるように、相手は心を閉ざすだけだ。彼らには、ろくに根拠もないのに頑なに信じていることがあり、それと矛盾しそうな情報を吸収するチャンスには、とことん背を向ける。

彼らはこの状態を守り続け、間違った考えに凝り固まり、それを誇りに思っている。そしてこの意欲の欠如が、今度は偏見や偏執、頑なで独断に満ちたあらゆる態度につながる。彼らは、特定のグループや人種について間違った情報を集め、それを大事にする。彼らは、こうした知識が絶対に正しいと信じ込む。

彼らのモットーは、「つねに正しいわけではないが、迷うことは決してない」だ。これは人間にきわめて共通する特徴であり、何世紀にもわたって戦争やあらゆる苦難をもたらしてきた。

つまり、いま話題にしていることや法則が、他のすべての人に当てはまるとは決めてかからないことだ。

あなたは、「ものがわかっている」か「ものがわかっていない」かのどちらかだ。ものがわかっていない最悪のかたちは、わかっていないのにわかっていると思うことだ。

この章で先に触れた態度で、残りの九つの法則を学ぶのに全力投球しよう。そうすれば、「もののわかっている者」クラブの一員になれるだろう。

知識が大きな力になるのとまったく同じように、知識が不足していたり、間違った情報に頼ったりすると、間違った方向に進み、大きなダメージを受ける。

人生の中で出会う人たちや自分自身が、なぜそうした行動をとっているのか、その理由について情報を集める決心を今ここでしてほしい。そしてその決意を行動に変える出発点としては、これから紹介する九つの法則を学ぶのがいちばんだと思う。これらの法則を知識の礎にしよう。

第三章

# 自分の選択と態度に焦点をあてる

◆◆◆人生の法則❷

# 人生の責任は自分にある

これは簡単な法則だ。あなたは自分の人生に責任がある。良い人生でも悪い人生でも、成功した人生でも失敗した人生でも、幸せな人生でも悲しい人生でも、正当な人生でも不当な人生でも、とにかくあなた自身の人生だ。

あなたは今、人生に責任がある。これまでもずっと責任があった。これからもつねに責任がある。これはあるがままの事実だ。あなたが望んでいるようなものではないかもしれないが、事実は事実だ。

私は、「一般論」としてこんな話をしているのではない。一つの理論として紹介しているわけでもない。私は、あなたがある瞬間だけでなく、つねに自分の人生の結果を作り出していると言っているのだ。**仕事が気に入らないなら、それはあなたの責任だ。関係が行き詰まったなら、それもあなたの責任だ。太りすぎているのも、異性を信じられないのも、幸せでないのも、すべ**

**てあなたの責任だ**。どんな境遇にあろうと、この法則を受け入れるということは、どうして今のような人生になったのか、その責任をあなたはもはや回避できなくなるということである。責任を持つということは、「わかった、私の責任だ」と「口先だけ」で言うことではない。

なぜこれがそんなに大事なことなのか、その理由を教えよう。もし責任を認めなければ、自分が抱えている、それこそあらゆる問題に対して、間違った診断を下してしまうだろう。間違った診断を下せば、処置を誤る。処置を誤れば、状況は改善しない。簡単なことだ。

たとえ自分はその問題に関係があるはずがないと思っても、私の言う通りなのだと仮定して、問題に果たした自分の役割を探し続けよう。きっとなにかあるはずだ。私の言葉を信じてほしい。

この法則は一〇〇パーセント真実なので――好むと好まざるとにかかわらず、これが世の中の仕組みなので――この法則に抵抗したり否定したりすれば、空想の世界に住み続けることになる。自分は犠牲者だと思いこめば、進歩することも傷を癒すことも勝つことも、絶対にない。責任を回避すれば、敢然と事に当たって人生を意のままに操ろうとしなくなる。

あなたが本当に変化を望み、経験をつくり出しているのは自分自身だと心の奥底から認めたら、今度は、これまでどんな行動をとったから、あるいはどんな行動をとらなかったから、望ましくない結果になったか、分析しなければならない。自分の責任を心から認めるということは、以下のような質問を自分自身にぶつける気があるということだ。
・私は、どんな境遇がきらいなのか？
・あのような事が起こるようなどんなお膳立てを私はしたのだろうか？
・私のどんな行動が、ああいう結果を可能にしたのか？　自分のせいだと私は受け入れているだろうか？　私は何をしたのか？
・私は、バカみたいに信じていたのだろうか？
・私は、大事な警戒信号を見逃したのだろうか？
・私は、自分が何を望んでいるのか、はっきりわかっていなかったのだろうか？
・私は、それが本当であってほしいと思うあまり、自分をダマしていたのだろうか？
・私は、望ましくない結果に直結するようなどんな選択をしたのだろうか？
・私は、間違った人物あるいは間違った場所を選んだのだろうか？
・私は、間違った理由からあんな選択をしたのだろうか？
・私は、悪い時を選んだのだろうか？
・私は、何をしなかったから、望んでもいない結果になってしまったのか？
・私は、必要な行動をとらなかったのだろうか？　もしそうなら、どんな行動が必要だったのか？

・私は、自分自身のために立ち上がり、権利を主張するのを怠ったのだろうか？
・私は、自分が望むものを求めなかったのだろうか？
・私が自分自身に求めたものは、充分ではなかったのか？
・私は、邪魔をするなと誰かに言うのを怠ったのだろうか？
・私は、威厳と敬意をもって自分自身を扱わなかったのだろうか？
・私は、自分自身を変えるために、いまどんな行動が必要なのか？
・私は、ある種の新しい態度を身につける必要があるだろうか？
・私は、ある種の態度をとるのをやめる必要があるだろうか？

## ●――感情を引きずっているとすれば、それはあなたの責任だ

**人生の何らかの時点で怒りを覚えたり、傷ついたり、どんなかたちであれ動揺し、そうした感情をいまだに引きずっているとすれば、それはあなたの責任だ、**と。

犠牲者を演じる方法は一つではない。誰かが自分に対して卑劣もしくは不当なことをしている、あるいはつらく当たっていると言い張る場合もある。実際にもっともよくある、もう一つのかたちは、自分は正しく、反対意見を唱えている者は間違っているのだから、状況が行き詰まってい

るのは自分のせいではないと信じるというものだ。

だが、たとえ自分が正しくて相手が間違っているとしても、あなたの問題は解消しない。私ならあなたにこう質問するだろう。「もしあなたがそんなに正しくて、そんなに利口なら、どうして自分が望む結果を生み出せないのか？」

あなたはこう答えるかもしれない。「私の言葉に耳を傾けてもらえないからだ」。そこで私は再び言うだろう。「あなたは、耳を傾けてもらえないという事実に直面している。耳を傾けてもらえない直接の原因は、相手に自分の話に耳を傾けさせる能力がないからだ」と。

**【結論】……あなたは犠牲者ではない。そんな状況になったのはあなたのせいだ。**こうした状況がもたらす感情を生み出しているのはあなただ。これは理論ではない。人生だ。**あなたは、進んで自分の見方を変え、どんなにそれが困難で異常なことのように思えても、問題を抱えているのは自分だという事実を受け入れなければならない。**

何も悪い面ばかりではない。問題に果たした自分の役割を受け入れ、自分に責任があると認めることは、ものがわかったことを意味するのだから。自分の力で解決できるとわかるのだ。他の人たちが一様に、自分の人生がこうなったのは誰それのせいだと言って、責任のない人間をまだ非難している時に、あなたはレーザー誘導ミサイルのように目標に向かい、自分の人生を本当に変えるようなことにだけ取り組むことができる。

そうすれば、人よりかなり先に問題を解決できる。今日を境にしっかり目を覚まそう。間違ったところに答えを求めるのをやめるのだ。

この法則を受け入れないと、「約束を破った」ことになる。「わかったよ、フィル、私は今この法則を受け入れて、これから自分自身の経験を作りはじめるつもりだ」と言わないでほしい。方向的には正しい考え方だが、これだけではまだ正しいとは言えない。自分が今の人生でこれまでもずっと自分の経験を作ってきたことに気づかなければならない。

このことに気づくのがなぜ大事なのか。それは、これまでの人生を振り返り、結果に対する責任を改めてとることによって、現実を組み立て直し、正確なものにしなければならないからだ。どんな選択がどんな結果につながったか理解する必要がある。どのような行動や選択をしたから、あなたは今のような状態になったのだろうか？

**《課題四》**
心の中で犠牲者の役を演じていたかもしれない過去の出来事を五つ挙げる。それぞれの状況について、ひどい結果になったのは実際には自分の責任であることを確認してほしい。

私がこの法則に期待する直接的な効果は、あなたが、ごまんとある間違った観点ではなく、唯一の正しい観点に立って、問題の解決法を探すようになることだ。あなたは、「なぜ、こんな仕打ちを受けるのか？」と問いかけるのをやめて、「**なぜ私は自分にこんな仕打ちをするのか？違う結果を引き出すためには、私はどんな考えや態度、選択を変えればいいのか？**」と問うようにしなければならない。この一連の質問が示しているのは、あなたは今はじめて、人生の経験を作りはじめたのではないということだ。

あなたは以前から自分の経験を作りだしていた。あなたは以前から、良くも悪くも結果に責任があった。そのことを自覚して認めたのだから、これからは目的を持って積極的に、自分が作りだす結果や経験を変える選択をすることができる。

本書を読み進みながら、私たちはあなたのこれからの人生を設計していく。私たちはいま、あなたが求める人生を送り、求める結果を得るための戦略を立てているのだ。自分の責任を認めることはこの戦略の基本であり、責任を認めるかどうかで戦略が成功するか失敗するかが決まる。

心の奥底からこうした認識を持とう。それも今すぐに。これまでの人生で起きた出来事を分析して、その決意を示してほしい。そして将来に目を向け、自分が行う選択に反映させよう。

そのために、**今すぐに自分の選択と態度に焦点を当てよう。**今すぐに。そうすれば、なぜこんな人生になったのかと自問しなくなるだろう。その代わりに、「なぜこれではいけないのか？どうすれば別な人生にできたのか？」と自分に問うようになる。

人生を支配して今のような状態にしている「人生の法則」を理解すれば、すぐにあなたは自分に言うようになるだろう。「私の人生はこうなるべくして今のような人生になったのだ。今理解していることに基づいて、自分がなぜ鬱病なのか、私にはその理由がわかる。なぜアルコール依存症なのか、理由がわかる。なぜ三度も結婚したのか、理由がわかる。なぜ好きでもない仕事をずっと続けているのか、理由がわかる。

これまでは自分の運命を決定している原則を知らなかったが、今は知っているし、それに順応してこのシステムを動かすことができる。私はこれまで、成功するようにではなく、失敗するように、自分自身をプログラムしていた。でも、もうそんなことはしない」

この一連の考え方は、世間一般の考え方に反することは知っている。現在、社会が提供している、行動に関するほとんどすべての説明と矛盾することは確かだ。何と言っても、両親や先生、運のなさや星の巡り合わせのせいだと自分に言い聞かせるほうがたやすい。

他の誰かのせいにするほうがたやすいと述べたが、これは簡単に言えば、自分の責任ではないと考えるほうが楽だということである。他の誰かの責任なら、あなたは犠牲者になるのだから、自分に新しいことをなにも求める必要がない。

## ●——誰かのせいにするのをやめる

有害な家庭や正常に機能していない家庭、さらに性的なものであれ精神的、身体的なものであれ、子供時代に受けた虐待によるトラウマについて書かれたものが氾濫している。こうした本には、子供時代を奪われたため、あなたの内に閉じこめられた子供の部分が外に出たがっているのだと書かれている。

どんなにごまかしたところで、こうした本が送っているのは、「あなたには責任がない」というメッセージであり、読者は安心する——さしあたっては。心の重荷が軽くなるように思えて、私たちはこうした本を信じようと必死になる。

「自分の責任だ」と言われると読者は困惑するので、こうした本も、少なくとも一見したところは、筋が通っているように思える。あなたがわざと自分の足を引っ張ることはないのは確かなのだから、他の誰かのせいに決まっている、というわけだ。他の関係者が間違っているのだとあなたが主張したところで、誰もあなたに盾突くことはできない。

あなたは傷ついている。誰かのせいだ。あなたのせいではなく、彼らのせいに違いない。何と言っても、あなたが自分自身を傷つけるはずがないではないか。この論法は常識的な考えであるように聞こえるかもしれないが、そうではない。あなたが大人であり、独立して生きていて、痴呆症や脳腫瘍など**自分の意思に関係ない思考の混乱に苦しんでいるのでないなら、あなたは責任がある**。

このことを心から受け入れるのが難しくても、そう感じるのはあなただけではない。私が治療した患者や、私がこれまでに開いたセミナーの参加者、私の肩に顔を埋めて泣いたり、私の助言を求めたりする友人たちの大部分が、異口同音に、自分の不幸を何か、あるいは他の誰かのせいにしていた。

しかし、あなたは目標を見失ってはいけない。どんなに恐ろしい、もしくはどんなに不愉快なことであっても、武器がほしいと心から思っているなら、この法則が示している現実に適応したいと心から望んでいるなら、自分が望むようにではなく、ありのままに事実を話す、冷たく鋭い眼をした現実主義者にならなければならない。そうしないと、無駄骨を折ることが多くなる。見当違いの方向に答えや解決策を求めることになるだろう。

**問題は、他人を責めるのが人間の本質であることだ**。責任を回避しようとするのは基本的な自衛本能だ。あなたは事態を招いたのが自分のせいであってほしくないので、自分のせいではない理由を説明できるものなら、どんな極端な理屈や弁解でも利用するだろう。人生の中でも感情にあふれた分野では、特にこのことが当てはまる。

考えてほしい。離婚しようとしている人が、悲惨な結婚生活になったのはすべて、卑劣で不当で堕落した配偶者のせいだと言うのを、これまでに何度耳にしただろう？　怒りを覚えたり、心が傷ついたりすると、自分を守るのに必死で客観的ではいられなくなる。

**かっとなって他の誰かを責めている時には、自分自身について冷静に判断することができない。自分の人生を本当にコントロールしようと思うなら、誰かのせいにするのをやめることだ。**責任を他に転嫁してはならない。そうしないと、勝者になるための努力が水の泡になり続ける。

鍵をなくして、自分が家中を探し回っているところを想像してほしい。引き出しやポケットは一つ残らず中をのぞき、上から下まで家中くまなく調べる。あなたは徹底的に調べ、鍵探しの専門家に豹変する。

さてここで、実は、鍵は家の中ではなく、車のイグニションに差し込まれているとしよう。どんなに徹底的に、時間をかけて一生懸命調べても、家の中にはないのだから、鍵は当然見つからない。これと同じように、自分の問題の原因を他の人に求めても、そこにはないのだから、絶対に見つからない。**原因はあなたにある**のだから。

競争社会では、責任は自分にあると認めるだけで、人に差をつけることができることもある。窮地から助け出してくれる人間は自分しかいないと判断すれば、問題に取り組みはじめるものだ。事実を直視しよう。責任を押しつけたい相手が誰であれ、

あなたが選んだことだ。あなたがそう言ったのだ。あなたが安すぎる値段で手を打ったからだ。あなたが腹を立てたからだ。あなたがこどもを欲しがったのだ。

あなたが自分をぞんざいに扱うからだ。あなたがあのいまいましいイヌを欲しがったのだ。あなたがあのバカを信じたのだ。あなたがあの晩、後部座席に乗ったのだ。

あなたが彼を中に入れたのだ。あなたが彼と結婚したのだ。あなたがそれに傷を付けたのだ。あなたが彼女を誘ったのだ。あなたがそんな感情を抱くことを選んだのだ。

あなたが、自分にはそれだけの価値がないと判断したのだ。あなたがやめたのだ。あなたが彼らを戻ってこさせたのだ。あなたが自分の夢を売ったからだ。

あなたがその仕事を選んだのだ。あなたが、自分をぞんざいに扱うのを彼らに許したのだ。あなたが引っ越しを望んだのだ。あなたがそれを冷蔵庫に置いたままにしたのだ。あなたが、この忌々しいものを買ってきたのだ。

あなたがそれを食べたのだ。あなたが説得されるがままになっていたからだ。あなたが彼女に聞いたのだ。あなたが彼を信じたのだ。

私は独断的でくどいが、それはひとえに、こうした態度があなたを非常に強い力で縛る恐れがあることを知っているからだ。この法則を受け入れて認めれば、自分にとっての最高の「処世術」だったものを奪われることになるかもしれない。そんなことを強制するのは残酷で不当な行為だと思うなら、この法則の要点を理解する必要がある。

私は、あなたが責められるべきだと言っているのではない。私は、あなたが「原因である」という意味で、あなたには責任があると言っているのだ。

「責められるべき」というのと「原因である」というのとでは、きわめて大きな違いがある。責められて当たり前なのは、わざとそのような行動をとったり、向こう見ずに結果を無視したりしていた場合だ。

いっぽう、「原因である」というのは、あなたにコントロールできるという意味にすぎない。「責任がある」と「原因である」いう言葉には、故意や不注意という意味はない。結果につながる行為はすべて、あなたがしたことか、されたことだというだけだ。

## ●――あなたは選ぶことができる

私が友人と大騒ぎしていて、両足で椅子に飛び乗って、その椅子を壊してしまったとしよう。

いくらひいき目に見ても、私はその所有物をまったく無視していたということになる。私は、椅子が壊れたことに対して責任があり、責められても当然だ。だが仮に、私が腰を下ろしただけで、椅子が壊れたとしよう。私は、椅子が壊れたことに対しては責任がある。けれども私は椅子を正しく使っていて、壊すつもりはなかったのだから、悪意を持って壊したかのように責められるのはおかしい。だがそれでも、私に責任があることに変わりはない。

そういうわけで、**人生であなたがとった行動や選択が失敗であれば、あなたは責められるべきだと言っているのではない。私はただ、あなたが選択をして、その行動をとったのだから、結果に対して責任があるのはあなただけだ**ということを、認識してくれと求めているだけだ。

過去にとった行動についてのマヤ・アンジェローの言葉を思い出してほしい。「人は、やり方を知っていることを行い、よく知っていればいるほど、うまくやれる」というものだ。ここで、そうした観点から自己評価をしてほしい。

過去にしたことは何であれ、やり方を知っていることをあなたはしたのだ。あなたがしたことであり、あなたはそれに対して責任がある。本書を読み進むうちに、あなたがよく知り、うまくやるようになることを願っている。いずれにしても、あなたには、今もこれからも責任があるのだ。

「では、私が子供の時に起きたことはどうなるのだ?」と思うかもしれない。子供の時に、ある種の現実が襲いかかることがある。その中には胸が悪くなるような現実もある。子供の時に自分が人生のすべての出来事や環境を選んだのだ、とは言わない。私たちは親を選ぶわけではない。レイプや虐待、性的いたずらをされるのは、自分に原因があるわけではないし、自分の責任でもない。そんなことを私は言っているのではない。

子供の時には、ある種の選択をするための知識や力がなかったかもしれないから、そうした出来事に対して責任はない。

だが、**大人になったら、そういった子供時代の出来事や環境に対する反応を選ぶ能力があなたにはある。**私が今言っているのは、そういうことだ。あるのは「今」という瞬間だけだという前提を、受け入れなければならない。過去は終わった。未来はまだ先のことだ。

あなたは、そしてあなただけが、大人として今というこの瞬間を生きながら、過去の出来事への反応を選ぶことができる。

悲惨にも子供の時に暴行や虐待を受けたなら、統計から見て、それはたぶん家族や信頼していた友人からだろう。ということは、複数の人権侵害（身体的、精神的、感情的）が同時に行われたことになる。

今起きたことなら、こうした出来事のせいで自分が汚されたように感じて、誰も信用せず、異性との親密な関係や健全なセックスから逃避する道を選ぶだろう。その場合、選択をしたのはあなたであり、大人になってからの人生の結果に対して、あなたには責任がある。

あなたの身にそんなことが起きたのは、正当なことだろうか？　いや、正当ではない。あなたがこうした出来事に対処しなければいけないのは、正当なことだろうか？　いや、正当ではない。その出来事をあなたが受け入れ、これからずっとそれを何とか処理していかなければならないのは、正当なことだろうか？　いや、正当ではない。それでもあなたには、それをどのように受け入れ、処理するかということについて、責任があるのだろうか？　そうだ。

**責任があるということには、良い面と悪い面の両方があると思う。悪い面は、あなたの重荷になることだ。良い面は、あなたには選ぶことができるということだ。**

## ●――行動を選択した時、あなたは結果も選んでいる

私たちは、流行病となっている態度について詳細に話し合ってきた。人生の責任全般、それも特に流行病的な行動をとった責任は、二つのかたちのどちらかでとることになる。夢、計画、チャンス、自尊心が一瞬にして吹き飛ぶかたちと、一度に少しずつ欠けていくかたちがある。私は、人生はもちろんのこと、法廷でも、前者のかたちで責任をとらされる例を見てきた。

法廷では、判決を読み上げる間に、こうしたすべての悪い選択の結果が、最終的に具体的なか

たちをとる。運命の木槌の一振りで、責任が音を立てて降りかかり、自由を奪われ、財産は違う人の手に渡る。しばしば劇的で、派手な見せ物ですらある。新聞の見出しが躍り、六時のニュースで流れる。全世界が注目しているように思える。

けれども新聞の一面をにぎわしたあと、残りの者は握手を交わし、きびすを返すと自分たちの生活に戻る。だが、選択を間違い、良い戦略を充分に練らなかったことに対して責任をとらされる人たちにとって、人生は決して前と同じではない。

人生でも、運命が一瞬と思えるくらい短い時間で変わったケースを、私はこれまでに見てきた。怒り狂った恋人が銃の引き金を引く。航空機のパイロットが判断を誤る。泥酔状態でパーティーをあとにした若い男性が、車で事故を起こして婚約者を死なせる。責任は、すぐに無情なかたちで降りかかる。これを逃れるすべはない。

だが、別のかたちで降りかかってくる責任もある。おそらくあなたが知っているタイプだ。前者の場合よりもずっと遅いペースで、静かに微妙なかたちで、知らない間に進行していき、前者の場合と同じくらいの悲劇をもたらす。

それは、長い時間をかけて日一日と人生を干上がらせていく。テレビカメラが取材に来ることはない。タブロイド紙の記者が一部始終をメモすることもない。連鎖した出来事のどれ一つとして、危険が差し迫っていることを示すほどの派手さはない。

唯一の目撃者はあなただ。あなたは、過去の誤った選択を振り返り、自分が妥協してよどんだ生活を送っていることを認識し、夢がむしばまれ、腐っていくのをじっと見つめている。数週間、数ヶ月、数年が過ぎ、こう問いかける声に悩まされる。
「どうして、自分自身に対してこんなことができたのだろう?」。「どうしてこんな人生になってしまったのか?」。「私の人生と計画に何が起きたのだろう?」。「なぜ、こんなマンネリ生活を送っているのだろう?」。後者の責任は、静かでありながら激しさを秘めた嵐のように、あなたに忍び寄り、破壊的な力を振るう。

この責任の法則は基本中の基本で、結果を大いに左右するものなので、あなたが自分自身の経験を実際にどんな風に作りだしているか、見てみよう。あなたは、自分が毎日行う選択によって、そして選択を通じて、自分自身の経験を作りだしている。というのも、あなたの選択はつねに一定の結果をともなうからだ。具体的には以下の通りだ。

**行動を選ぶ時、あなたは結果も選んでいる**
**考えを選ぶ時、あなたは結果も選んでいる**
**考えを選ぶ時、あなたは生理現象も選んでいる**

簡単に言えば、何か行動をとれば、その結果がはね返ってくるということだ。この世の中でどんな選択をしても、選択には結果がともなう。こうした結果が積もり積もって、世の中でのあなたの経験が決まる。こうした結果イコールあなたの経験なのだ。実に愚かな行動を選べば、たぶん厳しいマイナスの結果が返ってくるだろう。向こう見ずで、自分の安全を無視した生き方を選べば、痛い思いをしたり、ケガをしたりする可能性が高い。

病的な暴力夫と暮らし続ける道を選べば、痛みや苦しみに心がさいなまれる人生になる。麻薬中毒やアルコール中毒の生き方を選べば、暗黒の病んだ世界が待っている。

考えるのは、行動するのと同じだ。考えを選ぶと経験にも影響する。考えを選べば、その考えに関連した経験をも選ぶことになるからだ。自分をおとしめたり、卑下したりするような考えを選ぶと、自尊心や自信が乏しくなるという結果を選ぶことになる。怒りや苦々しい思いの混じった考えを選ぶと、疎外感や孤独、敵意につながる。

心と身体のつながりに触れずして、結果については語れない。**考えを選ぶと、それに関連した生理現象も選ぶことになる。**どんな考えを抱こうと、その考えにともなって必ず何らかの生理現象が起きる。

酢のきいた歯ごたえのあるキュウリのピクルスを噛んでいるところを想像してほしい。酢とヒメウイキョウの香り、一口かじると聞こえるカリッという音、口の中ではじけるウイキョウと酢の味——。さて、どうなっただろう？　つばが湧いてきたのではないだろうか？　それはつまり、あなたの口の中で「生理的な変化」が起きているということだ。

もう一つ例をあげよう。夜、真っ暗な通りを歩いたか、誰もいない暗い駐車場に停めてある自分の車に向かって行ったことがあれば、その時のことを思い出してほしい。突然、背後から物音が聞こえる。あなたの身体は即座に反応する。うなじと腕の毛が逆立ち、鼓動が一気に速くなり、全身が一つの引きつった神経になったかのように極端に用心深くなる。

誰かに触れられたわけでも、何かされたわけでもない。ただ「危険だ」とあなたが考えただけのことだ。抽象的な思考には、はっきりと知覚できる大げさな生理現象をもたらす力がある。どんな考えを抱いても、それに関連する生理現象が起こることを否定するのは、浅はかというものだ。

このつながりは非常に強い。**生理現象によって、エネルギーと行動のレベルが決まる**。自分自身との対話が、マイナス思考のものであったり、控えめなものであったりだと、対話と同時に起きる生理現象も、同じくらいマイナス思考のものになる。

憂鬱なことを考えていると、エネルギーや行動が抑えられる。身体は、脳という中枢のコンピューターが送るメッセージに従う。あなたは自分なりの人生を送るよう、精神と行動と生理の面から自分自身をプログラムしているのだ。

## ●——無意識に行っているマイナス思考のプログラム

あなたの思考があなたをプログラムする力がどれほど強いか、考えてみよう。私たちはみな、日がな一日、他の人と対話しているが、たえずもっとも活発に対話を行う相手は自分自身だ。一〇人の人間と一日中べったり一緒に過ごす日があったとしても、あなたが毎日、朝から晩までともに過ごす相手は自分自身だ。

私たちは、**自分の人生で結びつきのあるほかの誰かと対話するよりも自分自身と対話し、他の人をプログラムするよりも自分自身をプログラムしている。**頭の中で、何度も同じテープを流している人もいる。テープが終わりまでいくと、切れ目のない輪のように、また最初に戻る。この自分自身との対話——自分をプログラムする対話——がマイナス思考のものであれば、行動の結果がお粗末でも何ら不思議はない。自分自身との対話の中に「マイナス思考の独り言」が含まれていれば、自ら必要のない障害を作っていることになる。マイナス思考の独り言の典型的な例を紹介しよう。

・私にはそれだけの頭がない
・この人たちのほうが、私よりずっと面白いし、知識も豊富だ

・私はこの人たちほど立派じゃない
・私は成功したくてもできない
・私はいつもあきらめてしまう
・私が何をしたところで、どうにもならない
・彼らはもう心を決めているから、私には彼らの気持ちを変えることができない
・私はただ流されて生きているだけだ。何も変わらない
・私がどんなにマヌケか知られてしまうだろう
・私は女だから、どうせ耳を傾けてもらえない
・これをするには、私は若すぎる
・これをするには、私は年をとりすぎている

**《課題五》**

あなたが聴いているマイナス思考の「テープ」のベストテン・リストを書いてほしい。自分が一日中、テープをどれほど頻繁に流しているか、確認してみよう。

私たちはこれまで、行動や考えを選ぶ時、結果も選んでいるということについて、一般的な話をしてきた。さて今度は、あなたの人生を取りあげて、結果をもたらす相互作用の具体的な仕組

みについて少し調べてみよう。

あなたにもっともよく見られる選択と、それがどういうかたちであなたの人生に結果をもたらすかに、焦点を合わせたい。つまり、「行動を選ぶ時、結果も選んでいる」という一言で片づけて、理論で終わりたくないということだ。私は、現実の世界で行う選択について話したい。

・あなたは自分の居場所を選ぶ
・あなたは何を言うか選ぶ
・あなたは一緒にいる相手を選ぶ
・あなたは何を信じるか選ぶ
・あなたはいつ抵抗するか選ぶ
・あなたは誰を避けるか選ぶ
・あなたは、どんな刺激に反応してどういった行動をとるか選ぶ
　自分自身について　　他の人について　　リスクについて
　欲求について　　権利について
・あなたはどんな行動をとるか選ぶ
・あなたは何をするか選ぶ
・あなたは何に集中するか選ぶ
・あなたはいつ進むか選ぶ
・あなたは誰を信用するか選ぶ
・あなたは自分自身に言うべきことを選ぶ

**あなたが行う、それも毎日行うとりわけ重要な選択は、他の人にどんな自分を見せるか決めることだ。**誰にでも「世の中での存在のかたち」がある。誰にでも表情や態度がある。人と接する

時、誰もが決まった役割や物腰を選んでいる。

それを個性と呼ぶ人もいれば、スタイルと呼ぶ人もいる。これは、あなたが取り組むべき問題の中でも、とりわけ重要だ。それというのも、あるかたちで他の人と関わると、向こうもそれに関連した一定のスタイルで応える傾向が強いからだ。

つまり、毎日、こうした選択やほかの何百という選択をする時、あなたは世の中での自分の経験を決める一因となっているのだ。こういった選択によって世間のあなたへの対応が決まる。このプロセスの仕組みを詳しく見てみよう。

## ●──返報の法則

返報の法則は、簡単に言えば「与えたものが返ってくる」ということだ。人と関わる時の態度やスタイル、関わる度合いによって、自分に対する相手の対応が決まる。

あなたは毎日、もっとも基本的なレベルで返報の法則を体験している。偶然知り合いに会って、「やあ、調子はどうだい?」と聞かれたら、きっと、「元気だよ。君は?」と答えるだろう。すると相手は、「元気だよ」と返事するはずだ。驚くようなことはなにもない。何気ない表面的な礼儀正しいやりとりだ。こうしたやりとりで、どちらかいっぽうが突然泣き出して、「前の晩、夫

（妻）が愛人とベッドにいるところを見てしまった」と告白するなんてことは、めったにない。
こういう対応は、いっぽうが礼儀正しく表面的な接し方をしている時には、まったく場違いだ。与えたものが返ってくるのが普通である。

同じような返報は、まったく違うレベルでも行われる可能性がある。「おや、動揺しているみたいだな。なにかあったのかい？」とたずねて会話を切り出すかもしれない。あなたは、やりとりをもっと深いレベルに持っていったのであり、たぶん、もっと心からの反応を得るだろう。より深いレベルで相手に接したのだから、より親密なやりとりを期待できる。
人と接する時のスタイルや関わり方、レベルは無数にあり、状況に応じて使い分けている場合もある。とはいえ、世間から見たあなたの人物像の決め手となるパターンがつねにある。こうしたやりとりが積み重なって、他の人々のあなたに対する反応が決まり、ひいては世の中でのあなたの経験が決まる。

人にはスタイルがある。そしてあなたにもスタイル、存在のかたちがある。人が他人のことをそのイメージで表現するのを聞いたことがあるだろう。「彼は、特攻野郎だ」とか「彼女はオバタリアンだ」といった具合に。人生は闘争だと思っている人もいる。こうした人たちは敵対的で、かっとなりやすかったりする。そうかと思えば、踏みつけられるのを覚悟していて、実際にその通りの目に遭う意気地なしもいる。接し方によって、自分に返ってくる反応が決まる。あなたは、人々の自分に対する反応のことで不満を漏らしているかもしれない。だが本当のところは、あなたも他の人たちも、世間の反応を自ら決めているのだ。

自分の人との関わり方を正直に評価すれば、なぜ世間が今のような反応を返してくるのか、その理由がわかりはじめるだろう。

この二番目の法則を認めて受け入れれば、あなたはもう犠牲者ではなくなる。そんな態度は、走っている車の中で一人ぽつんと座っているようなものだ。運転できないと、衝突事故を起こすのが目に見えている。ハンドルを握ろう。望みもしない経験に苦しむ代わりに、望む経験を意識と目的を持って作り出すのだ。

ここで一休みして、第一章で話したことを思い出してほしい。あなたは選択しないわけにはいかない、と言ったのを覚えているだろうか。**選ばないというのも選択の一つだ**。だから次のような言葉を並べることはできない。

「フィル、私は、結果を選ぶなんていう責任は望んでいない。こんなことを教えてくれなければよかったのに」。それでも、私はあなたに教える。さらに言えば、この法則は、私があなたに教えるはるか前から、あなたの人生に作用している。私はただ、そのことを気づかせているだけで、あなたはこのことを意識して、違う人生経験を作り出すことができる。

選択しないわけにはいかないという事実に気づくということは、毎日、何らかの態度をとったり、何らかの考えを抱いたりする時には必ず、一瞬一瞬、そして一日一日の経験につながる選択をしているということだ。あなたの考えや態度は、精神的なものも含めて、あなたの経験に影響を与えている。それを意識して選択しよう。


**《結論》……あなたは今の人生、今抱いている感情、その感情に対する反応に責任がある。**自分を変えるとなると、当然、これまでとは違うことをすることになる。つまり、未知の新しい領域に入るわけで、惰性で生きるのではないということだ。

このため、たぶん、最初のうちはそれが気に入らないだろう。悲しいかな、人間には、新しいものや自分に理解できないものを批判したり、これに抵抗したりする性質がある。だが自分の決意を自覚することで、この人間の本質に打ち勝つことができる。


記憶をたどってみても、私の人生で、「ノー」と言ったおかげで経験が豊かなものになったり、人生の質が高くなったりしたことは一度もない。逆に、「オーケー、いいとも。試しにやってみよう」と言っただけで、人生の質が高められたことは何十回もあった。

気に入るとは思えない映画や演劇を見に行こうと誘われて「イエス」と答えた時であれ、大学進学に「イエス」と言った時であれ、人生が新たな極みに達したのは、自分が意欲的になった時だけだった。

私の場合、うんざりしていて批判的でシラけた性質が幸いして望むものを余計に手に入れた、ということは一度としてない。意識的に「積極的な」態度をとろう。新しいことに喜んでチャレンジするのだ。

## ●――ジェニーが負った心の深い傷

数年前、私のセミナーの出席者の中に、子供時代から思春期にかけて、祖父に性的いたずらを受け、最終的に繰り返しレイプされた女性がいた。私たちが会った時には五〇歳で、結婚してからすでに三〇年以上経っていたが、ジェニーは私に、自分は傷物で汚れており、夫にはふさわしくない女だと感じていると打ち明けた。

鏡をのぞくたびに見えるのは、人間のくずでしかない、とこの目の覚めるような美しい女性は、涙ながらに語った。彼女は自分が女であることに嫌悪を感じ、自分の身体を憎んでいた。自分がイヤでたまらなくなって、カミソリや熱して赤く光るナイフかスプーンで自分の四肢を切り落としたいと思うことがたびたびあると告白した。

本人も即座に認めたように、セックスは不潔で下劣なことだと感じているため、結婚以来ずっと、肉体的な意味でも気持ちのうえでも、夫と親密な関係になることはほとんど不可能だった。今だに祖父にがっちりと支配されており、祖父はもちろん、どんな男性のことを考えても、当時の感情が一つ残らずよみがえるのだった。夫が近づいてくるたびに、恐怖で身体が震え、吐きそうになるくらいだった。

実に愛情深い夫がかぎりない辛抱強さを示しているにもかかわらず、ジェニーは、祖父によって消えることのない染みをつけられたように感じていた。セックスは男と女が分かち合う、愛と信頼のかけがえのない贈り物だと頭ではわかっていても、心の中では、祖父にその贈り物をダマし取られてしまったと思いこんでいた。

心の痛みや罪悪感を忘れようとすればするほど、傷が膿み、彼女の結婚生活と自己像を毒していった。問題に立ち向かうことはおろか、すでに故人となった祖父のことを考えることすら、「心が傷つきすぎる」ので、彼女にはとても耐えられないことだった。

彼女は、母親に事実を話そうとした時のことを振り返った。母親の反応は激怒だった。「愛する」お祖父ちゃんについて「汚らわしい考え」を抱いたとして、ジェニーは罰を受けた。誰にも頼れずただ一人でおびえ、内にこもり、ジェニーは悶々と恥辱を味わっていた。結局のところ、

「悪い子は苦しんで当然」なのだ。

ジェニーは心の中で、自分は淫らな人間であり、これからもずっとそうだろうと思った。人々が自分の中にいる悪魔に気づくのではないかと恐れ、彼女は自分が悪いことをしたのだと信じ込み、裁きを受け、ふさわしい刑を宣告されたのだと感じた。

暗くて寒い部屋に閉じこめられているような感じだ、とジェニーは私に言った。彼女は、自分が小さく、独りぼっちでおびえていると感じていた。苦しんでいるのは祖父ではなく自分なのだから、彼女にとっては明らかに、自分が「悪者にちがいない」というのだ。

祖父の葬儀の時、神の子である「聖職者たち」は立ち上がって、ジェニーの祖父がいかに礼儀正しく、高潔な人だったか語った。彼女は、さっと立ち上がって大声でこう言いたいと思ったのを覚えていた。「うそ、そんなのうそよ！　あの人は私を傷つけたわ！」。だがこの時も、そしてそれからもずっと、彼女は苦悩と罪悪感にさいなまれながら沈黙を守り続けた。

こうした一切のことの中に明るい点があるとすれば、それは、今いる冷たく暗い場所から抜け出したいと切実に思っていると、ジェニーが**認めている**ことだった。彼女は、自分と夫との間には、壁が立ちはだかっており、その壁を憎々しく思っていることを、正直に認めた。セミナーで辛いやりとりを六日間にわたって続けながら、私は、お祖父さんは明らかに病的で下劣な男であり、死んでもなお彼女を支配していることをジェニーに理解させた。

こんな風に事実に真正面から向き合うのは、ジェニーにとって非常に難しいことだった。何日間も長くてつらい取り組みをしているうちに、ジェニーは、自分が人生でとってきた流行病的な態度のいくつかに打ち勝つようになった。

子供時代の体験で問題になっていたのは、あからさまに事実を否認していることだった。ジェニーは、自分自身にさえも事実を認めるのを拒んでいた。本質的に結婚生活からセックスをなくしたのだから、こうした恐ろしい感情をもたらす刺激は、たとえあったとしてもごくごく少なかった。こうした否認の世界から現れたものは恐ろしく、何より逃げ出したいという気持ちを彼女に抱かせた。

ハツラツとした美しい女性であったころ、ジェニーは自分自身のことを頼りになる人間だと考えていた。心が動揺した時、友人たちが救いを求める相手はジェニーだった。彼女は、人々がつらい思いをしている時に頼る心のよりどころだった。

世間、あるいはたとえ自分自身に対してでも、自分が実は「傷ついた癒し手」であると明かせば、心の平和を守る砦の役目を果たしていた、世間に対する仮面を脱ぐことになる。

たぶん、彼女の無気力に打ち勝つのが、いちばん大変なことだったのではないだろうか。子供時代の体験がセミナーでの彼女の中心テーマになってくるにつれ、彼女は恐怖心と無気力に打ちのめされてきた。

だがジェニーは前進を続けた。今がチャンスであり転機であることを知っていたので、彼女はどうにか重い足取りで進み続けた。想像上の怪物ではなく本物の怪物がいる、いくつかの暗い通路を抜けるような道程だった。いくら周囲の人間の愛と助けがあっても、ジェニーが一人っきりで歩かなければならない通路だった。

彼女は、自分が力を放棄し、祖父が自分の結婚生活と自己像の両方を思いのままに毒すのを許していることに気がつきはじめた。彼女は、祖父にこのように支配されるがままになっていることは、ずっとレイプされているのと同じであるということに気づいた。彼は毎日、善良な心と自尊心を彼女から奪い続けていた。

## ●——ジェニーに質問をぶつける

大きな問題は、あまりにも長い間苦痛にとらわれていたために、ジェニーは希望をほとんど失いかけていたことだった。うつむいて泣いている彼女の姿は、あまりにも小さく寂しげで、私は腕を回してなぐさめてやりたかった。

だが私は自分を抑えた。私の中にいる現実主義者には、わかっていたからだ。感情の虜となった状態から抜け出して、自尊心と力を取り戻そうとしているならば、彼女は自分の二本の足で立って道を切り開き、もう祖父の犠牲者にならないと宣言しなくてはならないことを。会話が終わりにさしかかった時、私は一連の質問を彼女にぶつけた。

「もしあなたが、当時も今も、もっといい扱いを受けるにふさわしい人間だったら？」

「もし、あなたが間違っていて、そうなったのはあなたのせいでは**ない**としたら？」

「もし、あなたのお母さんが弱すぎて、あなたを信じて守ることができなかっただけだとしたら？」

「もし、まだ遅すぎないとしたら？　もし、変化はすぐ手に届くところにあるとしたら？」

「もし、これまでずっとあなたを囚われの身にしていたのが、彼ではなく、あなただとしたら？」

「もし、その冷たく暗い部屋のドアは、外からではなく、**内側**から鍵がかけられているとしたら？」
「もし、自分を解放するためにあなたがしなければならないことを、私が今この場で教えられるとしたら？　どんなに恐ろしくても、あなたは教えられたことをするだろうか？」

これらの質問に、目に見えて心をかき乱されながらも、ジェニーがかすかな希望の光も感じているのが、私にはわかった。「たぶん、たぶんですが……」。感覚的にはわかっていても、現実を見据えると彼女の心はくじけそうになった。

心の監獄の扉を閉ざし続けているのは、祖父ではなく**自分自身であり、その扉を開けるのは自分しかいないという可能性を、彼女は直視しなければならなかった。**私が彼女のために立てた戦略は、自分の感情を自分でコントロールする権利を主張させてから、自尊心を持って生きる権利を取り戻させるというものだ。

ジェニーは、長くて辛い六日間、自分のために必死で闘った。彼女はすでに、監獄の壁に窓を作りだし、チャンスへの道を開いていた。私は、それを彼女が閉ざすことがないよう祈った。

私は次に、非常に大事な質問をした。「あなたは、自分自身のために立ち上がり、より良い生活をする権利があると宣言できるくらい、今の状態に死ぬほどうんざりしているだろうか？　立ち向かわなければならない相手が誰だろうと、どんなことをしなければならなくても、あなたは挫折せずに頑張り通せるだろうか？」。

ジェニーは身体を震わせ、すすり泣き、はらはらと涙をこぼしながらも、はじめて真っ向から私を見つめた。「ええ。これが私にとってチャンスであるなら、これが私にとって転機になるなら、そうしたい、今すぐに」。

## ●——三〇年間鬱積していた感情

他のセミナー参加者たちは、この過程を見守っていた。私はジェニーに内緒で、黒縁の眼鏡にいたるまで、彼女から聞いた祖父の身体的特長にぴったり合う人物をボランティアとして募っていた。これまたジェニーに無断で、私はこの男性を彼女の真後ろに座らせていた。私は言った。「もしあなたがこんなことにうんざりしているなら、もう一分でも囚われの身でいたくないなら、彼に言ってほしい、今この場で、彼があなたにしたことを」。警告も与えずに、私は彼女を振り向かせた。

その後に矢継ぎ早に彼女が浴びせかけた言葉の激しさを描写するのは難しい。三〇年間の積もりに積もった苦痛と憎しみ、感情が、叫びとなって噴き出した。「あんたは畜生だ。私はまだ幼い少女だった。あんたは私の心を殺し、純潔を奪った。あんたは、虫ずの走るような、卑劣な豚野郎よ。私はあんたから私を取り戻しているところ。あんたなんか、唾を吐きかけてやる。あんたはもう私を傷つけることはできない。

もう私を振り回すことはできない。あんたはもう、私を監獄に捕らえておくことはできない。私はもう一日だって、自分が汚れていて堕落した人間だなんて思わない。悪いのは私じゃなくて、あんたよ。私じゃない。聞こえた？　私が悪いんじゃないのよ。私はあまりにも長い間苦しんできた。充分苦しんだ。私は善良な女だし、汚れてなんかない」。

彼は彼女から、幸せな結婚生活を奪った。彼は彼女から、自尊心を奪った。彼は彼女から、彼女自身を奪った。だがようやく、ジェニーはこうした事実を認め、自分の責任ではないのだとあるがままに認めた。

いっぽうで彼女は、**祖父の行為が自分の人生にどんな影響を与えるかを最終的に決める権利は自分にあるということもわかっていた。彼女は、罪悪感と惨めな思いで自らを責め続けることを拒んだ。**

この運命を左右するわずかな時間に、私は力と勇気を証明するシーンをまた一つ目にした。ジェニーは祖父を許したのだ。彼のためではなく、**自分自身のために**。彼女は束縛を断ち切るために、彼を許した。

ジェニーは危険を冒した。変化への準備が本当にできていたから。もう失うものが何もなかったから。彼女は、自分を変える心の準備ができるところまで自力でこぎつけ、手を伸ばして、この世の中で本来あるべき自分の姿をつかみ、これは自分のものだと主張した。「私は善良な女で、汚れてはいない」。

この心を強くとらえて離さない出会いは、もうかれこれ一〇年以上前の出来事だが、話にはまだ続きがある。しばらく前に、ジェニーから電話があったのだ。彼女は、夫が突然ひどい病気になり、数日前に亡くなった、と言った。亡くなった日の夜、彼女から私にお礼の電話をする、と二人は約束したということだった。病室には他に人はおらず、二人は心からの言葉を交わした。二人とも、こんな風に心からの言葉を交わせるのはこれが最後だとわかっていた。彼は彼女に、人生をともに過ごしてくれたことへの感謝の気持ちを伝えてからこう言った。「冷たくて暗い場所から歩み出て、私の腕と心に飛び込む勇気を奮い起こしてくれてありがとう。一緒に過ごした最後の一〇年間を考えると、三〇年間待ったかいがあった」

まだ遅すぎない。自分はもっともっと多くのものを手に入れて当然なのだ。**もう自分を否定したりしない**——そうジェニーが決心した時に、すべては始まったのだ。

# 第四章

# 「見返り」が行動を支配している

◆◆◆人生の法則❸

# 人はうまくいくことをする

クリストファー（一〇歳）は、自転車を使って自分の行きたいところに行くのが大好きだ。今日は、ピアノのレッスンが終わって家に帰る途中、バスケットボールをしに公園に寄る。前にも何度か公園に寄り道している。帰りが遅くなって、お母さんがひどく心配するのはわかっている。お母さんのことは大好きで心配させたくない。でも、やめられない。

カテリン（二六歳）は、母親と二人の祖父母をガンで亡くしている。自分もガン体質かもしれないと思うと恐い。そう思いつつも、その日二箱めのタバコの封を開ける。

ジェイソンは二度目の保護観察中で、ＮＦＬでは三度目の謹慎処分を受けている。今年は三二六万ドル稼ぐ予定だが、それもプレイすればの話だ。一緒にいる少女は家に帰りたがっている。少女を家に帰すべきなのはわかっているが、ジェイソンはそうしない。少女の意思に反して手元に置いておくのはいけないことだとわかっている。彼の母親も人一倍失望するだろう。それでも彼は、ホテルの部屋のドアをロックし、シャツのボタンを外しはじめる。

バリーとケイは、親がこんな大ゲンカをしているのを見たり聞いたりしたら、子供たちが傷つくとわかっている。結婚してから九年半もたてば、仕事でクタクタになるまで働いたあとで、家でお金の問題を持ち出したら大ゲンカになることくらいわかっている。今夜は、ナイフで片を付けることになるかもしれない。それでも、どちらもやめようとしない。どちらも、別な時に話し合ったほうがいいとは言い出さない。ケンカは続く。

キンバリーは、以前のように小柄で均整のとれた身体になるためなら何でもするつもりだ。すでに三五キロ近く体重が増えている。彼女にとって、外見は命だ。彼女は自分の体型がイヤで、メークとヘアスタイルをばっちり決めようと必死だ。ありがたくない体重の増加をカバーしてくれると言わんばかりに。真っ暗な部屋の中でベッドに横になりながら、彼女は五本めのキャンディー・バーを食べる。

もしあなたが私や、さっきの話に出てきた人たちの誰かと、少しでも似たところがあるなら、たぶん繰り返し何かを言ったり、したりしたあげくに、信じられないという気持ちと挫折感から、首を横に振ったことが、何百回、いや何千回とあったと思う。

あなたは自分にこう言ったかもしれない。「私はどこか悪いのだろうか？　いったいどうして、こんなことを続けているんだろう？　こんなことは全然したくないし、こんなことをしている自分は大きらいだ。それなのになぜ、こんなことをしているのか?」。答えは、先ほど紹介した法則の中にある。他の法則と同じように、非常に確かな法則だ。そういったことをするのは、あるレベルではそれでうまくいくからである。あなたはあるレベルで、その明らかに望ましくない振る舞いが、ある目的にかなっていることを感じ取っているのだ。

クリストファーやカテリン、ジェイソン、バリーとケイ、キンバリーの話を読みながら、彼らの生活に共通するパターンが自分にもあることに気づいただろうか? みな、あるレベルでは**望んでいないこと**をしていた。

みないっぽうでは、自分自身や他の人にとって望ましくないマイナスの結果に必ずつながることに気づいていた。にもかかわらず、彼らは望ましくない行為にこだわった。あなたとまったく同じように。あるレベルではそれでうまくいき、その行為には見返りがあるということが、ありえるだろうか?

## ●——行動を変えれば結果も変わる

今までのことから、選ぶ行動によって得る結果が決まることは、きわめて明らかであるはずだ。当然、同じ行動を繰り返すなら、その結果は望ましいものであるのにちがいない。そうでなければ、同じ行動を何度も何度も繰り返さないだろう。

逆に、その行動を繰り返さないなら、結果が望ましくないということになる。つまり、そんなことをしても何のメリットもないのだ。熱いストーブに触ったところを思い浮かべてほしい。望ましくない結果が生じることははっきりしている。だから繰り返すことはない。

同じように、行動を変えると結果も変わることは明らかだ。もしあなたがそのことを本当に「わかっている」なら、違った行動をとることができれば、これまでとは違うものが手に入るということもわかるはずだ。従って、あなたは人生を変えるための大きな一歩を踏み出したことになる。


何をしなければいけないのか知っているのと、そのためにどうすればいいのか知っているのは、まったく別物だ。あいにく、しばしば、イヤでイヤでたまらなく自分でもやめたいと思っている行動を、頑固にとり続けてしまうことがある。でもなぜこんなことになるのだろうか？

伝統にとらわれず自由にものを考える合理的な人間のあなたが、なぜ、**絶対にしたくないことを繰り返し行い、そのせいで大きな苦しみを味わうのか？**

論理に反するどころではない。きっと合理的な人間なら、自分がしたくないことはしないはずだ。きっと合理的な人間なら、望んでいない結果をもたらしたり、望む結果が得られなくなったりするような行動はとらないはずだ。だが、合理的で論理的な人間だと自分で思っていても、まさにその通りのことをしているのだと、あなたはわかっている。

きっと、いくらでも例を挙げられるはずだ。食べたくない時に食べる。全然お腹が空いていないのに食べる。吸いたくないのにタバコを吸う。そんなことはしたくないと思っているのに、言い争ってかっとなる。

他の人の要求にいちばん屈したくない時に、屈してしまう。プレッシャーがかかっていて、最高の成果を上げたいと思っている時に、へまをやる。感じたくないのに後ろめたさを覚え、本当はしたくもないことに膨大な時間を費やす。

毎晩「ゴロゴロ」して、じっとテレビを見たりせずに、運動や読書をしたり、妻や子供と一緒に過ごしたりしたい——でも、テレビに張り付いている。そのうえ、こうしたことを何度も何度も繰り返す。

どうすれば、この一見、不合理な行動をなくせるか知るのは、人生を改善するのに必要不可欠なことだ。あなたは、少なくとも二つの重要な方法で、これを実践することができる。一つは、望むものを手に入れるのに必要な建設的な行動を取りはじめることだ。それと同じくらい大切なもう一つの方法は、望むものを手に入れるのを妨げるような行動をやめることである。

後ろ向きな行動をなくすには、なぜ自分がそんなことをするのか、その理由をまず理解することが不可欠だ。それを理解してはじめて、どのボタンを押せば、自分自身や他の人の行動に望ましい変化をもたらせるかわかるようになる。

## ●──人の行動を左右する「見返り」とは何か

それでは、「人生の法則3　人はうまくいくことをする」によって、この謎に満ちた人間の仕組みを、どう説明できるだろう？　人間の仕組みを本当に理解するためには、あなたは人間の仕組みについての知識を増やさなければならない。

あなたはすでに、自分の行動によって結果が決まることを知っている。あなたが知らないであろうことは、こうした結果は、あなたとあなたが行う選択に影響しているが、その結果に対する意識にはさまざまなレベルがあり、時には微妙であったり強力であったりといった具合に、結果はさまざまなかたちを取るということだ。

これは、特にパターン化した行動に当てはまる。ほとんど機械的に行動するようになると、その行為の因果関係に注意を払ったり、評価したりしなくなる。あなたの人生の中にも、状況に反応しているだけで、何も考えずに機械的に何らかの行動をとり続けているように思える場合があるのではないか。こうした行動は論理的でないように見えるが、そう見えるだけで実際は道理にかなっているのだ。実のところ、あなたは今もこれからも、望ましくないマイナスの結果にしかつながらない行動をとったりはしない。

気にもとめずにこうした行動をとるのは、**あるレベルではそれでうまくいっていると感じているからだ。「うまくいっている」というのは、望ましくない行為に見えても、その行為から何らかの見返りを得ているということだ。**

いずれわかると思うが、何か他の、たぶんもっと意識的あるいは表面的なレベルで、その行為が自分にとってうまくいっていないとわかっているような場合にも、この公式が当てはまる。その行為によって自分が苦しむこともわかっているかもしれない。それでも、結果的に見れば、何らかの見返りを得ているのである。そうでなければ、そうした行動をとらないし、今受け入れているものを受け入れていないだろう。

わかりやすい例が「過食」だ。意識や理性のレベルでは、望ましくない結果を生むとわかっているが、他の何らかのレベルでは、過食を続けるだけのメリットがあるのだ。だから結果的に見て、人はうまくいくことだけをするのだから、過食も何らかのかたちでメリットがあるに違いない。

この「人生の法則」が言っているのは、まさにこういうことだ。もし、その行動が何らかの目的になっており、何らかの見返りがあると感じているのでなければ、そんな行動をとらないだろう。実に簡単なことだ。この真実は文字どおりに受け止めなくてはならない。何らかの行動パターンをとっているなら、それがどんなに奇妙あるいは非論理的に見えても、自分が望む何らかの結果を生みだすためにそうしているのだと思わなくてはならない。自分がそんな結果を望んでいることが、あなたにとって好ましいことであろうとなかろうと、関係ない。

たぶんあなたにもわかると思うが、この「見返り」という概念は、あらゆる行動を形成するうえで決定的な要素となっている。動物に芸を仕込む時も、この概念に基づいている。何十年も前から、心理学者は有名なネズミの迷路実験を行っている。訓練されたネズミは、エサにありつくためなら、迷路を通り抜けてベルを鳴らす。

ごほうびがもらえるなら、輪も回す。この実験用ネズミでさえも、うまくいくこと、いかないことを知っているのだ。「うまくいく」と言っても、この行動と見返りの関係は必ずしも健全とはかぎらないことを知っておいてほしい。私はただ、健全であろうとなかろうと、その見返りをあなたが得ようと努めていると言っているだけだ。

人間もこのネズミとまったく同じように、環境によって行動が形成されている。あなたの子供が産まれてまだまもない頃のことを思い返してほしい。あなたはたぶん、自分の希望に反するかたちで子供の行動を形成したと思う。

たとえば、多くの親たちは、ベビーベッドから子供の火のついたような泣き声が聞こえてくると、大急ぎで飛んで行き、子供を抱き上げてなだめることで、この泣き叫ぶという行為に対して見返りを与えている。大声で泣き叫べば、心地よい思いができるのだと、子供は考える。そしてすぐに、この行動を繰り返して、同じような結果を親から引き出すようになる。

この例を見て、自分が他の関係で、**偶然に手に入れた見返りをきっかけに、ずっと続けている行動は何だろう**と、思いを巡らしたのではないだろうか？　たとえば、夫（妻）など、自分にとって大事な人のどんな行動に対して、あなたは見返りを与えているだろうか？

## ●――マゾヒストと「見返り」の関係

ふくれっ面をするという見返りを夫（妻）に与えるよりも、はるかに気がかりな見返りに行きつく場合もある。正気の人間がいったいどうしてマゾヒストになるのかという質問を受けることがたびたびある。小説より奇妙に思える。どういうわけで、苦痛を受けることに喜びを見いだせるのか？

この人たちは気が狂っているのではないか？　こうした人たちの行動は信じられないほど悲し

いものであるかもしれないが、彼らは、行動と見返りの関係が、病的だが理にかなった方向にどんどん進んで、こうした行動に行きついたのだろう。行動は形成されるものだというこの単純な原則を当てはめれば、理解するのもそれほど難しいことではないかもしれない。

マゾの気のある大人の過去を調べると、親から身体的虐待を受けて育ったというケースが少ない。このことを考慮に入れてほしい。子供というものはまだ幼いので、当然ながら、親に世話してもらったり、優しくなだめてもらったりするのが好きだ。

先ほど紹介した泣き叫ぶ赤ちゃんとまったく同じように、子供だって、両親の注意を引くのに必要なことなら何でもするだろう。ところがこのマゾヒストの親は、子供が泣くと、なだめたり優しくささやいたりする代わりに、イライラして理性を失い、憎しみに駆られて子供に暴力をふるいやすいのだと考えてみよう。

子供に身体的な虐待を加える親がたいてい、一時の衝動に駆られて行動していることは知っての通りだ。一般にこうした親は、怒りをぶちまけたあと、理性を取り戻して自責の念に駆られる。理性を取り戻すと、この親は当然のことながら、自分が犯した恐ろしい行為を帳消しにしたいと思い、身体を優しく愛撫したり、優しい言葉をかけたり、寄り添ったりして子供を慰める。

同じようなことを頻繁に繰り返さなくても、苦痛と喜びをセットにすることで、この親は知らず知らずのうちに子供をマゾヒストに仕込んでしまう。子供は当然、親に愛され、優しくしてもらうためには、苦痛を耐えねばならないと受け止める。病的で悲劇的な流れかもしれないが、それでも完全に筋は通っている。人間の行動を形成する見返りの力は、圧倒的でうち消しがたいものだ。

ありがたいことに、この逆もある。つまり、ある行動をとって悪い、あるいは辛い結果になったと受け止めれば、普通はその行動をとらなくなる。台所のコンロで火傷した経験がないだろうか？　たいてい一度やれば学習するものだ。

熱いコンロの火に触れて痛い思いをすれば、ガチガチの石頭や度を超えて不注意な人間でも、二度と同じ行動はとらなくなる。同様に、望ましくない行動をとって良い結果が得られなければ、その行動をやめる。たとえば、もしあなたの赤ちゃん（もしくはあなたの配偶者）が、すねたりかんしゃくを起こしたりしても、あなたの気を引けなければ、うまくいかなかったわけだから、そうした行動をとらなくなるだろう。

こうした行動のメカニズムをそれとなく示している例は、無数にあるので、ここですべてをとりあげることはできないが、私が言わんとすることをわかってくれたと信じている。たぶん、これまでに話してきたことの大部分は、あなたがすでに知っていたことだと思う。これはまだ簡単なところだ。

**難しいのは、実際にあなた自身の人生で何が見返りになっているのか突き止めることだ。**見返りがわかれば、あなたの行動の因果関係を理解し、コントロールしはじめることができる。

何らかの行動をやめたいと思っているならば、その「見返りを断ち切る」必要がある。他の人の行動に影響を与えたいならば、まず、相手がその行動に対する見返りと思っているものを理解したうえで、できればその見返りをコントロールし、望ましい行動をとった時にその見返りを与えるようにしなければならない。

他の人を意のままに操るための知識をつけようとしているように聞こえるだろうが、まさにその通りだ。たとえば、上司が異常なまでに自己中心的な人間であり、三度の飯よりも、フットボールチームのヒーローとして活躍した高校時代の思い出話をするのが好きで、おまけに、自分の話に熱心に耳を傾けてくれる人間がお気に入りなら、あなたは彼に気に入られる方法を少なくとも一つは知っていることになる。

私は何も、あなたがそんな残酷で異常な罰を受けるべきだと言っているのではない。ただ、これは、あなたがコントロールできる見返りであることをわかってほしいだけだ。

## ●——自分への「見返り」に気づいていない人

「自分は違う。見返りに左右されることもあるが、いつもそうだというのではない。私はこの『人生の法則』があてはまらない例外だ」。そう思っているのなら、あなたは間違っている。見返りが何かわからないとすれば、あなたは見返りが何かわかるほど状況を徹底的に分析しておらず、目を凝らして見ていないのだ。

自分や他の人が見返りと受け止めるものに気づいていないのかもしれない。難しいのは、**自分では気づかずに見返りを得ている**場合があり、その可能性があるすべてのケースについて検討することだ。

人生の「通貨」は、幾多のさまざまな見返りの一つである可能性がある。あなたは、自分の見返りがどんなかたちを取っているか、気づいているかもしれないし、気づいていないかもしれない。たとえば、自己懲罰や歪んだうぬぼれ、復讐心といった不安定な感情など、きわめて不健全な何らかの見返りを求めて行動しているという可能性もある。

一目でわかり簡単に測れる見返りは、もちろん金銭的な見返りだ。家で子供たちと過ごしたり、昼まで寝たりしたいのに、毎日仕事にいくのは、これがいちばんの理由だ。お金は大事なものだと思っているので、私たちは、手に入れるためなら喜んである程度の犠牲を払い、ある種のことをする。けれども金銭とは関係ない、もっと強力な見返りもある。
たとえば、心理的な見返りは、容認や是認、賞賛や愛、仲間、何らかの強い欲望、罰や充足感といったかたちをとる場合がある。

こうした見返りには大きな力があり、あなたは、見返りをもたらす行動を繰り返す。安心感も大きな力を持つ一般的な心理的見返りだ。安定した生活を送るという健全なかたちをとったり、恐怖や危険を避けたい一心で傍観者の立場をとる、といったあまり健全ではないかたちをとったりする。精神的な見返りは、心の平和や神との結びつき、正義感や道徳心といったかたちをとる。

身体的な見返りは、良好な栄養状態や運動、正しい体重管理、健全なセックスライフといったものに由来する、自分は健康だという感覚だ。こうした感覚が強い場合も多い。それほど健全ではない身体的な見返りとしては、暴力によって誰かを威嚇したり支配したりして得るものや、体重管理や自虐行為といった、プラスマイナスどちらかのかたちで自分の身体に夢中になることから得るものもある。こうした見返りも、行動の強い原動力になる可能性がある。

何かを達成する場合の見返りにも、独自の通貨がある。達成感。努力を傾けた分野の中での他人の評価。自分は良くやったという自覚。それほどプラス思考でないが、仕事での業績を通じてのみ、自分の価値を感じるという点で、同じような見返りがある。
「ワーカホリック」という見返りだ。社交面での見返りは一体感で、もちろん、自分が一員であるだけでなく、貢献者あるいは指導者であると感じている場合には、見返りも大きい。こうした自尊心を尺度とした見返りが不健全な方向に行くところまで行くと、他人に認められることで自分の価値を測る、自分に自信のない人間となり、社会に認められたいとたえず渇望することになる。

こうしたさまざまな分野の見返りはどれも、ほとんどすべての人の人生で見られる。あなたはお金に動かされやすいタイプかもしれないし、達成感に突き動かされるタイプかもしれないが、間違いなく、あなたが示す行動は、それも特に何度も繰り返す行動は、こうしたさまざまなタイプの見返りが原動力になっている。なぜ自分がある種の行動をとるのか理解したければ、その行動から何を得ているかを正直かつしっかりと見据えることだ。

見返りが一目瞭然のケースもあれば、少しばかり掘り返さなければならないケースもある。これらの分野はすべて、健全と見なされるものであれ、不健全と見なされるものであれ、極端に走ると有害になる恐れがある。

達成感という見返りを求めて仕事に熱中し、家族を顧みないようになるのは、良くないことだ。逆に、家族という見返りの虜になって、家計が成り立つほどの収入を得なくなれば、それも良くないことだ。

見返りが自分に与える影響に気づかないということがないよう、気をつけなければならない。泣き叫ぶ子供に対する二つの対応例からわかったように、癇癪に対してであれマゾヒスティックな行動に対してであれ、親は自分でも気づかずに、不健全で有害な行動に見返りを与えてしまう場合がある。

**残念なことに見返りの力が強すぎて、意識の上では求めていない行動さえも助長されてしまうことがあるのも事実である。たとえば、あなたは孤独を意識し、他の人と交わることから得る社交的・心理的見返りを切望しているかもしれない。だが、拒絶されることへの恐怖が強すぎて、その不安から逃れるという見返りが、仲間に入りたいというあなたの欲求を押し切ってしまうこともありえる。**

**この二つの見返りを天秤に掛けると、人と交わらずに家でじっとしているほうが簡単で手軽だ。抵抗がいちばん少ないというただそれだけの理由で、ある見返りが他の見返りに勝つことがしばしばある。**

それに前に述べたように、なかにはわかりにくい見返りもある。数年前に治療したある女性の患者は、理屈に合わず望ましくないように見える行動パターンを示していた。実際、この「人生の法則」が与えてくれる洞察がなければ、彼女の行動は、あまりにも奇怪に見えたかもしれない。

## ――カレンの場合の「見返り」とは

カレンは、標準体重を二〇キロから四五キロくらい越えることがよくあった。彼女は、減量しても結局また元の体重に戻るという実にいらだたしいパターンを繰り返していた。よく聞く話ではないだろうか?

彼女は、痩せてその体重を維持したいと切に思っていると私に言った。太ると、外見が大きく変わることも、まったく不健康であることも認識していた。痩せることのメリットを一つ残らず並べることができ、痩せるとどれほど気分がよくなり、いいことがあるか、はきはきと意見を述べた。

それなのに、順調に余分な体重の八〇パーセント近くを落とすところまでくると、一見すると説明がつかないことだが、カレンはきまってダイエットに挫折するのだった。結局、元の体重に戻るのが常だった。目標に近づくたびに、自分の足を引っ張っているかのようだった。

私は、見返りについて充分な知識があったので、自分の足を引っ張るような真似をすることで、カレンは何らかの見返りを得ているに違いないと確信した。そこで私は、彼女に耐えられる程度に深く掘り下げはじめた。

ついに私は、彼女が子供の時に性的いたずらを受けていたことを知った。それがトラウマとなり、自分の身体をしげしげと見られたり、変な気を起こされたりするのがイヤで、彼女は自分が女であることを不快に思うと同時に恥じるようになった。男が自分に性的関心を持った時に彼女が感じる罪悪感と不安は、深刻なものだった。

この事実を発見するとすぐに、カレンと私は、太ればセックスの対象から外れるので安心できるのだと気づいた。つまり、男性の関心を惹くことで、罪悪感や恐怖、不安を感じていた彼女は、性的魅力がなくなったと感じられるくらいにまで太ることに安心感を求めていたのだ。

カレンはこれについて熟考したあと、自分の行動は女であることを隠すために「五〇キロのスノースーツを着込む」ようなものだと表現した。

この「スノースーツ」は一時的な安心感しか与えてくれなかったが、カレンの罪悪感や不安、恐怖は最終的に消えるのだった。そして数ヶ月ほど注目を集めずにいると、今度はこうした感情の代わりに、孤独感と、不健康に太っている時に感じる敗北感を感じるのだった。そして、痩せる→太る→痩せる……という悪循環がまた始まった。これは、男性の関心を惹くことへの強度の不安から解放され、安心感を得るという心理的な見返りと、減量の初期段階で味わう一時的だが強い達成感の間の闘いだった。

いったん、自分の足を引っ張ることで得ていた心理的な見返りに気づくと、カレンは本当の問題に取り組めるようになった。彼女は悪循環を断ち切った。

カレンの見返りシステムは、いささか複雑でわかりにくいものだったということを心に留めておいてほしい。見返りは、単純とはほど遠いものである可能性があり、実際にそういう例もしばしばある。たとえば、肥満した人の中では、食べるという行為に快感を得るという理由で、過食をするケースが断然多い。

彼らにとって、食べる行為にともなう快感が、理想体重を維持する喜びを上回っているのだ。だが人によって、食べ物はさまざまな役目を果たしている。何かのお祝いや薬としての役目、孤独を紛らわす役目、人との関係をスムーズにする「潤滑油」の役目、快楽としての役目といった具合だ。

つまり、見返りはただ食物を摂取することだけではなく、食べるという行為に派生したものであるかもしれないのだ。

あなたがやめたいと思っている行動は、過食かもしれないし、まったく違う他の何かかもしれない。要は、あなたがなぜその行動をとるのか分析するためには、その行動を引き出し、続けさせている見返りが何か、見極めなければならないということだ。

すぐにわかる見返りかもしれないし、そうではないかもしれない。健全な見返りであるかもしれないし、病的で嫌悪感すら覚えるような見返りであるかもしれない。だが、自分にとってプラスだと感じる何らかのかたちで見返りを得ているから、人はその行動を続けているのだ。だから、まず、やめたいと思っているそうした行動や思考、あるいは選択は何か、じっくり考えなければならない。

続いて、こう自問するのだ。「私はこれから何を得ているのだろう？　私の見返りは何なのか？　健全なものだろうか？　それとも健全ではないものだろうか？」。行動を支えている見返りが何かわかれば、変化を起こすために、こうした見返りにターゲットを絞ることができる。

**《課題六》**

自分の人生の中で特に不満に思っているのに、なかなかやめられないマイナス思考の悪い行動パターンや状況を五つ書きだす。それぞれについて、この悪い行動パターンを続けさせている見返りを、できるだけ分析して突き止めてみよう。

参考までに、金銭とは関係のない見返りがどれほど多いか、おおまかなところを言っておこう。なぜなら、金銭とは関係のない見返りが、行動の少なくとも一因となっている可能性が特に高いからだ。

思い出してほしい。前に述べたように、**誰もがもっとも必要としているのは、受け入れられることだ。反対に、人がもっとも恐れているのは、拒絶されることである。**

言葉遊びに終始しないように。たとえば、いちばん必要なのは成功で、いちばん恐いのは失敗だと思っていれば、つい異議を唱えたくなるかもしれない。しかしよく考えてみれば、成功するということは、自分がすることは何でも他の人に受け入れられ、認められるということだ。逆に失敗するということは、それは、自分や自分が差し出さざるを得ないものが何らかのかたちで世間に拒絶され、世間からつまはじきにされるという意味でしかない。

だから、人生の見返りを見極めようとする際には、あなたがいちばん必要としているのは、出会うすべての人がある時点で自分が差し出すものをなんでも受け入れることだという点をわかっておいてほしい。

あなたの行動が、拒絶されることへの恐怖にコントロールされている可能性もあるので、注意しなくてはならない。これまで見てきたように、恐怖が大きすぎて、避けるためなら何でもすると言っていいくらいになることがある。何も変えないほうが簡単だし、新しいことに挑戦しないほうが簡単だ。危険を顧みず自分の身を賭けるといったことは、せずにいるほうが簡単だ。変わりばえのしない非建設的で後ろ向きな行動を見つけたら、そのすべてについて自分自身に問いかけてほしい。「この行動の見返りは、拒絶される危険と恐怖を避けることから来る安心感だろうか？『しないほうが簡単』というただそれだけが見返りだろうか？」と。

いちばん楽な方法をとることで、あなたは、何か他のものを求めることによって不安を感じるのを避け、うわべだけの安心感という見返りを得る。こうした自分の足を引っ張る行為については、次章の「安全地帯」のところでもっと詳しく触れるつもりだ。

さしあたって今は、**見返りが、何も変えない時には安心感を覚え、何かを変えようとすると不安を感じる、ということに関係している**場合がしばしばあるということを知っておいてほしい。

## ●――「見返りのシステム」の罠にはまるな

人生の見返りを分析する際に考慮すべきもう一つの点は、すぐに満足したいか、あとで満足したいかということだ。社会として見ると、アメリカ人は、満足感を得るのを先延ばしにすることがあまり得意ではない。「ファーストフード」レストラン、「コンビニエンス」ストア、「調理済み食品」といったものはどれも、アメリカ人が欲しい時に欲しい物を手に入れたいと思っている事実を示すものだ。**すぐに満足したいという欲求は、あとで大きな見返りを得るよりも今すぐ小さな見返りがほしいということにつながる。**

土曜の朝、起きてジョギングをする代わりにベッドで寝ているのも、このためだ。ジョギングをすればあと二、三〇年生きられるかもしれなくても、朝寝坊すると、さしあたり気持ちがいい。二、三〇年後のことを考えれば、ジョギングするのは良いことだが、今日のところは朝寝坊していると気持ちがいいというわけだ。

高校時代、卒業するやいなや、新車をすぐに買いたいという友人がいた。結果的に、彼らは購入した新車の支払いのために、訓練が必要ない仕事に就き、すぐに満足を得た。同じクラスには、就職してその仕事を続けざるを得なくなるような借金を抱えたりせずに、大学進学を選んだ者もいた。新車というすぐに手に入るほうびを選ぶ者がいる。そのいっぽうで、長期にわたる、より高い生活水準という先延ばしのほうびを選ぶ者がいる。

**行動を選ぶ時、あなたは結果も選んでいる。「今すぐ」苦痛から解放される、あるいは「今すぐ」見返りを得るというのには、きわめて強い力がある。**

見返りを突き止めて書き留める作業を行う際には、これらのことを考慮に入れておいてほしい。イライラしたり、あきらめたりしてはいけない。あなたは、マイナス思考の行動に対して大きな見返りを得ているはずだ。そうでなければ、そうした行動をとらないだろう。特定の行動パターンから見返りを得ているというのは、唾棄すべき考えなので、あなたはその事実を直視しないで済むように、都合に合わせて目が見えなくなるだろう。だが、それでは問題は解決しない。たぶん、これがいちばん危険なシナリオだろう。

もちろん、人生の中で私たちが作り出す見返りシステムは、蜘蛛の巣のように複雑に入り組み、厄介なものである可能性もある。それでも、自滅的な、あるいはいらだたしい行動パターンを頑固に繰り返しているなら、その見返りシステムを解明することには、それだけの価値があるだけでなく、あなたが求め、必要としているものを手に入れるのに不可欠でもあるということだ。一部はある主人に仕え、別の一部はそれとは違う主人に仕えるといった具合に、二つの異なる方針が自分の中で競い合っているような状態では、平和で建設的な人生は送れない。


たとえば、友情（社交面での見返り）を楽しんで人生を満喫したいと思いつつ、そのいっぽうで、拒絶された場合の苦痛（心理的な見返り）を避けたいと考えているとしよう。二つの見返りが互いに競い合うという緊張した状況のせいで、頭がおかしくなるかもしれない。いちばん軽くすんでも、せめぎ合い、相反する思いに揺れ続けることになる。

見返りは、きわめて強力な麻薬と同じように、人を中毒にさせる恐れがある。見返りによって安心感を覚えたり、大きな問題を避けられたり、考えられる苦痛への恐怖や不安が最小限に抑えられる場合は、特にそうだ。

このため、起こりうる結果に対する恐怖は、とりわけ強力な行動の原動力となる。もしこんな風に見返りに支配されているなら、こうした恐怖にとらわれて、人生を棒に振る可能性もあるということを、肝に銘じてほしい。

問題に取り組むという苦痛から逃れるという見返りに惹きつけられ、定かではないものへの恐怖に支配されれば、何も感じないことを有り難く思いながら、生ける屍となって人生をおざなりに生きることになるかもしれない。圧倒されるくらいまで見返りに左右されている恐れがあるということに気づいてほしい。

中毒性のある見返りシステムがいかに複雑だろうと、あなたを導き、現実に今起きていることから焦点が逸れないように導いてくれる「北極星」を、あなたは持っている。あなたの思考の中でもっとも重要であるに違いないこの「北極星」は、以下のようなものだ。

道理はともかく、**何であれ私が繰り返し行っているのであれば、私は見返りを実際に得ているのだ。**事実ではないと考えて、自分を欺く気はない。ちゃんと探せば、見返りは見つかるはずだ。実際に見返りは存在するのだから。

私は、**一部の行動に対して見返りを得ているのではない。あらゆる行動に対してつねに見返りを得ているのだ。**私は例外ではない。例外なんてないのだから。

こうした真実から目をそらせなければ、答えに迫り続けることができる。見返りを見つければ、意識的にそれを断ち切ることができる。見返りを見つけられなければ、操り人形のように、未知の人や物事に支配される。

## ●——ビルとデニーズを襲った突然の不幸

一〇年ほど前、私が主催したあるセミナーで初めて会った時、ビルとデニーズは幸運に恵まれた金持ちの若夫婦の典型のように見えた。知的で生き生きとしており、人生は思いのままといった様子で、自分たちもそのことははっきり認識しているといった感じだった。

二人とも魅力的で、健康に恵まれスポーツが得意、そしてアツアツの夫婦だった。何不自由ない夫婦のように思えた。それから私は、彼らの娘、ミーガンに会った。四歳になるミーガンは、さまざまな先天性欠損を患い、歩くことも話すことも、身振り手振りも満足にできなかった。

こんな小さな子供が、これほど多くの深刻な障害を抱えているなんて、あり得ないことのように思えた。重度の神経系の病気と心肺の欠陥を抱え、口唇裂《こうしんれつ》と口蓋裂《こうがいれつ》を患うこの幼い少女を見ていると、胸が張り裂けそうになった。瞳には希望があふれ、心は勇気でいっぱいなのに、身体が言うことを聞かないのだ。

それからの数年間、ミーガンの症状は日に日に悪化したが、彼女の両親は、愛や献身、犠牲がどういうものか、私たちに教えてくれた。文句一つ言わず、倦むことなく、彼らは弱っていく幼い娘のために一つの世界をつくろうと、最善を尽くしていた。ビルとデニーズは、ごく控えめに言っても感動的な夫婦だった。

　先天性異常の子供がまた産まれるかもしれないと考え、ビルとデニーズは、二人目の子供は作らずに、養子をとることにした。神は記録的な速さで二人に微笑み、健康で活発な子供を与えた。ジェフリーは、うす茶色の髪に大きなグリーンの瞳の、たくましい元気な子供だった。

　夢に描いたような子供とは彼のことである。ビルとデニーズは、ジェフリーが理解できる年頃になるとすぐ、彼の姉について教えた。ミーガンのコミュニケーション能力が極端に限られていることを考えると、二人の子供が仲良くやっているのは驚くべきことだった。二人はすぐに親密な絆で結ばれ、実によく理解し合っているように見えた。

　八歳になるまでにも、ミーガンは人並みに咳の出る風邪を引いたことはあった。だが今回は、まったく様子が違った。今回の風邪は、車椅子生活のこの幼い少女の活力を吸い取り、弱らせているようだった。医者は、今に容態は良くなる、まもなく抗生物質と抗ウィルス剤が効いてくるはずだと言った。

　デニーズはそんな言葉にはダマされなかった。母親には、こうしたことがわかるらしい。デニーズの母性本能は、かつてないほどの危機だ、と告げていた。彼女は私に、今回はミーガンも疲れ果てているように見えると言った。

まるで、人生というひどく苦しい闘いにうんざりしているようだった。父親や祖父母はそれまでと同じく、希望を抱き楽観的だったが、母親はあいかわらず、自分の考えを誰にも告げず、油断なく静かに様子を見守っていた。


寒い冬の夜更けに、ミーガンの容態は悪化しはじめた。いったん下り坂になると、信じられないスピードで悪化していった。呼吸困難で病院に運ばれるとすぐに、ミーガンは意識不明になり、人工呼吸装置につながれた。まるで、突然、判決の日が来たようだった。

ミーガンの心臓と肺の代わりに働く機械は、避けられない運命を遅らせているだけだった。少女の顔に浮かんだ苦悶の表情を見れば、この尊く苦しい人生を延ばすことは、自己的で残酷な行為であるのが明らかだった。

生命維持装置の電源が切られ、沈黙が流れた。ミーガンは静かに息を引き取った。ドラマチックな音楽はなし。幸せな頃への場面転換もなし。あるのはただ、無菌の部屋と死んだ子供、そして二人の親。ただそれだけだった。

私は、ミーガンの死後もビルとデニーズと連絡をとり続けたが、子供の早すぎる死に苦しむ両親を助ける会で、数ヶ月ぶりに二人と顔を合わせた。

私が知っていたあの生き生きとした知的な夫婦は死んでしまった。残されたのは、二人の抜け殻とおぼしきものだった。かけがえのない娘を失ったことを悲しむどころか、二人は自分自身に盛んに腹を立て、親「失格」だとお互いに罵りあっていた。

お互いに、五歳になったジェフリーに対して、冷たくてよそよそしく、心を閉ざしていると非難しあっていた。ミーガンを失ってから、ビルもデニーズも、息子に対して身も心も引いているようだった。

クリスマス・シーズンたけなわだった。二人とも、ジェフリーが子供ならではの無邪気さで、クリスマスを心待ちにしていることを認めながらも、家にはツリーも、飾りも、クリスマス音楽も、そして喜びもないと告白した。ジェフリーは、二人の信頼する両親と感情に欠けた不毛の世界で暮らし、自分はいったいどんな悪いことをしたのだろうと頭を悩ませていた。

最後には、ビルもデニーズも、ジェフリーを寄せ付けないようにしていると告白した。ジェフリーに愛と慰めを与えないでいることで自己嫌悪を感じながらも、いつも冷たくよそよそしい気のない態度をとっていることを、二人は認めた。

幼い息子の心をわざと傷つけるなんて、どうしてそんな真似ができるのかという思いで、二人とも当惑を感じると同時に罪悪感にさいなまれ、気も狂わんばかりの状態だった。人生の大事な時期にジェフリーをダマし、犯してもいない罪の償いをさせていることは、自分たち自身わかっていた。ビルもデニーズも、生き残った子供をふたたび心おきなく愛し、世話をすることができるなら、喜んで何でも与えるし、どんなことでもする気でいると言い切った。

私が彼らにぶつけた質問は予想がつくと思う。「自分たちがジェフリーにしていることをそれほど嫌悪しているなら、なぜ、しつこくそんなことをしているのか？」

二人は、ありとあらゆる理屈と言い訳を並べたが、煎じ詰めれば、「わからない」というのがその答えだった。彼らは、このパターンから抜け出したいと心から思っていた。ジェフリーに尽くしたいと真剣に思っていた。だがどちらも、そうしているようには見えず、そうできない理由を説明することすらできないようだった。

彼らはこれといった理由もなしに、お互いに対して腹を立てており、強い絆で結ばれたものだけが分かち合える愛や信頼、交わりを意図的に相手に与えずにいた。二人は、ミーガンについて話したことはほとんどなく、他人がミーガンの話をするのも耐えられないと言った。

## ●——二人はなぜジェフリーを遠ざけたのか？

あなたは、ビルとデニーズの状況を私と同じように分析したのではないだろうか。だが答えは、かわいそうにミーガンは死んだのに、ジェフリーは生きていることに怒っている、といったありふれたものではなかった。

それよりもはるかに根が深くたちの悪いものだった。「人生の法則」を当てはめ、**この親たちは、ジェフリーに愛情を注がないことで強力な見返りを得ていると仮定しなければならない。**愛し、世話をしたいという自然な欲求に打ち勝つからには、信じられないほど強力な見返りに違いないという結論にもなる。

だが、これほどひどい行動を助長するようなものがあるだろうか? 何の罪もない子供を遠ざけることで「うまくいく」なんて、どうすればそんなことが言えるのか?

ところが私が言っているのは、まさしくそういうことなのである。人は、うまくいくことしかしない。もし、あるレベルでその行動から見返りを得ているのでなければ、ビルとデニーズはそんな行動をとらないはずだ。「それが何かわかる」までは、打ち勝つことはできないだろう。

以前述べたように、苦痛から逃れることには非常に魅力があり、中毒になりやすい。「疲労は人を臆病にする」というが、深い心の痛みにもそれと同じ力がある。

もちろんビルとデニーズは、見返りを得るために、ジェフリーに対して自分たちがこんな態度をとっているという事実を、理解することすらできなかった。

自分自身の利益のために、幼い少年の心を踏みにじっていると考えると、病気になりそうだった。このため、彼らは最初私に反論した。顧みないことで実質的に子供を虐待するような、自分は利己的でちっぽけな人間であると感じることに、二人は声を大にして抵抗した。

それは、あまりにも醜い真実であり、この真実を見ずにすむということ自体も、見返りになっていた。だが私たちは、真実から目を逸らさず、どんなに論理に反しているように思えても、彼らの行動に対して見返りがあるはずだ、という仮定のもとに前進した。

そして、この見返りはうまくいっているに違いない、そうでなければそんな行動をとらないはずだ、ということで私たちの意見は一致した。ついに、彼らは、この憎むべき行動に対する説明を見つけたのだった。

今ならビルもデニーズも、ミーガンを失い、自分でもそら恐ろしくなるほど打ちのめされたのだ、ということがわかるだろう。たぶん、ミーガンが何もできないからこそ、かえって、この愛情深い二人の親は、異常なまでに娘にのめり込んだのだろう。ミーガンがあとわずかの間しか生きられないことに気づき、今のうちに愛してやらなければという思いが強くなり、奇跡を願うようになったのだ。

娘を失うと頭ではわかっていても、心の準備はまだできていなかったのである。その当惑するような数日の間に、彼らは漠然とではあったが、自分たちが生きていくためには、この苦痛を止めなければならないことを知った。

今なら二人にもわかるだろう。**ふたたび何か、あるいは誰かにとことんのめり込んだら、失った時にまた同じように辛い思いを味わうことになる**――そんな神経をすり減らすような恐怖を抱いていたのだ、と。

無意識のうちにジェフリーに背を向けたのは、**ふたたび傷つきやすい状態になって、苦痛にさらされたら、きっと耐えられない、と思ったからである。**ミーガンを愛し、そして失ったことで、二人の心は空っぽになってしまった。彼らには、ふたたび何かを感じたり、与えたりすることができるとは想像もできなかったのだ。

ジェフリーがそばにくるたびに、ミーガンの時と同じように、健全な家庭の基本要素である愛や思いやり、尽くしたいという気持ちを覚えたが、こうした感情は若い二人を震え上がらせるだけだった。何といっても、前にそうした感情を抱いた時には、打ちのめされるような結果になったではないか。こうして心を通わせないようにし、自分自身を与え相手を受け入れるのを避けると、自分は守られているという気になれた。

**見返りは、傷ついたり、恐怖や不安を覚えたりせずに済むという安心感だ。**感情が麻痺してし

まったのである。私たちがいちばん恐れているのは、拒絶されることだと言ったのを覚えている
だろうか。幼いミーガンがこの世を去ったことは、考えられるかぎりでもっとも心を傷つけられ
る拒絶だった。

よくあることだが、子供時代を過ぎると、電気をつければお化けはいなくなる。対面すると、
悪魔のほうが尻込みして逃げ出す。同じように、自分たちの自衛本能が微妙なかたちで働いてい
ることを思い切って認めたとたん、ビルとデニーズは問題を分析できるようになった。病的な見
返りだったものは、今やただの病気となった。二人は、ふたたびジェフリーのもとに戻っていった。

彼らは現在、互いに愛し合い、与え合い、分かち合い、信頼し合いながら、幸せな家庭を立派
に築いている。もうジェフリーを避けてもうまくいかないので、避けるのをやめたのだ。

あなたにもわかりきった質問をしたい。「密かに、親密な関係や失敗、あるいはただ単に生き
ることに伴う苦痛やリスクを避け、そのことから得られる安心感の中毒になっていないだろう
か？」。

もし、人生に求めているものが存在しなかったり、手に入れるために努力をしたりしていない
なら、「北極星」に目を向け、自分にブレーキをかけているものの正体を突き止めるのが、賢明
かもしれない。

**《結論》……　あなたは、人生の中で得ている見返りによって、自分の行動を形成している。見返りを見つけてコントロールしよう。そうすれば、自分自身の行動だろうと他の人の行動だろうとコントロールすることができる。**

この概念を理解して自分の中に採り入れれば、というより採り入れて初めて、自分自身をコントロールする力が飛躍的に高まるだろう。

第五章

# 問題は、あなたが認めるまで悪化していく

◆◆◆人生の法則❹

# 自分が認めていないことは変えられない

この法則はたぶん、他のどの法則よりも、わかりきったことであるように思える。そして実際、ある程度はそうだ。もし考えや環境、問題や状況、態度や感情を認める気がなければ、つまり、もし状況に果たしている自分の役割に責任を持とうとしなければ、今もこれからもその状況を変えることはできない。

もし自滅的な行動をとっているのを認めようとしなければ、そうした行動は今後も続くばかりか、勢いを増し、人生のお決まりのパターンとしていっそう深く根付き、変えることがますます難しくなるだろう。

一時的なめまいを感じましたかと医者に尋ねられ、そうだと認める代わりに、「いいえ、そんなことはありません」と答えたとしよう。どうなるだろうか？　医者は、何も処置を施さず、あなたはめまいを感じ続けるだろう。医者は、足の指や肘の痛みについては治療してくれるかもしれないが、こちらが嘘をついたので、背後にある本当の問題には触れないかもしれない。医者は、あなたに病気を治す気があるものと決めてかかっており、どこに努力を傾ければいいかわかるように、自分が抱えている問題をあなたが教えてくれると信じている。

これと同じように、あなたは自分が当てになると信じている可能性が非常に高い。あなたが嘘をついていないものと医者が思いこんでいるのと同じように、あなたも自分自身に嘘をついていないと信じている。

だが「人生の法則3」のところで見てきたように、あなたの中には相反する思いがあるかもしれない。問題の存在を否定することに、辛い問題を避けられるという、あなたにとって明らかなメリットがあれば、あなたが与える情報は**まったく当てにならなくなる**。

勝つための人生戦略を持ちたいと思っているなら、自分の人生の現状について正直にならなくてはならない。人生の現状を正確に知っていれば、当然、どんな人生にしたいかもわかる。あなたがアメリカを放浪し、「トリードに行くにはどうしたらいいのか?」と私に電話でたずねてきたとしよう。もちろん、私はまず、「今どこにいるのか?」と聞くだろう。もしカリフォルニアにいるとあなたが答えれば、サウスカロライナにいると言われた場合とは全然違う方向を私が示すのは明らかだ。

私があなたに、どの方向に人生を変えればいいか教える場合も、同じことである。たとえば、もしあなたから、結婚生活が完全に間違った方向に空回りし、泥沼状態であることを教えてもらっていれば、結婚生活は順調だと言われた場合とは違ったアプローチを、私はとるだろう。もし、精神面、感情面、身体面の自己管理がろくにできなくて困っていると言われれば、自制心があり、自分の個人的な問題にうまく対処していると言われた時とは、まったく違う変化の方向を示すだろう。

同じように、もしあなたが、人生の何らかの分野について自分自身に嘘をつけば、状況の全体像を歪めてしまい、言葉どおりなら理にかなっている戦略でも、効果は怪しくなるだろう。

自分自身に嘘をつくには、積極的に事実をねじ曲げるやり方と、事実を切り捨てることによって自分自身に嘘をつくやり方の、二通りの方法があることを重々承知しておかなければならない。**自分に事実をありのままに伝えないのは、事実をねじ曲げて伝えるのと同じくらい危険だ**。だから、難しい質問を自分にぶつけ、現実的な答えを出せるだけの、力と勇気をあなたは備えておかなければならない。

## 否認することは、あなたの人生を破壊する

今、あなたはこう考えているのではないだろうか？ 「おいおい、フィル。私には、答えはおろか、真実を知るためにどんな質問をすればいいのかさえ、わからないよ」。それでも構わない。うまくやるために必要な道具をあなたがもう少し持った時点で、私と一緒に取り組めばいい。さしあたって今はすべての信念、すべての立場、人生のすべてのパターンに疑いの目を向け、一つひとつ吟味し、異議を唱える意欲を持つ心構えをしておく必要がある。

ある真実について話し合う時、あなたは、それに照らし合わせて、自分の信念や姿勢、パターンを正直に評価する心構えでいなければならない。守りの態勢をとる余裕はないし、嘘をついたり否認したりする余裕もない。つまるところ、否認は夢を殺すことだ。希望も殺す。解決のタイミングを間違えば、問題を克服する本当のチャンスになったかもしれないものも殺す。否認はあなたの人生を破壊しかねない。

私は大げさに言っているわけではない。本当のことを言っているまでだ。実際、あらゆる職業・社会的地位の人たちが、否認したせいで悲しい結果を得るのを、私は見てきた。あなたもきっと

目にしていると思う。そろそろ、あなた自身の人生の中にある否認に取り組んでもいいころだ。

まず、行動科学者が一般に「知覚的防衛」と呼ぶ、話題に採り上げられることはめったにない自衛システムが、どんな人にもあることを認識しよう。

「知覚的防衛」は、私たちの心があるレベルで、自分には処理できない、あるいは直視できないと判断したことから、私たちを守るシステムだ。心をきわめて深く傷つけられる状況になると起こる、「健忘症」や「選択的健忘症」という名前で、このシステムのことを耳にしたことがあるかもしれない。

**子供や愛する人が死んだり障害者となるところを目撃したりし、その後、その出来事を記憶から完全に抹消した人たちを、私は数年間にわたって大勢治療してきた。**

**そのいっぽうで、痛ましい事故でひどい火傷を負ったり、手足を切断されたり、瀕死の重傷を負いながらも、その時のことをしっかり覚えている人たちも扱ってきた。**

こうした人たちは幸いなことに、絶対に経験したはずの激しい苦痛は覚えていない。

こうした状況では、知覚的防衛は神からの贈り物としか考えられない。だが、いくらパンケーキを平べったくしても、必ず表と裏の二つの面があるように、人生のたいていのことには、必ず二つの面がある。知覚的防衛が、必ずしもいい方向に働くとはかぎらない。心を深く傷つけるような状況での自衛システムであるだけではない。

このことに注意してほしい。この法則からもわかるように、ある状況の存在を認めなければ、その状況を補ったりコントロールしたりすることに、意識的に努力を傾けることができないからだ。もし、何らかの自然な人間の特性が働いて、自分に正直になれないなら、そのことを知っておく必要がある。

知覚的防衛は、毎日あなたの人生の中で働いている。知覚的防衛によって、事実であってほしくないことから、目をそむける場合もある。さまざまな場面で、あなたが警戒信号を読みとるのを邪魔しているかもしれない。警戒信号に気づいていれば、適切な時に何らかの重要な措置をとることもできただろう。

あるいは、知覚的防衛のせいで、上司にきらわれるようなことをしているのに、自分では気づかないということも考えられる。あなたにとって特に大事な関係が悪化しているのに気づかず、相手との距離がさらに開き、ダメージを受ける場合もあるだろう。もしくは、早期に発見して治療していれば、抑えるか治療するかできたのに、知覚的防衛のせいで、大病の徴候を見落とすというのもありえる話だ。

自分の子供が抑うつや麻薬もしくはアルコール中毒、あるいは引きこもりといった、マイナス思考の行動の前兆を示しているのに、知覚的防衛のせいで、そのことに気づかないといったことも考えられる。

## ●──「知覚的防衛」についての調査

大学院生の時、私は、自分よりもはるかに独創的な心理学者が数年前に考え出した実験を模倣して、知覚的防衛についての調査を行った。私が行った調査は、非常に高性能のスライド映写機を使って、大勢の調査対象者に特定の刺激的な言葉を見せるというものだ。

このスライド映写機には、所定の時間、言葉を表示する機能があった。研究チームのメンバーたちのおかげで、一〇〇分の一秒間、言葉を表示することもできたし、スクリーンにいつまでも表示しておくこともできた。

この調査の対象となったのは、地元のバプテスト教会に通うきわめて保守的な年配の女性という魅力的なグループだった。スライドを見せる前に、こめかみと前腕部に、ごくわずかな生理的変化さえも測定する、高性能のポリグラフ式装置をつけてもらった。それから私たちは、「オークの木」とか「駅馬車」といった、まったく当たり障りのない言葉から、ここで紹介するのは憚られるようなかなりきわどい刺激的な言葉まで、さまざまな言葉を見せた。

「オークの木」や「駅馬車」といった言葉の時には、ごく短時間しか映していないのに、この女性たちは正確に読み取って報告した。ところが、侮辱的な言葉になると、当たり障りのない言葉の時の一〇倍の時間表示しているのに、正解率がガグンと落ちた。知覚的防衛が、こうした言葉を見るのを妨げたのだ。

しかしながら、言葉を読みとったと報告できず、戸惑った様子をみじんも見せていなくても、生理的変化のデータは、記録不能なほどの変化を示していた。皮膚の温度や心拍数など緊張度を示す数字はすべて、めちゃくちゃだった。明らかに、意識の上では認識できないし、認識しようともしなかったものを、潜在意識では認識し、身体がそれに反応したのだ。

つまり知覚的防衛は、この女性たちが自覚している価値観や信念を守りながら、いっぽうでは、その世界観に大きな穴を開けたのである。あなたの知覚的防衛も、同じような影響力を持っている。世の中を、五〇パーセントの言葉が消された検閲済みの手紙のように見れば、幻想の世界に生きることになる。

ここまで言ってもどこ吹く風とばかりに、心をかき乱されることを恐れて目に入れなかったものについて考えようとしないなら、これを読んでいる間もあなたの知覚的防衛は働いていると思われる。あなたが目に入れていないものは、いくつかの下品な言葉ではなく、もっとはるかに重要な問題かもしれない。あなたの「盲点」は、特に目を向ける必要がある人生の問題そのものであるかもしれない。恐いことだ。

## ●——パイロットのとった致命的な否認

否認とその根底にある知覚的防衛は、あなたには想像もできないほどさまざまなかたちで、あなたの人生に影響を与えている。

**時が経つにつれて問題がいい方向に向かう、ということはない。**自分が認めていないことは変えられない。そして、**あなたが認めていないことは、あなたがそれを認めるまで悪化していくだろう。**

この仕事をはじめて以来ずっと、私は光栄なことに、若いころから大好きだった航空産業で、航空会社数社の人的要因専門コンサルタントの仕事をしている。病理学者や検死官が死因を調べるために遺体を解剖するのとまったく同じように、人的要因の専門家は、悲劇的な航空事故のあと、心理的な解剖を行うよう求められる。つまり、事故につながった心理状況を再現するのだ。

私は、世界中の墜落現場でこの仕事をしてきた。私の解剖道具は二つある。フライトの最後の三〇分間の音声を記録するブラックボックス操縦室音声録音装置（ＣＶＲ）と、墜落の瞬間までの重要な計器示数を表す飛行記録装置（ＦＤＲ）だ。

私は、搭乗員の移動記録を作成し、何らかの出来事が事故の一因になっていないか判断し、目撃者と生存者の報告も調べる。正直言って憂うつで、しばしば心がかき乱される仕事だが、おかげで私は、心理的な極限状況に置かれた人間の問題解決能力や危機管理能力、統率力、精神と感情の仕組みについての情報を手に入れる、またとない機会を得た。この仕事は、否認の力についても教えてくれた。

午前〇時一分。天気は晴れ、視界は約八キロメートル。四二七便は、二〇〇人以上の乗客を乗せて、自由主義諸国に門戸を開いてまもない、東ヨーロッパのある国の空港に向かっていた。乗客の半分はアメリカ人だ。機長のマレンと副操縦士のホレマンが一緒に飛ぶのは、これが初めてだった。

二人は、いつものラジオビーコンを航行補助装置として使っていたが、目的地である後進国の航行システムは当てにならないかもしれないので、いつも以上に目視にも頼っていた。着陸に備えて高度を一万フィート以下に落とす際には、規則通り、必要なこと以外は口にされなかった。すべてマニュアル通りだ。

空港は、幅がわずか一五キロ足らずの細長い谷間の北端に位置していた。両側には標高三六〇〇メートル以上の雪山がそびえていた。航空機が正しい進入位置にいれば、フライトデッキの計器には、一二時の方向（北の方角）、つまりこの航空機のまっすぐ前方に空港が表示されるはずだった。

この航空機のパイロットは、自動操縦装置で航路を設定していた。だが高度八〇〇〇フィートで水平飛行に移り、視界がさらに晴れるのを待つばかりになると、計器は、進路が左にずれ、だいたい一〇時の方向に空港があることを、はっきりと示していた。これから先は、ＣＶＲの記録を参考にする。

〇時一分一四秒　副操縦士　（計器を見て、空港がまっすぐ前方ではなく、左にずれているのを知って）「故障かな？」

〇時一分二〇秒　機長「わからない。このまま続けよう。なあに、そのうちに治るさ。さあ続けよう」

〇時一分三二秒　副操縦士「修理したのに、まだ調子が悪いな。最初の設定が悪かったのかな？」（機長の返事はない）（客室乗務員が、乗客に着陸前の最後の指示を出している声が聞こえる。ご利用ありがとうございましたと言っている）

〇時一分四八秒　副操縦士「わからないな――こいつはすっかり狂ってる――なにしろ、空港が

——うそだろう？——空港は向こうだって言ってるぞ。どうして針路が六〇度（北西）になるんだ？　めちゃくちゃじゃないか——間違いだろ？」

○時一分五四秒　管制塔「四二七便、三五R滑走路に着陸どうぞ。風、三五五度方向に一〇ノット。高度三〇．〇六」

○時二分〇〇秒　副操縦士「四二七便、着陸許可——えっと、三三R——いや、三五Rだ」

○時二分〇五秒　機長「ほら、中心にあわせたぞ。わからないな、何で——今ちょうど左だ、左を指してる。空港にまっすぐ向かっている。うーん、着陸許可は下りた。行こう。行くんだ——いや、ちょっと待て。これじゃ——」

○時二分二三秒　副操縦士「右を見て。たぶん——」

○時二分二六秒　地上接近警報装置（GPWS）「ビー、ビー、高度を上げて下さい。地面です。高度を上げて下さい。地面です。ビー、ビー」

○時二分二七分　機長「何だって——高度を上げろ！　すぐに上げるんだ。上げ——」

（衝突音）

この最後の音は、四二七便が、標高三六〇〇メートル以上の山頂の側壁にぶつかる音だ。

この悲劇の技術上の詳細は、かなり簡単に究明できた。初めて向かう空港なので、谷間に進入する際、二人のパイロットは操縦室で手一杯の状態だった。無線と外国人管制官のめちゃくちゃな英語に気を取られ、自動操縦装置を間違った航行補助装置の数字に合わせたために一秒間に一度ずつ右に方向がずれていることに気づかなかった。

四二七便は、毎分約八キロの速度で谷を横切っていた。谷は幅が一五キロ足らずしかないので、わずか一分で機体は大幅に針路をはずれ、山々の頂きよりも低い高度で飛んでいた。

私に言わせれば、搭乗員たちと二〇〇人以上の乗客の命を奪ったのは、**否認**だ。彼らの会話を見れば、「故障かな?」と言っている〇時一分一四秒の時点で、副操縦士は方向を間違えていることを示す手がかりを得ている。

民間航空機のパイロットの訓練は、実に明快で正確だ。山間部で迷ったり方向感覚を失ったりしたら、あれこれ言ってはならない。ルールその一は、「上昇、それもすぐに」だ。高度が味方になってくれる。

さて、関係者のことを考慮して、私はこの事故の詳細を一部修正しており、ここで述べているのは、私の意見だ。事故の他の面を重視する人もいるかもしれない。だが私は、この悲劇の中心にあるのは、パイロットたちの否認であると、あなたに言いたい。

難局を切り抜ける、つまり問題に対処するための例の戦略が効果を発揮するためには、このパイロットたちは自分自身とお互いに、自分たちが事実上、**迷ってしまったことを認めなければな**

**らなかった**のだ。

プロのパイロットは、こうしたことを認めるのを極端にイヤがる。「自分たちはパイロットの基準に達していない。どこを飛んでいるのかもわからないなんて」と自分に言うようなものだからだ。事実と向き合い、迷ったことを認めてバツの悪い思いをする代わりに、彼らは計器のせいにし、真実に背を向け続けた。

この悲劇的な状況で、彼らが助かる唯一のチャンスは一分もなかった。彼らは真実に背を向け、実際に手に負えない状態になっていることを認めず、毎分八キロという速度で、山に衝突するという事態にまっしぐらに向かっていった。

言いかえれば、計器が示すデータの厄介な矛盾を否定した五〇数秒間で、二人のパイロットたちは助かる可能性をゼロにしたのだ。彼らがなかなか問題を認めなかったせいで、彼ら自身と二五〇人の人々は死ぬことになった。

私の意見では、こうした否認は、航空業界にとっていちばんの命取りだ。パイロットは、事実であってほしくないという思いから、問題を認めて手遅れになる前に対応するということをしない。けれども、どんな職業・社会的地位の人にも同じような傾向は見られると、私は確信している。私たちは、問題が本当であってほしくない、悪いニュースは聞きたくない、と思う。こうして私たちは、自分たちに叫んでいるも同然の危険信号が目に入らなくなる。

再婚した女性は、前のようにはならないはずだと考え、最初の結婚とまったく同じパターンのケンカを繰り返しはじめても、その事実を否定する。自分の社会的地位を誇りに思い、幸せな家族という体面を保とうと心に決めた夫・父親は、家族の他の者がみなカウンセリングを受けていても、万事順調だと自分自身に言い張る。手に負えない状態であること、あるべき状況にないことを認めようとしないことで、あなたは貴重な時間と選択肢を失ってしまう。

この事故に関係したパイロットたちは、問題を認めて改めるのに六〇秒の時間もなかった。あなたには、どれくらいの時間があるだろうか?

## ●──イヤなことも含め、すべてをありのままに認める

あなたの人生は、修復できないほどひどくはないし、手遅れということもない。だが、修復が必要なものについて正直になることだ。正直になるというのは、バラ色の眼鏡を外して、世の中と自分の人生をはっきり見ることを意味する。

先ほど紹介した操縦室の場合のように、不気味に迫る目前の重大な脅威を認識すること、あるいはあなたの希望や夢が徐々に漏れ出ていく穴を確認することを意味する。たぶん、あなたが受け入れなければならない真実は、あなたの人生に関わっている他の人たちに関係があるだろう。

それでも、その人たち以上に関係があるのはあなたではないだろうか。もし今、のらくらと怠惰な生活を送っているなら、そのことを認めよう。もし今、敵意や苦々しい思いを抱いているなら、そのことを認めよう。もし今、おびえているなら、そのことを認めよう。正直になることだ。さもないと、現在の生活につきまとう影から逃れて本当に望んでいるものを手に入れる、絶好のチャンスを失うことになるだろう。

もちろん、自分の人生より他の人の人生にこの法則が当てはまる例を見つけるほうが、はるかにたやすい。どうして彼らは、自分が誤りを犯していることに気づかないのだろうか？　アルコール依存症がいい例だ。アメリカでアルコール依存症について知らない人はほとんどいないだろう。

あなた自身がアルコール依存症かもしれないし、アルコール依存症の人間を知っているかもしれない。あるいは、友人であれ家族であれ、一時期アルコール依存症患者と付き合いがあったかもしれない。

そうした知識をもとに、アルコール依存症患者が、問題が実際に存在していることをそもそも認めずに、自分の飲酒問題を克服するチャンスがどれくらいあるとあなたは考えるか？　もしチャンスはゼロに近いと考えるなら、あなたの予測は、いささか楽天的すぎるかもしれないと言わせてもらおう。アルコール依存症患者が問題を正視しなければ、決して解決することはできないだろう。
あなたも同じように事実を認める必要がある。自分のマイナス思考の行動や性格、人生のパターンを突き止めて自覚することに、抵抗したり失敗したりすると、そうしたものを変えることができず、否認の人生を送るアルコール依存症患者と何ら変わりはなくなる。以上。それだけだ。

**あなたに認めてほしいのは、どんなことか? それは、あなたの人生の中でうまくいっていないすべてのことだ。自己、結婚や仕事、態度、怒りや抑うつや恐怖——うまくいってないことなら、どんなことでも認めてほしい。**

**これまで言ってきたように、自分がしていることは正しいと、あなたが一抹の疑念も抱かず、一〇〇パーセント確信していようと、関係ない。うまくいっていなければ、変えるだけのことだ。**

「認める」という言葉によって、私が伝えようとしていることについて、率直な話をしておく必要があるだろう。私が言わんとしているのは、充分な確信や変えようという意気込みもなしに、ただうなずいたり口先だけの言葉を並べたりといったことではない。誰かがこう言うのを何度耳にしただろう?「本腰入れなきゃ」、「大問題なのはわかっている。どうしよう?」、「君の言う通りだ。私も本当は変えたいと思っているんだが、でも……」

これでは、問題を認めていることにはならない。認めるというのは、自分が今していること、していないこと、あるいは自分の人生で我慢している有害なことについて、冗談抜きに率直に誠実に現実的に、自分自身と対決することだ。

人が聞きたがっていると自分が思うご託を、偽善者さながらにいい加減に並べることではない。これで終わりにできるとの思惑から、真実を犠牲にして、政治的に正しい、手加減した「告白」をすることでもない。

私が言わんとしているのは、**残酷な現実のことだ。自分自身に平手打ちを食わせて、人生を台無しにするような行動をとっていると認めることである。**どんなに病的あるいは微妙なものであろうと、自分の行動に対して見返りを得ている事実を認めることでもある。自分がどういう人間で何が悪いのか、情け容赦なく自分自身に真っ正直になるというレベルに到達する気がないなら、絶対に変化を起こせないだろう。ただそれだけのことだ。

## ●――「自分が正しい」ということにこだわらない

映画『ア・フュー・グッドメン』で、ジャック・ニコルソン演じる登場人物がこう言ったのを覚えているだろうか？　「真実はおまえの手には余る」。自分に最高に正直な瞬間なら、たいてい、このセリフの通りであると認めざるを得ないだろう。たいていの人が求めているのは、真実ではなく、自分が正しいと認められることである。正しかろうと間違っていようと、自分の考えに対する裏打ちを求めているのだ。

事実に基づくものであろうとなかろうと、自分がすでに出した結論を支持してくれる人間や情報を求めているのだ。こうした人たちが聞きたがっているのは、気分を良くしてくれる言葉であり、今の自分と現状について、さしあたり心を慰めてくれるような言葉だけである。

試しに自分自身について考えてみよう。人生に本物の長続きする変化を起こすというところを読んで、自分には変化を起こせない理由を、すぐに五〇ほど思いつけるかもしれない。だが、努力を続けることだ。

私がこれまで診てきた患者、それも特に夫婦の場合、前向きに生き、行動する術を見つけることではなく、自分の信念や行動が正しいと私に認めさせることを目標としているケースが、もっとも多い。

夫か妻のどちらかが私のところに来て、「マグロー先生、誰が正しかろうとかまいません。私は自分たちの結婚がうまくいけばそれでいいのです」と心から訴えるケースはめったにない。夫と妻がたいてい口を揃えて言うことは、とどのつまり、「私が正しいことをあなたに認めてもらい、私が正しいと夫（妻）に認めさせてほしいのです。そうすれば、私たちは私のやり方でやることができる」ということだ。

こんな風に**自分が正しいということにこだわると、悲劇的な結果につながる恐れがある。**夫と妻がそれぞれ親として自分なりの子育て観に固執し、自分の信念を捨てるくらいなら喜んで夫婦の関係や家庭を壊すという夫婦を、私は何組も見てきた。たいていのケースでは、どちらも間違っていた。大いに間違っていた。

## ●──残酷なまでに正直な答えを出す

人間は本来、快楽主義（快楽を求めて苦痛を避ける）であるという前提を受け入れれば、真実に対処するのも、真実を変えるのも、生やさしいことではないとわかるだろう。快適な状態でいるためには、現状を維持しなければならない。変化は時に恐ろしく、危険で、多くを要求するからだ。

問題を認めることには、非常に恐ろしい面がある。大きなプレッシャーをもたらす恐れがあるし、自分自身を非難することにもなる。**自分の人生がうまくいっていないと認めなければ、「何とかうまくやっている」と言って済ますことができる。**

だがいったん、何かがうまくいっていないと認めれば、現状に甘んじるのがはるかに難しくなる。もう妄想を抱いていられなくなる。自分でも意識しながら自滅するか、変化を起こすか、どちらかの道を選ばなくてはならなくなる。いったん、問題の責任が自分にあることを認めれば、他の人のせいにできなくなる。思い出してほしい。

**偶然の出来事など存在しないのだ。あなたは、選択や行動によって自分自身の経験をつくりだしているのである。**事実を顧みないことで自分に嘘をつくのは、変化を起こすのに良い方法ではない。

この法則をあなたの人生戦略に取り入れるためには、一般に「正直」という言葉で表される概念、特に「自分自身に正直である」という概念を、充分に理解する必要がある。

正直という言葉は真実を意味する。真実そのもの、ありのままの醜い真実を意味するのだ。自分自身に残酷なまでに真っ正直になるには、勇気を奮い起こし、全力を注ぐことが必要だ。

この機会を利用して人生戦略を立てるなら、今、自分自身に約束してほしい。現状について嘘をつかない、言い訳もしない、自分をダマしたりもしないと。これは、手ぬるい自己評価で自分をダマし、現実を無視して、本当であってほしいことを自分自身に教えるためのものではない。進んで自分自身に次のような厳しい質問をぶつけ、残酷なまでに正直な答えを出すようでなければならない。

**私は敗者のような人生を送っているだろうか？**　もしそうなら、自分自身に認めよう。「私は敗者のような人生を送っている。言い訳はしない。敗者のような人生を送っているとしか言いようがないのだ」

**私は怠け者だろうか？　私は、自分に充分なだけのものを求めていないのだろうか？**　もしそうなら、それを認めよ

**私の人生は、どこにも通じていない袋小路のようなものなのだろうか？**　もしそうなら、それを認めよ

**私はおびえているのだろうか？　私は、手に汗かいてこのゲームをしているのだろうか？**　もしそうなら、それを認めよ

**私の結婚は泥沼で、愛は消えてしまったのか？**　もしそうなら、それを認めよ

**私の子供たちは、敗者のような人生を送り、自分で自分の首を絞めるようなことをしているのだろうか？**　もしそうなら、それを認めよ

**私には目標はないのだろうか？　私は毎日、おざなりに生きているだけなのだろうか？**　もしそうなら、それを認めよ

**私は、絶対に守らない約束をたえず自分にしているのだろうか？**　もしそうなら、それを認めよ

## ●──自分が認めていないものは変えられない

私は以前から、**問題が何かを明らかにすれば、半分解決したも同然**だと信じている。問題をあるがままに自分の目の前に広げる勇気と意気込みがあれば、もうこれ以上、幻想の世界で生きることはないだろうし、そうしようと思ってもできないだろう。

だが中途半端ではいけない。たとえば、ある目標を達成できずにいる理由を見極めようとすれば、疑わしい点を自分に有利に解釈してはならない。自分に言い訳を許してはだめだ。これまでに見てきた「人生の法則」に従って生き、考えなければならない。

特に、**自分が今どういう状況にいようと、偶然そうなったわけではないということを「認める」必要がある。**言い訳無用。責任はあなたにある。**あなたがそうした状況をつくりだしたのだ。**

変化を起こすための力がほしいなら、知識が必要であることを認めなければならない。望んでいないもので我慢することによって、自分が何らかの見返りを得ていることを「認め」、成功を阻んでいるのが自分のどんな性格であろうと、それを「認め」て分類しようと、心の底から思わなくてはならない。

もしおびえているなら、「私はおびえている」と言わなければならない。もし当惑しているなら、それを認めよ。あした目が覚めた時に、「人生で初めて、私は自分に嘘をついていない。人生で初めて、ありのままの真実に向き合っている」と本心から言うことができれば、どれほど気分がいいだろう。

認めていないものは治せない。つまり、これまでずっと言ってきたように、**何が間違っているか自分自身に認めるのは、自分にプラスになる**ということだ。あなたはこれまで、こんな風に認めるのは自分にとってマイナスだと思っていたかもしれない。

だが、そういう態度をとっていると、誰かにカモにされる。現実ではなく否認を選ぶことになり、真実と向き合う者のおこぼれを頂戴することになるだろう。

問題を認めることで何を得られるか考えてほしい。例えれば、終身刑に服する者に、仮釈放委員会がこう提案するようなものだ。「君に恩赦を与えよう。君が犯した犯罪は帳消しになる。ただし、今すぐそれぞれの犯罪について書面で告白すればの話だ。

この紙に君が犯した犯罪を一つ残らず書けば、刑務所を出られる。書かなければ、その罪でまだ君を起訴することもできる。だが、もしここに書き留めれば、おとがめなしだ」

この犯罪者が、戸惑いが大きすぎたり怠惰すぎたり犯罪をうち消すのに夢中だったりして、申し出を断れば、バカな奴だと思うのではないだろうか？　あなたはきっとこう言うはずだ。「こんなチャンスを逃しちゃダメだ！　勇気を出して、今すぐ、何もかも書くんだ。勇気を出してこの機会に、これまでに犯したすべての罪を一気に帳消しにしろ」。私が今あなたに言っているのも、まさにそういうことだ。自分自身に残酷なまでに正直になれ。「生きていることの罪」を否定したり、言葉を加減したりしてはだめだ。

**もしあなたが太っているなら、あなたは太っている。もしあなたが怠け者なら、あなたは怠け者である。もしあなたがおびえているなら、あなたはおびえている。あなたは、先天的な病気やスタミナ不足と言った問題を抱えていたり、人生に対して慎重なアプローチをとっていたりするわけではない。あなたは、太っていて怠け者でおびえているのだ。事実をありのままに述べる意欲がなければ、事実はこれからも変わらないだろう。**

自分自身についての真実を認めはじめると、賭け金も跳ね上がる。いい加減な態度で真実の一部だけを自分に話すこともできるが、本当に変わりたければ、中途半端じゃだめだ。そんなことでは「収穫なし」になる。

真実に迫るだけでもいけない。難しいのは、誰もが持っている醜い面、臆病な面、冴えない面を認めることだ。私たちを妥協に追い込むのは、こういう面である。私たちが健全な目標と反することをするのは、こういった面があるからなのだ。

私は何も、あなたをおとしめようとしているのではない。現実的になってもらおうとしているだけだ。今までとは違う人生を送るために、現実に向き合ってほしいのだ。

自分が完全無欠でなくても良しとしなければならない。この先、障害物――歪んだ考えや感情――を自分の中にため込んでも、自分は悪い人間だと自責の念に駆られたりせずに、それで良しとしなければならない。

本書を買うために本屋まで行けるだけの年齢なら、自分を大きく変えるような出来事をすでに経験しているくらい、長生きしてきたわけだ。誰かを愛し、失恋に終わったかもしれない。恋に破れて、苦々しさや憤り、傷ついた感情や恐怖を抱えたかもしれない。

ことによったら、何かの間違いで他人に責められたり非難されたりして、怒りや憤り、苦々しい思いを抱くようになったかもしれない。もしかしたら子供や兄弟を亡くして、人生には公正も正義もないのではないかと疑い、神に見捨てられたような気になったり、人生は怖いものだと感じたりするようになったかもしれない。

争いが絶えず、お互いに敵意を抱いているような夫婦関係などの対人関係のせいで、用心深くなり、心を開いて弱みを見せるのをイヤがるようになったかもしれない。自分は価値のない人間なのではないかと疑ったり、他の人が持っているのに自分には欠けている資質があるのではないかと考えたりして、恐怖を感じたり、孤独感を感じているかもしれない。

こうしたものは、あなたという人間と、あなたが今の人生で生み出すものを示す重要な特徴だ。あなたは、こうした性格を自分の中に取り入れるという選択をしたのだ。こうした経験によって、ある性格が自分の中に芽生え、それが人との付き合い方を左右しているという事実を、無視したり否定したりすれば、自分の人生の重要な部分を否定していることになる。

自分が認めていないことは変えられない。どんなものであれ、歪んだ性格や出来事が存在することを認めず、そしてその責任が本当は自分にあることを認めずにいれば、その経験から逃れられないだろう。経験に責任を持つというのは、自分を責めることではない。

「立派な人間に生まれてこなかったから、あるいは賢い人間に生まれてこなかったから、それは私の責任だ」と言ってはならない。それは、責任を逃れるための言い訳だ。**自分には変化を起こすという選択ができる**という事実を受け入れよ。

最高の条件が揃っていても、自分の人生に意味のある長続きする変化を起こすのは難しい。人生の現状について単純もしくは軽率な評価を下して、その難しさに輪をかけるようなことをしてはいけない。

他人の言葉に耳を傾ける時もそうだが、自分の心のささやきに耳を傾ける場合にも、ダマされないように気をつけよう。本書が今のあなたの求めているものならば、自分の実状について正直にならなくてはならないだろう。現実的になることだ。

第六章

# 違うことを「する」

◆◆◆人生の法則❺

# 人生は行動に報いる

どんな状況であれ、あなたが誰かから受ける反応や結果は、あなたが与えた刺激がきっかけになっている。ここでいう刺激とは、あなたの行動のことだ。

**行動は、人々があなたという人間を知る唯一の判断材料であり、これをもとに、あなたにほうびを与えるか罰を与えるか、人々は決める。**もしあなたが、無益で無意味で後ろ向きな行動をとれば、悪い結果を得る。逆に、目的と意味のある前向きな行動をとれば、いい結果が得られる。こうして、あなたは自分の経験を作りだしているのだ。

態度（行動）を選ぶ時、あなたは結果も選んでいる。いい選択をすれば、それだけ結果も良くなる。いい行動をとれば、それだけ結果も良くなる。だがいちばん大事なのは、もし何もしなければ、何も得られないということだ。人生は行動に報いる。

**人々は、あなたの意思には関心がない。人々が興味を持っているのは、あなたの行動だ。**国税

**庁は、あなたが税金を払う「つもり」だったかどうかには関心がない。あなたの子供は、あなたが夕食を作る「つもり」だったかどうかには興味がない。**

**横断歩道にいる人たちは、あなたが止まる「つもり」だったとしても、それで心が慰められるわけではない。大事なのは、あなたの人生のシナリオを決めるのは、あなたの行動だということである。**

**《課題七》**

次のマンネリ度診断テストで、自分がどの程度、型にはまっているか見てみよう。

**【マンネリ度診断テスト】**

① 自由な時間があると、もっぱら、「カウチポテト族」になってテレビでお笑い番組やバイオレンス・ドラマを見て過ごしている。

**はい　いいえ**

② Tシャツとだぶだぶのズボンやパジャマ姿といったように、「制服」と言えるくらい、家ではいつも同じ服を着ている。

**はい　いいえ**

③　五分前にのぞいた時にはなかったものが見つかるかもしれないとばかりに、冷蔵庫の中をじっと見つめることがある。

**はい　いいえ**

④　まるでスポーツを観戦するかのように、それも安い席で観戦するかのように、人生を扱っている。

**はい　いいえ**

⑤　テレビを見ていて、登場人物になりきるくらいにまで感情移入して、まるで実在の人間であるかのように話す。

**はい　いいえ**

⑥　思い切ってお急ぎの人用レジに並ぶ前に、カートの中にある商品の数を何度も数える。

**はい　いいえ**

⑦　口にする話題は、仕事や子供の話ばかりだ。

**はい　いいえ**

⑧　珍しく、出かけようと決心しても、行き先を決めるのに三〇分かかる。
**はい　いいえ**

⑨　外食する時には安い店にしか行かず、高級店には入らない。
**はい　いいえ**

⑩　セックスするのは、年に四回で、それもテレビのコマーシャルの時間に合わせて四分以内で終わらせる。
**はい　いいえ**

⑪　現実には絶対にしないことについて、空想にふける。
**はい　いいえ**

⑫　幸せいっぱいに見える人がいても、そんなに幸せになれるはずがないと思っているので、疑いの目を向ける。
**はい　いいえ**

⑬　人といる時より一人だけでいる時のほうが、行動の基準が低い。

**はい　いいえ**

⑭　自分の人生で起こりうるもっとも胸躍ることは、すでに起きてしまった。

**はい　いいえ**

⑮　目覚めた時、また新しい一日をはじめるのが恐い。

**はい　いいえ**

⑯　人の中にいても孤独を感じる。

**はい　いいえ**

⑰　自分の容貌や身だしなみの基準が下がってきたように思う。

**はい　いいえ**

⑱　人生の目標は、あと一週間、あるいはあと一ヶ月、何とか暮らしていくことである。

**はい　いいえ**

⑲ どんな質問かにかかわらず、「ノー」と返事をすることが多い。

**はい　いいえ**

⑳ 知らない人に会おうと思ったら、車のボンネットの上に身を投げ出してもらうか、自分が観ているテレビの前に座ってもらわなければならない。

**はい　いいえ**

「はい」という答えが八個以上あれば、あなたは型にはまっている。「はい」が一二個以上なら、あなたを捜すのに捜索隊を出したほうがよさそうだ。だが、本書をここまで読み進めてきたのだから、あなたは型にはまった生活から抜け出したいと思っているということだ。

あなたは今、「人生の法則」を受け入れ、より質の高い生き方をはじめるために、自分自身をプログラムしている。自分の洞察や理解、意識を目的と意味のある建設的な行動に変えはじめるころだとわかっている。そうではないだろうか？

**意思ではなく、「結果」に基づいて、自分の人生とその質を評価することからはじめよう。**「意図するところはよくても成功するとはかぎらない」ということわざがある。私はこれを、**意図するところがよくても行動をともなわなければ、何にもならない**、という意味だと解釈している。

だが、認めたくないだろうが、あなたには生まれつき言い訳をするという傾向がある。あなたはもって生まれたこうした傾向のせいで、自分がしたいこと、するつもりのことを言葉にはできても、行動に移すことがなかなかできない。それが人間というものだ。

あなただけに言えることではなく、優柔不断な人間の社会では当たり前の傾向である。「犠牲者」であふれかえった社会でもよく見られる。「私のせいじゃない。私がやったんじゃない」というわけだ。あなたにニュースがある。**あなたが今のようになったのは、あなたのせいだ。**

私は、あなたが「するつもり」であることをリストにするのを手伝う気はない。関連する行動を一切とらないで足踏みしているあなたの人生について、「興味深い洞察」を与えることにも関心はない。

私が関心を持っているのは、あなたの人生に変化を起こすことだ。あなたが何かを試みて失敗している理由を知れば、問題の半分は解決したも同然だ。しかし、あくまで半分にすぎない。私は、自分の影響力でもって、お決まりの行動や言い訳をあなたにさせないようにしたい。これはつまり、あなたは結果に基づいて自分自身を評価しなければならなくなるということだ。

単に結果という観点だけから成功や失敗を評価するということは、自分を厳しい目で現実的に評価するということだ。世間も同じ尺度であなたを評価するのだから、あなたもそうしたほうがいい。独自のルールや法則を作ることはできない。すでに世の中が独自のルールや法則を持っているのだから。それより大事なのは、世の中には、それらを押しつける力があるということだ。

プロフットボールの王座決定戦であるスーパーボウルの記録係であろうと、あなたの営業成績に目を光らせている上司であろうと、あるいは交差点であなたにじっと目を注ぐ白バイ警官であろうと、同じことだ。

**彼らの誰一人として、あなたの意思に関心を抱いてはいない。彼らが関心を持っているのは、あなたの行動だけだ。**プラトンの言葉に、「一年会話をするよりも一時間いっしょに遊ぶほうが、相手のことがよくわかる」というのがある。これは、「口を利くのに元手はいらぬ」ということわざを少しばかり雄弁にしたものにすぎない。

結果に基づいて自分の人生を評価しはじめるつもりなら、それは、他の人の言い訳を受けつけないということでもある。人生をともにする人たちからもっといい扱いを受ける必要があると思うなら、それは、相手の言葉ではなく行動を値踏みして、自分に対する扱いを評価するということだ。

これからの人生、あなたがどんな感情を抱いているとか、あなたのものの見方は間違っているといったことを、他の誰かに言わせておくことはできない。他の人には、我慢するか黙るかしてもらわなければならない。それはあなたも同じだ。もし本書が何らかの役に立つとすれば、私たちが今何の話をしていようと、どんな問題に取り組んでいようと、あなたは結果から自分や他のすべての人を評価するようにしなければならない。

難しいことだが、本当のことである。私たちは、**結果を通じてのみ、変化が本物だと確信できる。**

あなたは私と同様、私の言っていることが真実を突いていることを知っている。あなたは真実を無視するかもしれないが、それでは現実を変えることはできない。

## ●――患者に教えられた人生の教訓

グズグズと引き延ばす癖（つまり、意思だけ）は、破滅のもとだ。復員軍人庁精神医学病院で研修していた時、私はローテーションで老人病を担当することになった。私は、不幸な境遇のせいでこの病院に行きついた多くの年配の復員軍人に、「セラピー」をする機会に恵まれた。私は「セラピー」と言ったが、実際には、患者から教えられることが多く、正直に明かすと、私は患者の生徒といった感じだった。

職業も社会的階級も教育水準も世慣れ具合もさまざまなこの男性たちは、若い医師だった私に、人生についての大事な教訓をいくつか教えてくれた。なかでも特に大事な教訓は、みな、人生の終わりにさしかかり、あの時～しておけばよかった、と後悔していることだった。フィリピンをもう一度訪れて戦友の墓に参らなかったことを悔やむ者もいれば、自作の探偵小説を出版することを夢みていたのに、原稿を送る「勇気を奮い起こせなかった」と悔やむ者もいた。いっぽうでは、一〇代の孫娘が自動車事故で悲劇的な死を遂げる前に、もっと一緒に過ごせばよかったと後悔している者もいた。

彼らはみな、何らかのかたちでこう言った。「先生、人生を無駄にしちゃいけない。終わる時には終わるんだ」。年齢と経験を重ねて身についた知恵だろう。めいめいが、**自分がそれまでにしてきたことよりも、はるかに多くの、するつもりだったことを私に語った。**彼らは行動を起こさなかったことや機会を失ったことだけでなく、「タイミング」という言葉も口にした。実際、人生にはまたとない絶好の機会というものがある。しばしば、絶好の機会への扉は、しばらく開いたあと永遠に閉ざされる。実際に行動を起こそうと思っている分野について、自分の人生を評価する時には、絶好の機会がある時にはそれをつかみ、ない時にはそれを作り出さなければならないということを知っておいてほしい。

「私にはあとどれくらい時間が残されているのだろう?」。真剣にこう思ったことはないだろうか? 今四〇歳なら、たぶん、しなければならないことをするのに、あと四〇年はあるだろう。だが、そんなに生きられない可能性もある。ひょっとしたら、この章を読み終わるまでに、人生は終わるかもしれない。そうなればどうなるのか?
時は容赦なく過ぎていく。時ばかりは、ふたたび作り出すことができない。今の人生、今生きている人生しか、あなたには与えられていない。少なくとも現世では。そして、目的のある行動をとらなければ、その時間をすべて無駄にすることになる。

## ●──「する」という人生の公式

目的のある行動をとるための、昔からある公式は、次の通りだ。

**〜なる**
**〜する**
**〜手に入れる**

この公式の意味は、真剣に「なる」、そして必要なことを「する」、そうすれば望むものを「手に入れる」というものだ。この「人生の法則5」では、「する」をテーマにしている。あなたは、一週間前よりも今日のほうが一〇〇倍多くのことを知っているが、その知識を生かして行動を起こさなければ、成果は一週間前と変わらず、何も知らない時と同じ状態のままだ。

**知識や意識、洞察や理解は、行動に変えないと何の価値もない。**もしあなたが死にかけていて、医者がその原因に気づいていながら何の処置も施さなければ、あなたは死ぬ。誰かに足を踏まれているのに、何もしなければ、足の痛みは続く。なぜ結婚生活が破綻しかけているのか理由に気づいていながら、何の手も打たなければ、結婚は破綻する。

なぜ自分は不満を抱きながら憂鬱な人生を送っているのか、その理由に気づいていながら、何の行動も起こさなければ、不満を抱きながら憂鬱な人生を送り続ける。人生は、意思や洞察、知恵や理解ではなく、行動に報いる。

**勝者と敗者の違いは、敗者がしたがらないことを勝者はするという点だ。**「する」という言葉に注目してほしい。**勝つ人は、目的と意味のある行動をとる。彼らは考えるだけでは終わらない。**彼らは、計画を実行しないまま死ぬことはない。彼らは、何をすべきか決めるためのミーティングの段取りを決めるためのミーティングを計画するためのミーティングを開いたりしない。あなたには、引き金を引かなければならない時が来る。望むものを手に入れるためには必要なことをしなければならない。

聖書には、行動のともなわない信仰には何の価値もない、といった内容の戒めがある。目的のある行動をとらなければ、ただの乗客にすぎない。自分で方向を決めず、自分でコントロールせず、ただ引っ張られていくことになる。

乗客でいるほうがいいという人もいる。決定を下さなければ、とか、自分の人生の結果に対して責任を持たなければ、といったプレッシャーを感じずにすむからだ。もしあなたもその一人なら、目を覚まして、自分で人生をコントロールするか、実験用のダミー人形と化して人生の衝突テストを受ける心構えをしておく必要がある。「人形」という言葉に注目してほしい。

## ●──今しないなら、いつするのか？

この「人生の法則」をこの順番に持ってきたのは、「行動」に移せるくらい、あなたは今では自分についてよく知っているからだ。まだ特別な人生戦略を立てていなくても、今までとは違った行動をとりはじめていいころだ。

「人生の法則1　ものがわかっているか、いないか」では、必要なことをして「ものがわかる」のに充分な知識を集めなければならないということを学んだ。「人生の法則2　人生の責任は自分にある」では、行動を選ぶ時には結果も選んでいるということに注意を向けた。正しい結果を得るために、あなたは確信を持って正しい行動を選びはじめる必要がある。望むものを手に入れられるような行動をとるよう、自分を訓練しなければならない。「人生の法則3」では「人はうまくいくことをする」ということについて話し合った。

あなたは、不健全な結果の代わりに健全な結果を得られるよう、今の行動を変える必要があるだろうか？　行動を変えて、自分が手に入れる見返りを変えようとしているなら、あなたは正しい方向に向かっている。

**違うことを「する」ようになるまで、人生は何も変わらないだろう。あなたがたぶん、自分に問いかけなければならない質問は、「今しないなら、いつするのか？」という質問だろう。**

人生における優先順位と、時間とエネルギーの配分の仕方については、後でたっぷり時間をかけて触れる予定だ。さしあたって今は、「手に入れる」段階まで来ていないのならば、それはあなたが行動を起こしていないからだということをわかっておいてほしい。

行動を起こさなければ、手に入れることはない。それは確かである。この法則をはじめとする人生の法則についての知識を生かして、これからは目的と意味のある建設的な行動をとるようにすることが、あなたの仕事だ。あなたは行動を通して、自分自身の経験をつくりだしているのだから、選択権はあなたにある。

あなたの選択は、私や他の誰かの選択とは違うだろう。こういうことわざがある。「死の床で、『自分のことにもっと時間をかければよかった』と言う人間はいない」。私たちはみな、何が大事かわかっているが、果たしてそれに集中して力を傾けているだろうか？　それとも、すぐに意味のあることをするつもりで、とりあえず目の前にあるものに反応しているだけだろうか？

**引き金を引け。知識を得るだけで終わらずに、これまでとは違う何かをするのだ。**人生は流れや勢いに乗って進む。運動することであれ、自分の感情を言葉にすることであれ、もう一度学校に行くことであれ、祈ることであれ、新しい仕事に応募することであれ、何か違うことをはじめれば、行動に弾みがつく。

新しい人たちに出会うことだろう。新しい可能性が開けるだろう。ほどなく、自分の人生がもはや同じ歌、同じ詩ではないことに気づくだろう。「バットを振らなければ、ヒットは打てない」、「釣り針を水中に垂らさなければ、魚は釣れない」ということわざがある。これらの古いことわざが、いつまでも使われているのは、真実を突いているからであることがわかるだろう。この法則は、あなたにバットを振らせたり、釣り糸を垂れさせたりするためのものである。行動を起こせというのがこの法則の意味だ。

**《課題八》**

人生の中でもっとも大切な人を今すぐ五人から一〇人書き出してみよう。それが済んだら今度は、あなたか相手のどちらかがこの瞬間に死んだら、言葉にしないままで終わることを、それぞれの人について、自分の心に正直になって書き出してみよう。

## ●――亡くなった父から受け取ったもの

「言葉にしなくても、向こうはわかっている」といった言い逃れは許されない。それは嘘だ。あなたが死ぬか相手が死ねば、永久にさよならだ。チャンスは二度とない。たとえばもし相手が我が子で、とんでもない話だがあなたが今日死ぬとなれば、こう言っておけばよかったと思うかもしれない。

「おまえを愛している。いつも、おまえを誇りに思ってきたし、今も誇りに思っている。もしこのことをおまえに言ったことがあったとしても、そう度々ではなかったが。おまえは、特別な人間だ。私に愛されていたことを、これからもいつも忘れないでくれ。私の命はもう長くはない。おまえのことを知ったり、おまえとともに過ごしたり、おまえに私のことを知ってもらったりする時間がもうないのが、本当に残念だ。

おまえはいい人間で、いい父親だ。世界はおまえという人間に恵まれて幸せだ。どうか元気に幸せにやってくれ。おまえの人生を生きて、愛してくれ。おまえが特別な人間であることに気づいた人間が、おまえを信じ愛した人間が、この世にいたことを知ってほしい。私のために、自分を大事にしてほしい。今夜死んだとしても、思いを伝えられたことがわかっているから、私は安らかな気持ちで死ねるだろう」

私の父が早すぎる死を迎える直前に、私に語ったこれらの言葉は、あなたが抱いている感情を言葉にしはじめるのに役立つかもしれない。

**感情は、行動の欠くべからざる要素である言葉のかたちにしなければ、まったく意味がない。**これに対して、同じ感情でも、心のこもった言葉にすれば、永遠に心に残る。自分自身の経験をつくるために、行動を起こそう。父が思いを伝えてくれなければ、私は「まったく知らないままで終わった」だろうと、あなたに言っておかなければならない。私は、こうした言葉を聞く必要があった。あなたの人生に関わりのある人たちも、きっと私と同じだろう。

父とのこの最後の対面で私が得たものは、こうした言葉だけではない。私も懸命に自分の思いを口に出し、父が死んだ時には、思いをすべて伝えたとわかっていることが、私にとって大きな慰めとなった。ある時私は、死を前にしてどんな感じがするか、と父に尋ねた。

彼は、「ジョー先生（父はこう呼ばれていた）」のいつもの調子で答えた。「ああ。私は自分に熟していない緑のバナナは買うような真似はしなかった。充実した人生だったよ。そのことはおまえに言える。ところで先週葬式に行った時のことだが、牧師が、これは『よりよい人生への旅路』で、私たちは『喜ぶ』べきだと言ったんだ。たわごとさ。私は、自分の葬式ではみんなに泣いてもらいたい。さもないと、戻ってきて、化けて出てきてやる！」。父が安らかな気持ちになっており、死期が迫っていても楽しもうとしているのは明らかだった。彼は真実を正視し、対処していた。

父の人生は、行動についての教訓だった。心理学の博士号を取得してから三〇年後の七一歳の時、父は神学の修士号をとるつもりで、神学校に入学した。問題は、疲労だった。心臓が悪いので、一度に一五メートルほどしか歩けず、授業が始まる三〇分前には構内に入っていなければならなかった。

そこで父は、駐車場から、ナショナル・フットボール・リーグ（ＮＦＬ）のパスのパターンに負けないほど複雑なルートをとった。公園のベンチまで五〇歩進んで休憩。木の切り株まで三七歩進んで休憩。この調子で毎日、一四〇メートル足らずの距離を歩いた。だが彼はこれをやり通した。ついに二年後、何度途中で休憩したかわからないが、父は演壇に上がって修了証書を受け取り、会場全体が喝采に包まれた。というわけだから、これこれをするのがどれほど大変かといったことを、私に言わないでもらいたい。

リストはできただろうか？　書き留めることで、行動することの必要性を痛切に感じてくれることを願っている。人生の他のどの分野で、目的と意味のある前向きな行動が必要だろうか？　あなただけの特別な人生戦略を立てるところまで、本書を読み進んだら、こうした評価が非常に役に立つと思う。次の表は、取っかかりとして役に立つかもしれない。

| | 1 | 2 | 3 | 4 | 5 |
|---|---|---|---|---|---|
| 個人面 | | | | | |
| 対人関係面 | | | | | |
| 仕事面 | | | | | |
| 家庭面 | | | | | |
| 精神面 | | | | | |

**《課題九》**

人生のそれぞれの分野の欄に、とる必要があると感じている行動を、必要性が高いと思うものから順に四つ、あるいは五つ書こう。たとえば家庭面で、子供と過ごす時間を増やす必要があると考えていれば、それを書く。個人面で、毎朝数分間を一日の予定を立てることに当てる必要があると思えば、それも書き留める。完璧主義者のように、具体的に書かなければと神経質になったり、すぐに問題に取り組まなければと焦って取り組んだりする必要はない。ここでの目的は単に、行動が必要な人生の主な分野を把握し、今後の参考のために、それらを記録しておくことなのだから。

こうしたリストを作成すれば、意味のある変化をもたらす決め手は、しばしば、「現状」を疑問視する態度であるという事実を、理解するのに役立つはずだ。結果に基づいて自分の進捗状況を評価しようとするなら、**自分の人生のあらゆるパターンとあらゆるシステムに疑いの目を向ける心構えでいなければならない。**

**自分の時間をどこでどんな風に使っているか、自分に何と言い聞かせているか、人とどういう理由で、どのように接しているかといったように、すべての角度から、疑問を投げかける気構えでいなければならない。そして、進んで変化を起こさなければならない。正気を保ち、何か違うことをする決心をしなくてはならない。そうする「つもり」ではだめだ。実際に行動に移さなければ。**

簡単なことだとは言わない。疑いの目を向け、進んで違うことをするというのが、必要不可欠なステップだと言っているだけだ。周りのみなは、言い訳をし、思っているだけで実行しない結構なことについて話し、長く続く変化を起こす代わりに自滅的な行動に戻っている。そんな中であなたは、自分の人生を変えようとするわけだが、その試みを成功に導くのは正直な態度であり、その中でもこのステップは欠くべからざる要素である。

もし、これまで自分をダマしてきたなら、きっとあなたは苦痛を感じているはずだ。まさかと思うだろうが、こうした痛みも、今は本当にあなたのプラスになるかもしれない。痛みは、その存在を認めれば、強力な原動力となりうる。今この時点で人生にどんな痛みがあろうと、すべて、変化を求める際の燃料にすることができる。人生が本当に悲惨なものであるのに、それを否定したり無感覚になったりして、無頓着におざなりに生きているなら、変えようという気持ちはあまりないはずだ。

逆に、**もし本当に傷ついていて、自分でもそのことを認めていれば、その痛みを利用して、感情が麻痺した虚脱状態から抜け出すことができる。**痛みを否定したり、隠したり、違うものに置き換えたりしてはならない。痛みを利用して、違うものに手を伸ばそう。理屈をつけたり、自分にはそれだけの価値がないと判断したり、痛みもそれほど悪いものではないと決めつけたりしてはだめだ。痛みが意識の「中央」にあることを認めれば、それを原動力にできる。

## 痛みはあなたに方向づけをしてくれる

テキサス育ちの私は、夏の間、たいていの子供と同じように、よく裸足で走り回っていた。私はその時のことを鮮明に覚えているが、存命のひとで同じような経験をしたことがない人はたぶんいないのではないだろうか。アスファルト道路の上を裸足で駆け、半分ほど行ったところで痛みに襲われる。「あちっ、足が溶ける！」。さて、この時点で、あなたなら何らかの行動をとるだろう。後戻りするかもしれないし、前に進むかもしれない。だが、その場に立ちつくして、足が燃え上がり、足首まで溶けてしまうのを待っていることはないはずだ。道路の真ん中に突っ立っていることはないだろう。いずれかの方向に移動するに違いない。

**痛みはあなたに方向づけをしてくれる。痛みを原動力にして現状から抜け出し、自分が望む状況に持っていくのだ。**そうすれば、あなたを今苦しめている痛みが、あなたの武器に変わる。人生を変えなければとあなたに思わせる、またとない動機となるかもしれない。

生まれつき、危険を冒すのを何とも思ってないように見える人もいる。彼らは、自分が望み夢みるものを手に入れるまで、腕を伸ばし続け、行動し続ける。彼らは、危険は人生につきものだと考えている。彼らは、求めていた鳥でないならば「手中の鳥」で満足しようとしない。

そのいっぽうで、状況が未知あるいは困難、もしくは恐ろしい様相を呈してきたら、慌てて安全な場所を求めたり、ゲームから手を引いたりする人もいる。こうした人は、望んでもいないもので甘んじる。それも、後ろ向きではあるが実に筋の通った理由のために。甘んじることで、ストレスやプレッシャー、手を伸ばしても失敗するかもしれないという恐怖から、自分を救うのだ。「安全地帯に腰を据える」ことで、彼らは失敗する危険と、失敗にともなう苦痛を避けているのである。

手に入ったものをつかみ、危ない橋は渡らない。安全地帯とは、手を伸ばさず、何も変えず、未知の海に冒険の旅に出ないことを意味する。だが、ここに落とし穴がある。手を伸ばし、たえず新しいことに挑戦すれば、恐怖にとらわれて歩みを止めたり、ペースを落としたりする可能性がある。だがもし、はじめる前に手を引っ込めたら、何も手に入らない。

「危険」とは、単純に言えば、価値ある何かが危うくなるということである。たいてい、その「何か」は、もっとも軽くすんでも、心の平和や生き方、対人関係といったものであり、ことによったら経済的安定かもしれない。自分がそれ以上のものを求めていると認めるだけで、生活のバランスが崩れる恐れがある。どんなに平凡で退屈だろうと、いつもと同じであることへの安心感を失いたくないという気持ちと、自分が本当に望んでいるものを手に入れるという希望と胸躍る気持ちの間で、葛藤が起きる。

どういう境遇にあろうと、たとえ辛い境遇にあろうと、そこに変化を起こすのは、恐ろしいと言えば恐ろしいことだ。自分がよく知っている痛みは、あまり仲の良くない友達のようなものだ。仲は良くなくても、昔から知っている。もちろん、痛みがどこまでひどくなるかわかっているし、痛みの限界も知っている。新しい危険ではそうはいかない。私たちは未知のものを恐れ、何か新しいことを試みる時は、必ず結果を問題にする。どこまでひどい結果になりうるだろうか？　私はすべてを失う恐れもあるのか？　私は失敗するだろうか？

## ●――「逃避」で問題を解決した気になるな

覚えているだろうか。私たちがいちばん恐れているのは拒絶されることだ。なぜか？　それは、世間が自分を受け入れるか、それとも拒絶するかという観点から、自分の努力の成果を評価するためだ。

これは事実である。世間の反応が、自分の価値や値打ちを示すバロメーターなのだ。少なくとも私たちの心の中では。失敗がどんなかたちをとろうと、本質的には拒絶である。もし小さな会社を設立して破産に終われば、「あなたには、私たちと取り引きする価値も、私たちの資金や支援を得る価値もない。私たちは、あなたとあなたの努力もしくは製品を拒絶する」と世間は言っているのだ、と解釈するかもしれない。

差し出すものが友情や愛なら、もちろん、それよりもっと個人的で辛いものになる可能性がある。「私はあなたがほしくない。あなたでは不満足だ」と受け取ることもできるメッセージは、愉快なものではない。たとえば学生時代に、恋心を抱き、大切に思っている相手を、遠くからウットリと眺めていたことはないだろうか？　デートに誘う時に感じた不安、もしくはデートに誘ってもらえたらいいのにと希望に胸を膨らませた時のことを思い出してほしい。
断られて屈辱を味わう危険を冒したり、希望を抱いたりするのは、とんでもないことのように思えた時もあったかもしれない。実際に付き合えると期待するなんて、あまりにも図々しすぎる。一か八かの賭けに出ないでいるほうが楽ではないか。

回避の論理はこのように働く。プレッシャーも、痛みも、恐怖もない。行動を起こさないだけで、問題は消える。自分が望む相手とデートできなかったが、不安は消えた。われわれはみな、こうした選択をしている。逃避と呼ぼうが、感情の抑制と呼ぼうが、夢を売り渡すようなものと言おうが、とにかく、あなたは「こぎつける」以前に自分自身と自分の人生に見切りをつける。

**人生は、見切りをつけたことに対して、見返りを与えてはくれない。**見返りを与えるのはあなただけだ。そして、自分の希望と夢を犠牲にして手に入れた、偽りの平和に甘んじたことに対して、あなたは自分自身に見返りを与えるかもしれない。

私があなたに要求しているのは、自分のためらいを厳しい目で見ることだ。新たな試みや追求に乗り出すのをあなたがイヤがるのには、本当に正当な理由があるのだろうか？　それとも、理由のない恐怖に突き動かされて、足がすくんでいるだけなのだろうか？　こう考えてほしい。新しいことを試みてもっと多くを求めた結果、失敗したり拒絶されたりする可能性は、最終的には自分で処理できるものだが、恐怖心は漠然としていてとらえにくく、闘うことが難しい。恐怖と闘うのは、霧を袋に入れようとするようなものだ。恐怖も霧もつかみ所がない。恐怖に屈するのは、恐れていた結果に苦しむよりもたちが悪い。心配したりびくびくしたりするのは正常なことだが、恐怖に支配されてはだめだ。

## ●――ドハーティー博士の人生を変えた事件

以前、心理的に辛い体験をした同業者に治療を求められたことがあった。ジェイソン・ドハーティー博士は、精神医学専門の私立の大病院で青年患者部門を担当する、才能ある情熱的な精神科医だった。彼は、特に中高生を対象に地域社会でもボランティアとして優れた仕事をしていた。この優秀な専門家で思いやりあふれる男は、街の重要人物だった。私たちには、彼のような人間がもっと必要だった。

私は往診することに同意し、彼に助けを求められたことに気をよくした。自宅の戸口で、ドハーティーは力のこもらない握手と作り笑いで私を迎えた。私たちが腰を下ろした書斎は、洞窟を思わせるくらい暗かった。ブラインドがすべて下ろされていたのだ。彼は口ごもりながら、二ヶ月近く、患者を診察していない、病院の部門責任者としても積極的な役割を引き受けていない、と打ち明けた。それから、彼を心の底まで震え上がらせた出来事の恐ろしい顛末を語った。

三月のある平日の午後のことだった。高校で開かれるボランティアのミーティングに行く途中、彼は、口座を開設するためにある銀行の新しい支店に立ち寄った。窓口の前にできた列の二番目まで来た時、銃を持った男が一人、ドアから飛び込んできた。ドハーティーはたちまち、武装強盗のまっただ中に放り込まれた。その強盗は精神が錯乱していたのだろう。瞬く間に、目の前で三人の何の罪もない人たちが殺され、ジェイソンは血の海の中で呆然と立ちつくしていた。

強盗はカウンターに登り、手に握ったマグナム銃でガラスの仕切りを叩き割った。カウンターの向こうで、ドハーティー博士と同じくらい恐怖で麻痺していた若い窓口係が、叫び声を上げはじめた。強盗はすぐに彼女の後頭部に銃を押しつけ、一瞬のためらいもなく引き金を引いた。ドハーティーは泣きながら、吹き飛ぶ前に若い女性の顔に浮かんだ表情について、私に詳しく説明した。それから強盗犯は振り返り、一人の客を撃ったあと、ふたたび向きを変え、警備員を撃った。二人とも即死だった。

私にその時の情景を語りながら、ジェイソンは身も世もなくむせび泣いた。電流が全身を貫いたかのように、頭と腕を激しく振っていた。彼は恐怖ですっかり頭が麻痺し、目に入った血と肉片で目が見えなかったと話した。何が起きているのか、ろくにわからないまま、彼は正面玄関から走り出た。銃を持った犯人に猛烈な勢いで追いかけられながら、当てもなく走った。

銀行からそう遠くない駐車場でつまずき、倒れ込んだところで、殺し屋に追いつかれた。男はそばにひざまずき、落ち着いた態度で几帳面にドハーティーの額に銃を押し当て、引き金を引いた。何も起こらなかった。男はまた、一度、二度、三度と引き金を引いた。弾は出ない。いらだち、うろたえつつも、人が来るのを恐れて、強盗はさっと立ち上がると逃げ出した。ようやく発見された時、ドハーティーは傷ついた身体を震わせ、完全に錯乱した状態で、草に覆われた路地を這うように進んでいた。

この悲惨な経験のせいで、ドハーティー博士は不眠症になり、思いがけない時に身体がひどく震え、気持ちを集中することができず、もう誰も信用しなくなった。家を出るのも耐えられないと彼は言った。明らかに彼は、心的外傷後ストレス障害（ＰＴＳＤ）に苦しんでいた。患者相手の時なら、彼自身すぐに診断を下し、治療しただろう。だがもちろん、自分が患者となると話は違う。

一般に恐怖、それも特にＰＴＳＤが、どれほど人間を弱らせるか理解していた私は、その後の数週間、時には週に二、三回彼に会い、治療を行った。彼は多くの症状をなくすことに成功し、徐々に回復していった。悪夢を見ることはなくなり、身体が震えることも、もうなかった。だが同時に、彼は非生産的な生き方に慣れはじめた。彼が、何カ月も仕事に行かず、変化の速い精神医学界の要求に対処しなくてもよいことに慣れてきているのに、私は気づきはじめた。

彼が行動を起こさないせいで、彼の家族や青年患者部門、高校など、彼を頼りにしているすべての人が、苦しんでいた。

セラピーを打ち切る時期が近づくにつれ、ジェイソンの恐怖があまり仲のよくない昔なじみのようになってきたように思えた。恐怖は、人生というゲームに復帰しないための言い訳になっていた。彼は、恐怖と我が家の四方の壁によってはっきり境界が引かれた安全地帯の中で暮らし、人生の犠牲者になっていた。

ジェイソンは「人生の落伍者」になる危険があり、自分自身をダマして、実りの多い人生と仕事を投げ出そうとしていることが、私の目には明らかだった。彼が、外の世界との安全な接点である私とは、気楽に話しているのにも気づいていた。

そうした役割を演じているのを自覚しつつ、自分はこの有能な男にこのトラウマを克服させることも、生産的な生活に完全に復帰させることもできずにいるのだと思った。もうこれ以上、彼が恐怖の陰に隠れるのを許すわけにはいかなかった。

## ●——人生の落伍者になるな

その次に会った時に、私は話を切りだした。「私は、この恐怖が理解できない。恐れているからといって、なぜ傍観者になる権利があなたに与えられるのか知りたい。**ひどい体験をしたことはわかっているが、人生の落伍者になる口実にはならない**。

私たちはみな恐れている。明日、何が起こるか、誰にもわからないのだ。この仕事をしている者の中で、次の患者が動揺し、武器を持って入ってきて私たちを射殺しないと、確信を持って言える者は一人もいない。それなのにどんな権利があって、才能と明敏な頭脳と健康な体に恵まれ、訓練を積んだあなたが、ゲームを降りるのか？」

「あなたには、恐怖を隠れみのにする権利はない。あなたには、自分の才能を無駄にする権利はない。自分のことにかまけて、これまで厭わずにしてきたことをせずにいる権利はあなたにはない。あなたは自分自身をダマし、あなたがその人生に影響を与えることができる人たちすべてをダマしている。

だから、セラピーは終わりだ。あなたは、ここで嘘をつき、泣きごとを言って、これからずっとあの人間のくずに支配されたままでいることもできる。あるいは、明日の朝七時に病院の回診をすることもできる。もしあなたが望むなら、病院で会おう。あなたは必要とされている人間なんだ。治療は終わりだ」

ジェイソンが行動をとる時がきたのだと私は確信していた。恐怖は、あまりに便利すぎた。あまりにも手軽になりすぎていた。ジェイソンが目を覚まし、自分が必要とされていると感じることができるとわかっていた。人生は行動に報いる。明らかに、彼は行動をとる必要があった。

翌朝七時に病院で、私は彼に声を掛けた。「先生、調子はどうですか?」。彼は私を見て微笑んだ。「あなたは知りたくないだろう。私は仕事に取り掛かるよ」。おびえていたかもしれないが、とにかく彼は病院にいた。彼にはそこにいる必要があったし、そこにいるべき人間だったから。あなたはどうだろうか?


恐怖心に逆らって行動を起こすという話になると、たぶんたいして頭をひねらなくても、以前、自分も同じようなことをしたのに気づくだろう。思い切って行動を起こしたはずだ。ハイハイから、よちよち歩きに変わった時。学校で進級する時。初めて泳いだ時。親元を離れた時。転職や退職、新しい街で新しい仕事に就いた時。デートを申し込んだ時。こうしたそれぞれの状況で、あなたは、何の脅威もない単調な暮らしを捨てて、何かもっと他のものに手を伸ばした。

このように手を伸ばすのは、たいていの場合良いことだ。自分の世界を広げたり、自分自身の能力を伸ばしたり、さらに世慣れた人間になったりできるのだから。たとえば、ハイハイからよちよち歩きに進まなければ、あなたの人生はどうなっていただろうか。

要するに、あなたの習慣やパターンがどんなものであれ、もう、そんな生き方をする必要がないことを認識しなければならないということだ。どんなに理屈に合わないことに思えても、あなたにはそうした危険を冒すだけの価値があると思わないとだめだ。

夢を売り渡すまい、と心に決めなければ。一人の人間として、進んで望みを抱き、手を伸ばし、**自分は「自分だけの」人生を送っていることを認める決意をしなければならない。**

**進んでこう言うのだ。「しばらくは傷つくかもしれない。しばらくはおびえるかもしれない。でも私には、そうするだけの価値がある。これまで、目標や夢を抱くチャンスさえも自分に与えずにいたけれど、もうそんなことは終わりにする。私は目標を定め、戦略を練り、行動をとるつもりだ」**

## ●――行動を起こし、結果にこだわる

**私がここで言っている決意は、「人生の決断」のことだ。人生の決断は主に、あなたがどういう人間かを決めるものだ。これは根本的、基本的レベルで下した決断であり、精神と行動の二つの面であなたの価値観を支えるよりどころとなる。**

たとえば、盗みはしないという人生の決断をしていないだろうか？　絶対に泥棒にはならない

というのは、あなたがすでに心の奥底に持っている基本的な価値観だ。毎日この問題を改めて採り上げる必要はないし、頻繁にあれこれ思案する必要もない。これはすでに決定されたことだ。街から帰る途中で現金が足りないからといって、「さあて、ATMに寄ろうか。それとも、このコンビニエンスストアに強盗に入ろうか」と迷うことはない。そんなことを考えないのは、思案の余地がないことであるからだ。**あなたは人生の決断をすでに下しているのである。この決断は、あなたという人間の一部なのだ。**

人生の決断を下していないと、毎日、あらゆる問題について思案しなおさなければならないかもしれない。正しい決定をする日もあれば、間違った決断をする日もあるだろう。明らかに、人生の決断は重大な問題だ。自分の姿勢を決める場合は、慎重に本気で熟考してからにすべきだ。人生の決断については、人生管理をテーマにしている第八章で詳しく触れるつもりだ。

あなたはすでに、清く正しく生きようとか、神を信じようとか、家族の中でこれこれの役割を果たそうといった、人生の決断をしているのではないかと思う。だが、新しい決断を自分の価値観の要として取り入れるために、それを自分の人生戦略の一部にする必要があるかもしれない。

「人生は行動に報いる」という法則を人生にとりいれるためには、原始的な自衛本能に逆らってでも、現実に自分自身を危険にさらすような人生の決断をしなくてはならないかもしれない。安全を求めるという自然な欲求に逆らうことになる。だが今は、快適で慣れ親しんだものから離れるよう、自分自身に求めるべき時ではないだろうか。前進し、向上するという決心をしてほしい。理性に従い、責任を持って、危険を冒す決心をしよう。とにかく決心するのだ。私は何もスカイダイビングの話をしているのではない。自分自身にもっと多くのものを求めさせ、そのために行動を起こすことを言っているのだ。

もちろん、こうしたことを実行するということは、自分自身と次のような対話をしなければならないということだ。

「つまずくことがあるだろう」

**それはわかっているし、それに対処するつもりだ**

「あなたは成功しないかもしれない」

**すぐには成功しないかもしれないが、最後までがんばるつもりだ。試みて失敗しても、私の値打ちが減るわけではない**

「人々に拒絶されるだろう」

**一度の試みで望むものが手に入るとはかぎらない。けれども、望むものが手に入るまで、求め続**

**け、努力を続ければ、最後には報われるだろう**

「あなたは失敗するだろう」

**私が失敗するとすれば、それは問題にぶつかって、あきらめた場合だけだ**

「あなたには本当にそれだけの価値と能力があるのか？」

**ある。とにかく、行動するのだから、それだけの価値と能力があるのだと思う**

危険を冒し、努力をし、倦まずたゆまず目標を追いかけると、今ここで決心してほしい。あなたの人生は、勝利と見返りで満たされるはずだ。あなたが負けているなら、他の誰かが勝っているということだから、勝つことは可能だとわかる。

もちろん、あなたが勝つにこしたことはない。だが勝つとしても、それは偶然勝つわけではない。あなたが勝利を導くから勝つのだ。自分の望みを知って戦略を立て、有意義で目的に沿った行動をとり、倦まずたゆまずそれに向かって前進するから、勝つのだ。

**行動を起こし、結果にこだわろう。**これは、この上なく重要な人生の法則だ。

第七章

# 過去の出来事を言い訳にしない

◆◆◆人生の法則❻

# 事実なんてない。あるのは認識だけ

これは奥が深い法則で、あなたが幸せで満足し、安らかな気持ちでいるか否かを決定づけるものだ。この法則を受け入れるということは、**人生に何が起きようと、その出来事をどう解釈するかは自分次第である、という事実を受け入れることに他ならない。状況が持つ意味や価値は、実際には、あなたがその状況に持たせた意味や価値でしかないのだ。**

この法則の原理を正しく理解するためには、感覚と認識の違いを理解する必要がある。あなたの目は光波を受けとり、あなたの耳は音波を受け取る。これは感覚、つまり、あなたの感覚器官が受けた刺激現象だ。

いっぽう、認識はこうした感覚に自分なりにまとまった意味を持たせること、解釈することだ。認識は、世の中から受けた感覚にあなたが意味を持たせるレベルである。

「たで食う虫も好き好き」ということわざは、あなたの認識が私とは大きく違っているかもしれないということを意味している。同じ絵を見て、私は気に入るけれどあなたは気に入らない、ということもありえる話だ。あなたの人生のあらゆる出来事にも同じことが当てはまる。あなたの人生に起きる出来事について語る場合、あなたがその出来事をどう解釈しているかということを、必ず考慮に入れなくてはならない。

**あなたはこの世に二人といない人間なのだから、あなたの認識もこの世に二つとないのである。他の人にどれほど似ていると自分で思っていても、あなたの人生に起きることにあなたが持たせる意味は、あなただけのものだ。**この原理を認識していないために、想像を絶するほどの問題が起きているのである。

たとえば、私たちも知っているように、認識や解釈には個人差だけでなく、男女差もある。夫婦は何世紀も前から、この男女差に苦しんできた。

同じ状況を目にしても、夫と妻がまったく違う見方をする可能性があるというのは、秘密でもなんでもない。この「認識の食い違い」は、不満や混乱、夫婦の不和につながることもある。

具体的な話をしよう。私は何年にもわたって、文字どおり数千人の夫婦を相手にこの理論を試し、日常生活での雑用についてでさえも、男性と女性では考え方が非常に異なることを発見した。ゴミを出すといった単純なことでも、夫と妻の解釈に大きな差がある。男性は、ゴミ出しを義務と考える。いっぽう、たいていの女性は、これを愛の行為と解釈する。女性の説明はこうだ。「ゴミを出すというのはイヤな仕事です。もし夫が私を愛しているなら、私がやらなくていいように、ゴミを出してくれるはず。もし夫が、私の生活の質を高めるとわかっていることをしないなら、彼は私の生活の質に関心がないに違いなく、私のことを愛していないのだという結論になるのです」

これとは対照的に、男性はゴミ出しを、しかるべき日に遂行しなければならない多くの義務の一つにすぎないと受け止めている。今日「そのための時間をとる」ことができなければ、明日やればいいじゃないか、といった調子だ。

人生をともにしている女性がこんな雑用を愛の行為と見なし、自分がそれをしなければ妻を愛していないと見なされるとは、男性は思いもしない。

このシナリオで誰が正しくて、誰が間違っているのかとたずねても、得るものは何もない。どちらが正しいというわけでも、どちらが間違っているというわけでもないからだ。

事実なんてない。あるのは認識だけだ。もし妻が、この仕事をしないのは夫が自分のことを愛していない証拠だと解釈すれば、朝になると太陽が昇るのと同じように、その解釈は彼女にとっては事実なのだ。もし夫が、ゴミ出しをその日やるべき仕事の一つにすぎないと解釈し、それに何ら感情的な意味を見出さなければ、それが彼の解釈であり、彼女の解釈が彼女にとって事実であるのと同じくらい、彼にとっても事実なのだ。

出来事をどう見るかで、あなたにとってのその出来事の意味が決まる。

**大事なのは、こと認識に関するかぎり、望めば今とは「違う選択」をする能力が、あなたにはあるということだ。あなたは、物事をどう受け止めるか選ぶことができる。**

## ●――フランクル博士が捕虜生活を耐え抜けた理由

この事実を想像できるかぎりでもっとも過酷なかたちで試すような出来事が、オーストリア人の精神科医、ヴィクトール・フランクル博士の人生に起きた。彼は第二次世界大戦中、ナチに逮捕され、アウシュヴィッツの強制収容所に入れられていた。

ナチの親衛隊（SS）は、彼の妻と両親を殺し、今度は考えられるあらゆる侮辱を彼に加え、彼の命をその手に握っていた。後に収容所での体験について綴ったものの中で、フランクル博士は、看守の異常なまでの統制ぶりについて述べている。彼や仲間の捕虜たちは毎日、いつ座り、いつ立ち、いつ働き、いつ食べ、いつ寝るか命令された。生きるか死ぬかについても命令された。

強く心をとらえる感動的な著書、『夜と霧～ドイツ強制収容所の体験記録～』（みすず書房、霜山徳爾訳、一九八五年）の中で、フランクル博士は、こうしたいつ果てるともない悲惨な状況に直面し、ＳＳの看守にも統制できないきわめて重要な面が自分にあることを発見したと書いている。**看守たちは、彼が苦しみに対してとる態度を統制することはできなかった。看守たちは、彼が自分に対する扱いをどう解釈し、どんな反応を示すかといったことを、強制することはできなかった。**

捕虜生活のある瞬間に、フランクル博士は人生の決断を行った。なんの意味もないことのために、こうしたひどい目に遭わされているとすれば、自分は気が狂うだろう、と彼は考えた。そこで、**「自分がこの人生に持たせる意味や適切な認識を通じてのみ、私たちはこの人生について知り、経験する」**という原理に従って生きる決心をした。

ヴィクトール・フランクル博士の体験から、二つの教訓が学べると私は信じている。一つは、どんな状況であろうと、あなたは自分の反応を選べるということである。**あなたがいかなる環境に置かれようと、それをどう受け止めるかはあなたが選ぶことだ。**だがそれと同じくらい大事なことがある。

フランクル博士は、認識は自分で選べることを発見し、**たとえ極限状態であってもこの発見が当てはまる**ことを証明する、いいチャンスだと考えた。もし彼が、この発見を誰かに伝える前に死んでしまえば、これまで耐えてきたことはすべて無駄になる。こうして彼は、自分が置かれた状況を一つの試練として受け止めることにした。苦しみから、生き残って自分の発見を世界に広めることへの執着が生まれた。

あなたはこれまで、フランクル博士のような試練を耐える必要はなかったと、私は確信している。それでも、彼のメッセージはすぐに応用できる。日々の生活の中で起きる出来事には、あなたが与える意味しかない。言いかえれば、良いニュースも悪いニュースもないということだ。ただニュースがあるだけである。あなたには、自分の認識を選ぶ力がある。そしてあなたは毎日、あらゆる状況でこの選択権を行使している。


自分自身の人生——実際には万人の人生——にこの考えが当てはまることを考えれば、実に奥が深い真実だという私の意見に、あなたはうなずくだろうと信じている。フランクル博士の哲学は、強制収容所という恐ろしい境遇に当てはまるのと同じくらい、現代にも当てはまる。

考えてみよう。新聞に「民主党、上院で多数を占める」という見出しがあったとしよう。これは良いニュースだろうか？　それとも悪いニュースだろうか？　実際にはどちらでもない。ただのニュースだ。あなたがそのニュースに意味を持たせるまでは、良くも悪くもない。

もしあなたが民主党員で、民主党の政治活動に満足しているなら、良いニュースかもしれない。いっぽう、もしあなたが共和党員で、共和党の政治活動に不満なら、これは明らかに悪いニュースだ。ここで特に注意してほしいのは、このニュースに対するあなたの反応は、この出来事には関係なく、この出来事をあなたがどう「受け止める」かに関係している点だ。

## ●――現実の出来事にどう反応するかは、選ぶことができる

私は別に、人生に起きるすべての出来事を「良いこと」だと考えるのも、一つの手だ、と言っているわけではない。明らかにこれは必ずしも道理にかなった反応ではない。我が子や愛する人がケガをしたり、悲劇に見舞われたりして、「ある意味でこれは良いことだ」と受け止めるのは、道理にかなったことではない。

だが、**この出来事に完全に打ちのめされて身を滅ぼすか、あるいは前向きに対処するか、あなたは選択することができる。**たとえば、自分の子供がケガをしたら、そのことから学んで、将来、子供たちをもっとちゃんと守るかもしれない。あるいはその子供が不幸に対処し、乗り越える術を学ぶかもしれない。また、健康で幸せなのが当たり前だと考えてはならないと、子供に教えるかもしれない。ケガをした状況を変える措置をとり、他の子供たちを守ることになるかもしれない。

こんな風に不幸の中にも意義を見出している例は、至るところにある。酒酔い運転に反対する母親の会（ＭＡＤＤ）はすばらしい団体だ。無責任な社会のせいで、子供が亡くなったりケガを

したりして苦しんでいる両親が、社会活動を通して、どんな風に苦しみに意義を見出す選択をしたかを示す申し分ない例である。だからといって、こうした親の一人でも、自分の社会活動が子供の死やケガに見合う価値があると思っているなんてことは、一瞬でも考えてほしくない。

私はただ、**現実の出来事にどう反応するかは選ぶことが可能で、彼らは建設的な選択肢を選んだ**と言っているのだ。あなたは、世の中をどう受け止めるか選ぶことができる。

私たちはみな、個々のフィルターを通して世の中を見ている。こうしたフィルター——性格や態度、視点や「スタイル」——は、人生の出来事に対する私たちの解釈に強い影響を与える。そして、この解釈が私たちの反応を決定し、私たちが最終的に受け取る反応を決定する。

こうしたフィルターが存在すること自体は、良いことでも悪いことでもない。ただ存在するというだけのことだ。健全で建設的なフィルターもあれば、歪んだ有害なものもあるだろう。だが有意義な人生を送りたければ、自分にもフィルターがあることを認め、このフィルターが自分の認識を歪めて、間違った決定にあなたを導くことがないよう、気をつけなければならない。

私たちが世の中を見る時に使うフィルターは、たいてい、これまでに学んできたものの副産物である。悲惨な話だが、敵意と暴力が渦巻く環境で育った人は、フィルターを通して自分の経験をねじ曲げ、世の中は自分を脅かすところだと考える傾向がある。これに対して、愛と思いやりに包まれて大事に育てられた人は、フィルターを通して、世の中はすばらしいと考える傾向が強いだろう。

だが、「人生の法則2　人生の責任は自分にある」で学んだことを思い出してほしい。あなたには責任がある。これはつまり、**過去の出来事を言い訳にしてはならない**ということだ。そう、私たちはこれまでに学んできたことの集大成なのだ。

子供は生活を通して学んでいく。だが一つ認識しておく必要がある。あなたの過去が良いか悪いかといったことは、今ここで問題にすべきことではない。過去は過去だ。あなたに配られたカードが良いか悪いか、あなたが公明正大な態度をとったか否か、あなたが正しい扱いを受けたかどうか、といったことを議論するつもりはない。

私が今、あなたのカウンセリングをしていると、しばらく想像してほしい。確かに、私はあなたの過去を知りたい。もっと大事なのは、私はあなたにも自分の過去を知ってほしい。もしあなたが五歳の時にレイプされるか、虐待を受けたのであれば、こうしたことが人間関係に対するあなたの考えを、当然のことながら歪めた可能性があることを、あなたに認識してほしい。

もちろん私は、レイプされたり、虐待されたりしたことが正当であるとか、それも「人生の一部にすぎない」といったことを、あなたと議論する気もない。もちろん、正当なことではないというあなたの意見に賛成する。実際、ひどい話だ。だが、正当か否かということは、過去を知るうえで重要ではない。

過去が重要なのは、誰かのせいで、あなたの目と心にフィルターがかぶせられ、それがあなたの世の中を見る目に影響していることを、あなたに知らしめるものだからだ。いったんこうした事実に気づけば、あなたはこのフィルターを考慮に入れることができる。

**過去の出来事によって作られたフィルターを通して世の中を見続ければ、過去が自分の現在と未来の両方を支配し、決定するのを許していることになる。**

私は先ほど、五歳の時にレイプされたり、虐待されたりした人間を例としてあげた。こうした出来事よりも悪いことが一つある。それはこの出来事によって、三〇年後、四〇年後、五〇年後にいたるまで、世の中に対する見方が歪み、全人生を破壊されるがままになることだ。

そうなると、この出来事に終わりはない。永遠に生き続けるのだ。すでに学んだように、自分が認めていないことは変えられない。ある出来事で苦しい思いをしたために、世の中や世間の人々を見る目が変わったことを認めれば、もう、こうした認識にとらわれないですむ。

だから、**どんなものであろうと「過去」を認め、そのせいで自分の見方や認識、経験が歪んでしまったことを認識しなければならない。**けれども、だからといってあなたの責任が軽くなるわけではない。子供の時にレイプされたり、虐待を受けたりしたことに対して、あなたに責任がないことはぜったい確かだ。

けれども、それに対して**今どんな反応をするかについては、あなたに責任がある**ことは否定できない。つまり、フィルターについて言えば、自分の認識をテストしなければならないということだ。自分のフィルターを積極的に継続して意識し続ける必要がある。そうしないと、自分自身をおおいに誤った方向に導いてしまうだろう。

「私はどんなフィルターを通して世の中を見ているのだろう?」。もし今、自分にこうたずねていなければ、たずねるべきだ。どんなフィルターか突き止めれば、それを補うことができる。あなたはケンカ腰な態度をとっているだろうか? 敵ではない人を、敵だと見なしているだろうか? あなたは異性を恨んでいるだろうか? あなたは、信じられないほど世間知らずで、人を盲目的に信じているだろうか? どんなフィルターであれ、それについて知る必要がある。

あなたはたぶん、ストレスやプレッシャーに直面すると、よくパニックに襲われたり、代償不全になったり、ドギマギしたりする人がいることに気づいているのではないだろうか。それとは逆に、危機に直面すると俄然張り切ったり、プレッシャーを受けたりしている時にもっとも成果を上げているように見える人も、きっと知っているだろう。

**まったく同じ刺激を受けても、反応が全然違う場合があるのは、なぜだろうか？　それは、危機を圧倒的で手に負えないものと受け止めるフィルターを持っている人がいるいっぽうで、「私が輝く、いいチャンスだ」と受け止めるフィルターを持つ人がいるからだ。**

他の誰かのフィルターに気づくこともしばしばある。たいていそれは、そのフィルターが原因で、奇想天外とは言わないまでも特異な態度を相手がとっているからだ。「異常なフィルター」を持っている人は、しばしば正気ではないというレッテルを貼られる。こうした人の多くが精神病院に入っているのは事実だが、日常生活の中でも、物事に妙味を添えてくれるこうした人に大勢出くわす。彼らは、論理的に考える方法を知らないと、よく誤解されている。これはまるで事実に反することだ。それどころか、彼らは明らかに違うものの見方をしているが、彼らの論法は実際、あなたの論法と非常によく似ているかもしれない。一つあるいは複数のフィルターが人と異なるせいで、人とは違う出発点に立っているだけのことだ。

## ●――リチャードはなぜおかしな行動をとったのか？

第一章で、最初に間違った仮定を立てるのは「流行病的な態度」だ、と言ったのを覚えているだろうか。きっとあなたは、他のみなと同じように、自分自身も誰か、あるいは何かについて最初に間違った仮定を立てた結果、方向を誤ったケースがしばしばあったと認めると思う。精神病院にいる人たちの多くについても、同じことが言える。

違うのは、彼らの最初の仮定が、あなたのよりも主流から大きく外れていたことだけかもしれない。けれども、あなたも精神病患者も重大な過ちを犯している。それは、**事実と見なす前に、自分の仮定が正しいか試さなかった**という過ちだ。

ウェーコー市の復員軍人庁病院で研修をはじめた最初の週に、私は、およそ場違いに見える患者に会った。大半の患者は、見るからにしょぼくれていた。彼らは、もじゃもじゃ頭でだらしなく、ひどい格好をしている場合が多かった。

だがこの紳士は、ケーリー・グラントを彷彿とさせるくらい洗練されていて上品だった。廊下では私と静かに話し、三つ揃いを着て、会社の重役会議が始まるのを待っていると言っても、充分通用しそうだった。話し方も、私がそれまでに出会った人たちの誰にもに負けず劣らず、明快で歯切れがよかった。

事実、私は最初、彼を病院のスタッフと間違えたくらいだ。やがてスタッフを知るようになり、彼がスタッフにしてはあまりに洗練され過ぎていることに気づいた。数分後、私は自分の監督者にこの人物についてたずねた。彼は笑みを浮かべてささやいた。「リチャードについては、すべてが見かけどおりというわけではないんだ。そのうちわかるよ」

当時私は、厳密に言えばまったく経験がなかったにもかかわらず、自分をひとかどの心理学者と考えていた。自分は知るべきことはほとんどすべて知っていると自信を持っていた。監督者が間違っているのだと確信しながら、私はリチャードとふたたび言葉を交わした。

彼は、自分は復員軍人で、疲れをとるために時々この病院に来るのだと語った。私はこの言葉にむっとした。その場を離れながら、復員軍人庁病院はホテルや保養地じゃない、リチャードは家に帰るべきだ、と考えたのを覚えている。

それから一週間ほど経った、小春日和の一一月のある午後のことだった。私は、病院の庭を横切り、日光浴を楽しんでいた。ベンチに近づくと、誰かがその下に隠れて、全身を震わせているのが見えた。リチャードだった。私は駆け寄って屈んだ。「リチャード、どうしたんだい?」

「伏せて!」彼は叫んだ。「伏せるんだ! 奴らが撃ってくる、撃ってきてるんだ!」

すぐに私の頭をよぎったのは、ベッド数が一二〇〇床もある精神病院なら、誰かが銃を乱射しはじめるというのも、あり得ない話ではないということだった。私は地面に伏せた。リチャードとともにベンチの下を這い、四方の地平線を見据えながら、私はどういうことかとたずねた。リチャードは「奴らが、私を狙って熱線銃を撃ってきたんだ」と心配そうに説明した。少なからず当惑しながら、私はベンチの下から出ると、ホコリを払い、下で縮こまらずにベンチの上に腰掛け、何が起きたのか理解しようと努めた。

かいつまんで言えば、リチャードは黒いナイロンのシャツを着て、ベンチに腰掛けていた。シャツの背中に太陽の日差しが降り注いでいた。太陽が雲に隠れると肌寒かったが、日差しを直接浴びると、ぐっと暖かくなる――そんな天気だった。背中に温もりを感じたとたん、リチャードは「奴ら」が熱線銃で自分を撃っているのだと思いこんだ。

もちろん、最初に間違った仮定を立てたのだ。確かに、突飛と言えば突飛な仮定である。けれども彼の仮定どおりであれば、リチャードの他の行動はすべて、完全に筋が通っていないだろうか？　もし撃たれると信じていれば、安全を求めておびえながら物陰に隠れたり、他人に警告を与えたり、がたがた震えたりするのも、実に当たり前のことではないだろうか？　リチャードの考え方自体は、論理的だ。ただ最初に間違った仮定を立て、その仮定が事実か確認するために、テストしなかっただけのことだ。

## ●――間違った仮定は、間違った判断を導く

あなたが自分の人生で行っていることも、まったくこれと同じではないだろうか？　自分が立てた仮定をテストせずに、まるで絶対の真理であるかのように思っていないだろうか？　そして

こうした態度をとっているために、事実に基づいてではなく、テストしていない認識に基づいて、現実を作りだしていないだろうか？　たぶん、あなたがテストをせずに立てた仮定は、リチャードのほど突飛ではないだろうが、まったく同じように間違っている可能性がある。

考えてみてほしい。ひょっとしたら、最初に間違って立てた仮定は、「私は誰からも好かれていない」といったようなものかもしれない。もしその仮定を真実と見なし、テストせずにいたら、その仮定に反する情報をあなたは集めないかもしれない。

何らかの対人関係で、間違った仮定を立てたせいで、すべきこと、してはならないことについて間違った判断を下すことになるだろう。もっと突飛な思い込みをしている人なら、世界は自分を捕まえる陰謀を企てていると信じるかもしれない（なにしろ、これは「誰にも好かれていない」というのをもっと極端にしただけなのだから）。

こうした人も最初に立てた仮定をテストしていないのだと考えてみよう。あなたも彼も、**最初に間違った仮定を立てた**。そして、真実かどうか、信頼できるかどうか確かめるために、**テストしていない**。あなたと彼の考えに共通するこうした二つの欠陥を除けば、あなたも彼も、仮定を立てた時点からあとは、道理にかなった行動をとっているのではないだろうか。論理的であっても、大きな間違いを犯す可能性はある。もしあなたが間違った出発点に立てば、いくらその後に正しい考え方をしても、やはり失敗する。

**あいにく、私たちのフィルターがもっともひどく歪められるのは、自分自身を見る時だ。当然のことながら、人々は自分自身を現実的・客観的に見ない。私たちは、自分がどんなかたちで世の中での経験に影響を与えているか、完全に見逃している。これまでに何度、人々が自分たちの人生に起きた出来事について、自分の責任にまったく気づいていないような口振りで話すのを聞いただろう。**

彼らは、しばしばうんざりするほど細かいことを並べて、その出来事に関係する人を非難し、横で聴いているすべての者から見れば一目瞭然であること――つまり、彼らもその出来事の原因を作っているということ――にはまったく気づかずに、人のせいにする。

## ●――自分を客観的に見ることの難しさ

私は切れ者で世慣れた訴訟アナリストと一緒に仕事をしている。匿名にしたほうが賢明というものだろうが、彼の名前はリンドン・マクレナンという。数年前、四〇歳の時にリンドンは引っ越して、一時期、アパートに住んでいた。ある月曜の朝、リンドンのオフィスの前を通りかかると、週末に近所で起きた出来事について、彼が同僚に話しているのが聞こえた。二〇代とおぼしき男性客がコインランドリーに入ってきて、一言も声を掛けずに、いきなり乾燥機からリンドンの服を取り出して、テーブルの上に載せると、乾燥機に自分の服を入れたという。リンドンはしばらく外に出ていたが、自分の服が不快この上ない扱いを受けているところに戻ってきた。私たちに語っている間も、リンドンがまだぞっとしているのがわかった。コインランドリーでの礼儀作法についてよく知らないことは認めるが、私には話の方向が見えなかった。

リンドンは無礼な行為に腹を立て、若者と対決して口論となったという。だが、ほんの数秒で会話は尽きたような感じになったらしい。リンドンとその見知らぬ若者は、床の上で取っ組み合い、テーブルの下に転がり込んでいた。リンドンは若者の上に乗り、首を絞めた。リンドンの話はそこから熱を帯びてきた。膝をこの若者の胸に押しつけて座り、両手を彼の首に回しながら、リンドンは叫んだ。「おまえが大人らしく年相応の振る舞いをすれば、立たせてやる！」。話の締めくくりに、リンドンは、「この若者の子供じみて大人気ないことといったら、信じられないくらいだろう」と私たちに言った。

その時私の頭に浮かんだのは、四〇歳にもなって、乾燥機のことでケンカしてコインランドリーのテーブルの下で取っ組み合いをするとは、リンドン自身、いささか大人気ないな、ということだった。そこで私は自分の考えを伝えた。リンドンの顔に浮かんだぽかんとした表情から、そんなことは考えもしなかったことがわかった。彼は、この出来事に果たした自分の役割にまったく気づいておらず、部屋にいた者がこぞって腹を抱えて笑いはじめた時には、見るからにショックを受けていた。それ以来、彼のあだ名は「コインランドリー」になった（いつか彼もこの汚名を返上するかもしれないが、まず無理だろう）。

ここで大事なのは、客観的になって、その出来事に対する責任の半分は自分にあることを認め、自分の行為をはっきりと理性的に見ることが、リンドンにはほとんど不可能だったことだ。あなたの場合はどうだろうか？

自分自身についてどう受け止めるかということに関係したものであれ、他人についてどう受け止めるかということに関係したものであれ、フィルターでいちばん問題なのは、「固定観念」から成り立っていることだ。固定観念は、**間違った方向に行ってしまった人生の決断**と考えることもできる。

これは、認識の中でも絶対に変わることがない部分と言えるくらい、思考に根を下ろしているマイナス方向の信念だ。固定観念は凝り固まったものであるため、一般的に非常に危険である。意識的であろうとなかろうと、新しい情報を求めたり、受け入れたり、処理したりしなくなる。この信念を事実として扱うので、もはやそれについてじっくり考えたり、修正したりしなくなる。こうなると、新しい情報を手に入れ損なうばかりか、自分自身や他の人たちの身に、その固定観念を否定する重要な変化が起こるのを見落としてしまう。

とりわけ危険な固定観念は、「**否定的信念**」と私が呼ぶものだ。これは、事実か想像上のものかにかかわらず、自分自身の欠点や限界について抱いている信念である。

これはすべてのことに共通するが、自分が認めていないことは変えられない。自分が否定的信念を持っていることを認めてその正体を見極めなければ、それはいつまでも生き続け、あなたが立てようとしている人生計画にダメージを与える恐れがある。

あなたの否定的信念が首をもたげ、自分には危機を乗り越える力がないのではないかと疑念を抱くのは、実際に問題に直面している時が多い。このため、この否定的信念をそのまま温存させておくと、努力が失敗に終わる可能性がある。あなたは今、こうした信念と向き合い、確実に取り除きたいはずだ。そのためにはまず、こうした信念を一つひとつ見つけて、認めていかなくてはならないだろう。


自分が何を求めているのか、はっきりさせよう。信念は、自分が本当であり正確であると思っていることだ。あなたはこれらを事実として扱っている。事実だと信じているので、もはや、それらに異議を唱えることはおろか、テストしようともしない。そこで行き止まりだ。否定的信念は、自分について本当であり正確だと思いこんでいるマイナス思考の自己認識だ。事実であることを「知っている」ので、ただそれを受け入れ甘んじる。

ここでの私たちの目標は、あなたが抱いているすべての否定的信念を集めたデータバンクの扉をふたたび開けることだ。モーセの十戒であるかのように、否定的信念に盲目的に従って生きるのではなく、事実かどうか疑ってかからなければならない。否定的信念は石に刻まれているわけでは決してなく、その多くはおそらく、はるか昔の出来事が作りだした歪んだフィルターから生まれたものだろう。

**《課題一〇》**

心の中を探って、毎日あなたについて回っている否定的信念を見つけてほしい。私たちはみな否定的信念を持っている。危険なのは、あまりに長い間持ちすぎて、その存在に気づきもしないことだ。

こうした否定的信念の中には、はるか昔の子供時代に根ざしたものもあるかもしれない。もっとごく最近のことが原因のものもあるかもしれない。けれどもそれらすべてが、自分自身や世の中を見る時のフィルターに影響を与えている。

こうした否定的信念がどれほど影響を及ぼしているか、理解してほしい。仕事や夫（妻）を求めてであれ自尊心のためであれ、人と競争するような状況になった時、自分には目標を達成できないとささやく信念をずるずると引きずっていると、競争をはじめる前に負ける。

「できると思えばできる。できないと思えばできない」と、よく言われる。否定的信念が醜い頭をもたげはじめた時に、それに気づいて対応できるよう、自分の否定的信念は何か突き止めることが不可欠だ。否定的信念の気配が少しでも漂いはじめたら、警報を鳴らして対抗できるよう、自分の否定的信念をよく知っておくのだ。

## ●――あなたの否定的信念をチェックする

自分自身の否定的信念を確認する際の参考として、私や他の人が共通して抱いている典型的なものを、いくつか例として挙げておく。

- 「貧乏人には貧乏人の道がある。私はその道を受け入れたほうがよさそうだ」
- 「私は本当のところ、あまり頭が切れるほうではない」
- 「私は、ライバルほど出来がよくない」
- 「私は、絶対にいちばんになれない」
- 「最初がどんなによくても、私の努力を無にするようなことが、必ずなにかしら起こる」
- 「私は実際に変わることはできない。私は今のままだ」
- 「私は、自分の望みどおりの人間になるには家柄がよくない」
- 「これまで成功したためしがない。それなのにどうやって希望を持てというのか？」
- 「幸せすぎたり、のんびりしすぎたりすると、何かがうまく行かなくなる」

・「もし、私がどれほど多くの時間『虚勢を張っている』か、人々が本当に知ったら、私は実際、困ったことになるだろう」
・「変わろうとしても、他の人を動揺させるだけだ」
・「自分のことにこんなに時間とエネルギーを注ぐのは自分勝手なことだ」
・「私はもう一度チャンスをもらうには値しない人間だ」

たぶんあなたは、このリストの中に自分自身の否定的信念をいくつか見つけたのではないだろうか。そうであろうとなかろうと、とにかく座ってノートを開き、自分自身のリストを作ってほしい。取り掛かるにあたり非常に参考になるのは、「人生の法則2　人生の責任は自分にある」のところで使ったカードだ。これを使って、あなたが一日中聞いている「テープ」のリストを作るのだ。

あなたにブレーキをかけている自己認識をすべて掘り返し、記録しよう。その際、時間が経ってからこのリストに付け加えることが出てくると覚悟しておいてほしい。将来、問題にぶつかった時に、他のさまざまな否定的信念に気づくかもしれないからだ。

気を抜かず、卑屈な信念の正体を暴こう。こうした否定的信念を取り除くことが、堅実で申し分のない人生戦略の鍵となる。

自分自身について質の劣る人生を約束するような信念に執着しているかもしれない。否定的信念のせいで、人生の問題に立ち向かうだけの力が自分にはない、と考えているかもしれない。その意味するところが何であろうと、こうした信念は、頑なな考えや態度につながる。そしてこうした考えや態度は、あなたの未来と、未来をコントロールする力を脅かす。

こうした信念を突き止め、対峙して変える時期だ。今すぐこうした信念に対処しなければ――こうした信念によって間違った方向に進み続ければ――本書で学んでいることを活かして人生を変える力を弱めることになるだろう。

時間を必要なだけとって、自分のすべての信念を徹底的にチェックしよう。自分個人についての否定的信念のほかに、以下の人やものについても固定観念を持っているかもしれない。

・夫（妻）　・愛する人との関係　・仕事
・未来　・友人　・神　・世間一般　・一般の人々

頑なな考え方や行動につながる固定観念に執着してきた事実を認めれば、改めて、もっと積極的にこうした問題について評価することができる。いずれにしても、どう受け止めるかは、あなた次第だ。

ということは、自分の人生についてどう解釈し、どういう態度をとるかも、あなた次第である。

認めるということには強い力がある。

あなたの認識が事実に基づいていることを確かめるために、必要なことは何でもするのだ。あなたの認識は、あなたの世界観によってだけでなく、その世界観をテストして正しいと証明することによって、広げるべきである。

特に自分自身について抱いている信念を、盲目的もしくは習慣的に受け入れるのではなく、本当に正しいものなのか疑って「揺さぶりをかけ」れば、驚くほど新鮮に物事を見ることができる。今までの世界が突然、新鮮に見える。認識が新鮮になれば、今までの「自分」も新鮮に見える。

あなたは、動的な生き物だ。一つひとつの経験があなたを変えていき、その経験を正しく生かせば、自分が磨かれていく。本書を正しく利用すれば、どのページからでも自分を変え、磨いていける。

**現実なんてない。あるのは認識だけだ。**自分の認識を新鮮で新しいものにし、過去ではなく事実に基づいたものにしよう。

# 第八章

# 今すぐに人生計画を立てる

# 人生は管理するもの。癒すものではない

簡単に言えば、人生には問題や挑戦がつきものだということだ。家庭など、ある分野では何もかも平穏でも、職場では問題や不安を抱えている可能性があり、逆の場合もありえるということは、あなたも知っている。

私たちは、問題を抱えていても大丈夫ということにするために、この矛盾を取りつくろおうとする。問題があっても大丈夫である理由を述べた決まり文句はたくさんある。

「問題に立ち向かうことで人格はつくられる」
「時おり痛みを味わわなければ、喜びを感じ、感謝することができない」
「問題は、自分を知る機会だ」

たぶん、こうした決まり文句には、それぞれ幾ばくかの真実が含まれているのだろうが、人生は管理するものであるという事実は変わらない。それが実状である。これまでもそうであったし、これからもずっとそうだ。

この「人生の法則」を認めて受け入れれば、問題をすべて危機と見なしたり、私の人生は失敗だ、といった結論に飛びついたりする可能性も低くなるだろう。この法則に今すぐ取り組むことが大事だ。そうすれば、こうした誤った判断を下さないですむ。

心の仕組みについて昔から変わらない事実がある。それは、それほど特殊な状況でなくても、**期待を裏切られると人は動揺する**ということだ。

現実を知らない若いカップルが、童話の世界さながらの「バラ色の結婚生活」を期待して結婚したとしよう。それまで別々に生活してきた者が、一つ屋根の下で共同生活をはじめる際には、相手に合わせるという苦痛がつきものだ。

「バラ色の結婚生活」を夢見て結婚したら、その苦痛にひどい反応を示す可能性が高い。反対にもし若い二人が、それまでの人生経験などから、こうした苦痛が待っていると予想し、結婚生活の中で問題にぶつかる覚悟をしていれば、こうしたお決まりの問題が生じても、予想どおりだと思うだけで、問題のある態度を示す可能性は大いに少なくなるだろう。

「夢みる乙女」もどきの期待ではなく、現実的な期待を抱いていれば、人生の管理者として自分自身を助けることができる。成功は動く標的であること、たえず変わっていく世の中では、自分の人生を積極的に管理しなければならないことを理解しよう。もし本書を読み終えて、受け入れたいと思う教訓や真実、原則をすべて生かせば、きっとあなたはすばらしい人生を送れるだろうし、私としてもうれしいかぎりだ。

けれども、あなたが今から五年間どれくらい良い人生を送るかは、その間あなたがどれくらい積極的に自分自身を管理するかにかかってくるだろう。

まるであなたの中に二人の人間がいて、いっぽうがもういっぽうを管理するかのように、「人生の管理者」と私が言ったことに、たぶん気づいたと思う。こうした観点に立ち、店のマネージャーや職場の上司について考えたり、評価したりするのと同じように、人生の管理者として自分自身を見つめれば、非常に役立つだろう。

人生の管理者を自分とは別人であるかのように見なせば、一歩下がって自分の行動を評価する際に必要な客観性が保てる。自分の人生の状態を、人生の管理者の仕事ぶりを示すものと考えれば、自分が有意義な行動をとっているか評価するための、客観的なものさしを持つことができるだろう。

## ●――「人生の管理者」としての自分を評価してみよう

今日、自分の人生の管理者に勤務評価を与えるよう求められたと仮定しよう。あなたはどんな評価を下すだろうか？　人生の管理者が自分であるという事実を無視して、少なくとも以下の評価基準を考慮に入れ、結果に基づいた評価をしてほしい。

①あなたの人生の管理者は、あなたの安全を守り、あなたが馬鹿げた危険を冒すのを防いでいるだろうか？

②あなたの人生の管理者は、あなたを技能と才能を一つ残らず生かせる状況に置いているだろうか？

③あなたの人生の管理者は、この人生にあなたが心から望むものを得る機会を作りだしているだろうか？

④あなたの人生の管理者は、身体や心、精神や感情の面で、あなたの健康と幸福のことを考えているだろうか？

⑤あなたの人生の管理者は、あなたが健全で元気でいられるような関係を選んだり、追求しているだろうか？

⑥あなたの人生の管理者は、新鮮で若々しく、生き生きとした人間にしてくれるものに手を伸ばすよう、あなたに求めているだろうか？

⑦あなたの人生の管理者は、あなたがいくらかの安らぎを感じられるよう、日々の流れを計画しているだろうか？

⑧あなたの人生の管理者は、あなたの人生にいくらかの楽しみと気晴らしがあるようにしているだろうか？

⑨あなたの人生の管理者は、あなたが大切だと考えているものの間でバランスが保たれるように、あなたの世界を築いているだろうか？

## ●「人生の管理者」に不可欠な五つのポイント

人生の管理者としてあなたは自分自身にどんな評価を与えるだろうか？　評価するにあたり、最大の問題は、自分の会社の経営を誤っている者や従業員をクビにするように、人生の管理者をクビにすることができないことだ、と考えるかもしれない。あなたは人生の管理者に力を貸し、動機を与え、教育し、辛抱しなければならない。

間違ってはならない。あなたは人生の管理者であり、目標は、質の高い結果を生むように人生を管理することである。もしあなたがいい仕事をしていないのなら、目を覚まし、気を引き締める必要がある。

管理する相手は、あなただけではないかもしれない。特に家族の中に子供や、子供のような振る舞いをする人間がいる場合は。だが、いちばん大事なのはあなただ。

人生の管理者として、自分自身の面倒をよくみて、自分はかけがえのない大切な人間だということを理解しながら管理しなければならない。

実際、私の人生でいちばん大事なのは、フィル・マグローだと言える。そのことを詫びるつもりはないし、自分勝手だとも思わない。私は、妻や子供たちにとってただ一人の夫であり父親なのだ。自分の世話をしていれば、こうした二つの大切な役割で何か与えるものが持てる。

もし私が犠牲者になることを選び、たえず自分を犠牲にし、ないがしろにすれば、妻や子供に必要とされる時に、私の心も身体もそこにはない、といったことになるかもしれない。もし途中で「フィル口座」に預金しなければ、いつか将来、愛する人が私を非常に必要とする時、私は心も身体も破産しているかもしれない。

正直なところ、自分自身を大事にする理由は、彼らがいるからなのだ。といっても、私は何も言葉遊びをしているのではない。こう信じることが、自分自身を毎日どう扱うかに影響するのだ。彼らをダマさないようにするためには、私は自分自身を大事にしなければならない。

人生の管理者としての仕事はとても大事だと私は信じているので、ここで理想的な職務を紹介しておこう。第一に、これまでに触れた「人生の法則」とこれから触れる「人生の法則」を一つ残らず、受け入れ、認め、**自分自身に当てはめる**ことである。

第二は、個人的な問題を**我慢するのではなく、解決することに力を注ぐ**ことだ。「紺屋《こうや》の白袴《しろばかま》」ということわざは、このことと深い関係がある。

自分の問題や欲求をないがしろにして、他の人の問題や欲求に忙殺されれば、心は破産に向かう。長い間問題をそのままにして我慢していると、そのうちにその問題をほとんど感じなくなってくる。他のみんなの問題ではなく、自分自身の問題を解決することに、かなりのエネルギーを注ぐ決心をしなければならない。

忘れないでほしい。**自分が持っていないものは与えることができない**のだ。問題をずっとそのままにしているせいで歪んだ心を持つようになれば、愛する人に強くて健全で心安らかな自分を与えることができない。

第三は、**答えのない質問に用心する**ことだ。人々が、人生の悩みのことで「〜たらどうしよう?」ゲームをしているのを聞いたことがあるかもしれない。「夫(妻)に捨てられたらどうしよう?」。「肺ガンだったらどうしよう?」。「会社をクビになったらどうしよう?」。私の経験では、人々がこうした問いに心を悩ませるのは、自分自身、答えを出そうとしないからだ。彼らは、頭の中で何度も何度も問いかけるが、決して答えを出さない。

未知のものへの形のない恐怖は、人を弱らせ、麻痺させる。そういうわけで、自問するのは良いことだが、こんな風に「なぜ」、「なに」、「どうやって」、「～たらどうしよう？」といった質問をしようとするなら、時間をかけて思慮に富んだ答えを出すことが非常に大切だ。

「～たらどうしよう？」という質問への現実的な答えは、十中八九、あいまいな想像上の結果ほど悪くないし、圧倒的でもない。

「ガンと診断されたらどうしよう？」と自分自身に問いかけるとしよう。考え抜かれた現実的な答えは、ある種のガンは治癒率が八〇パーセントで、別のガンは治癒率が一〇〇パーセントだという事実を考慮に入れたものであるかもしれない。

現実的な答えは、ガン治療の研究は著しい進歩を遂げているので、実際のところは数年前ほど悲劇的な病気ではないという事実を踏まえたものであるかもしれない。ものわかった現実的な答えは結局のところ扱いやすいが、あいまいな「答えのない」問いかけは、恐ろしいまでに人を弱らせる。

人生の管理者の四つ目の仕事は、**わだかまりを残さないようにする**ことだ。自分自身や他の人が、どう見てもささいなことに過剰反応するのを、あなたは何度も目にしたことだろう。こうした過剰反応は、実のところ、「積もり積もった反応」と言える。夫（妻）が歯磨き粉のふたを開けたままにしていることにむかっぱらを立てている時、本当は、この一つの出来事に過剰反応をしているのではない。それまでのさまざまな状況や環境を通して溜め込んでいた感情に火がついただけのことだ。

心の痛みやわだかまりをためるのは、たえず変化するめまぐるしい生活の中では実に容易なことだ。だが、心のしこりが多くなると、そうしたものに心そのものを支配され、押しつぶされる恐れがある。

有能な人生の管理者になるためには、自分がいつ傷ついたり怒ったり、イライラしたり、困惑しているか突き止めなければならない。足を止めてこうした感情を処理しなければならない。こうした感情の引き金となった相手、あるいは少なくとも自分自身とともに取り組むことである。つまり、もし心の痛みや問題があなたの人生に現れたら、何が何でもそれにピリオドを打たなければならないということだ。

**「ピリオドを打つ」とは、問題や痛みを引きずらないという意味だ。**問題に取り組み、本を閉じて片づけるように、ピリオドを打ち、片づけるのだ。必要なことは何でもしよう。自分自身や他の人と対決することになるかもしれない。

**あるいは許したり、謝ったりする必要があるかもしれない。とにかく、感情を断ち切るために必要なことは何でもするのだ。人生にこうしたお荷物を積み上げてはならない。感情にピリオドを打つのだ。**

最後に、**約束を守ろう。自分自身との約束であろうと、他の人との約束であろうとだ。**何度も約束を破っていると、たいしたことではないように思えてきて、約束を破っている本人が気づかないようになることがある。

だが、勘違いしないでほしい。約束を破るということは、人生の途上で自分の前や後ろに石を落とすようなものだ。誰かと約束をし、その約束を破られたら、どんな気がするか考えてほしい。一緒に過ごす時間を増やす、あるいは特別な時にある場所に行くと子供と約束し、あなたがその約束を破った時、どんな気持ちがしたか、折を見て子供たちにさりげなくたずねてみるといい。先週、大事な人とのどんな約束を破ったか、勇気を出して自問しよう。

約束をしておいてそれを破ると、相手に辛いメッセージを送ることになる。あなたにそんなつもりはなくても、自分にとっては大事な人間ではないのだと相手に言っているようなものだ。拒絶されたのだと伝えているようなものなのである。

信頼できない人間であることによって、自分の前途に障害をつくっている恐れがあると言ったら、あなたは少なからず驚くのではないだろうか。特に家族に対して、こうした信用できない態度をとると、とりわけ深刻なことになる。そのダメージがあなたの夫(妻)や子供に影響を及ぼし、自分にはね返ってくるからだ。子供が不幸だと親も同じくらい不幸だ、とこれまでに何度か言ってきた。子供との約束を破ると、相手が四歳だろうと四〇歳だろうと、辛い思いをさせ、自分との間に距離ができ、あなたにも影響してくる。

あなたは、自分にとってこの世でいちばんの資源である。この資源をうまく管理するのだ。人生の管理者として、自分自身への要求を増やそうと考えているなら、もう一歩踏み込んで、意思だけに終わらずその通り実行しよう。誰か人を雇ってその仕事をさせた時に期待するのと同じくらい、がんばるのだ。

人生の管理者に大金を払っていれば、仕事を完璧にこなしてほしいと望むはずだ。こうした目的を持って人生を管理しはじめてもよい頃だ。全力を注いで計画的に人生を管理すれば、自分の行動が違ったように見えたり感じられたりし、本当に違うものになるだろう。自らの人生をこのように扱うことで、自分がエネルギッシュで大事な人生を手に入れることがわかるだろう。

## ●――今日中にとりかかるのではなく、今はじめよう

よく晴れた日に、誰かが公園をのんびり散歩している光景を思い浮かべてほしい。彼はどこに行こうという当ても、時間を気にする風もない。ポケットに手を突っ込み、適当に曲がりながら、ゆっくりとした足取りで、本当に当てもなくさまよっている。たびたび足を止め、でたらめに道を折れたり、来た道を時折戻ったり、どこかをじっと見つめたりしているかもしれない。さて、ただ日差しと風景を楽しむことだけが目的なら、こうした態度やアプローチをとっても、一向に差し支えない。

時には、こうした経験も必要なくらいだ。けれども、大きな変化を起こしたり、大きな挑戦をしたりする予定である人生の管理者のお手本にはならない。

こうした態度と、大事なミーティングか何かに遅れまいと懸命な人の態度を比べてみよう。彼は時間を節約するために、近道して公園を抜けているところだ。目的を持ち、方向を決めて歩いており、たぶん急ぐ必要に迫られているだろう。

足取りもきびきびしている。彼には、目的地がある。限られた時間内にそこにたどり着かなければならない。彼の頭には、目的地に着くことしかないだろう。さりげなく様子をうかがうだけ

でも、二者のどちらが使命を帯びているかわかる。

あなたはまもなく、公園をぶらつくような真似はせず計画的に人生を管理できるような、非常に個人的な自分だけの戦略を練ることになるだろう。方向を決め、差し迫った必要性を感じながら、最大限に心を砕いてこの仕事に取り組まなければならない。

あなたの使命は、現在の勢いと方向に待ったをかけ、自分が望む勢いと方向に置き換えることだ。「意識を高めた」だけでこの使命に取り組めば、望むものは絶対に手に入らないだろう。

**人生を変えるためには、自分を変える必要がある。人生を本当に管理するということは、流れに身をまかせて生きるのをやめ、計画的に生きることである。**

計画的であるということは、現在取り組んでいる問題は、とりわけ重要で特別差し迫ったものであり、いちばんの関心事であるということだ。家のペンキ塗りを例にしよう。「確かに、いつかこの家にペンキを塗ったら良くなるだろう」といったようなことを思うだけなら、いつになったらペンキ塗りに手をつけるか、どれくらい効率よくやれるか、わかったものではない。

ある土曜日、朝七時に起きて、「今日の計画は家のペンキ塗りだ。日曜の真夜中までにやってしまおう」と宣言するのと比べてみよう。仕事の進み具合は、仰天するほど違うだろう。

これが、あなたの今の生き方と、まるで前もって計画していたかのように人生を組み立てはじめた場合の生き方の違いだ。計画的に生きるということは、他の人が持っているものを自分は手に入れて当然であり、そのために必要な努力を払うだけの価値が自分にはあると確信して、人生に取り組むことを意味する。覚えておいてほしい。あなたとこうした「幸運な人たち」の主な違いは、実に単純なことである。彼らはやることをやった。あなたもやることをやった。ただし、あなたはあまりに早い段階で、あまりに低いレベルのもので手を打ってしまったのだ。

**人生を改善するために何かしようとしまいと、新しい年に向かって時は流れていく。明日この計画に取り掛かるのではダメだ。**

**あとで今日中に取り掛かるのでもいけない。今はじめるのだ。ここまで本書を読み進めてきたということは、あなたは本気で自分の人生を変えようとしているということだ。計画的に人生を送れば、あなたは勝者になれる。**

手を伸ばす気になったからといって、世の中が手のひらを返したように、望むものを提供してくれるようになると言っているのではない。放っておけば、人生は残酷にもなれる。あなたはこれまでに、こうした残酷な仕打ちを目にし、おそらくは自分自身の人生でも経験したことだろう。管理しなければ、あなたの人生には大事な何かが欠け、辛い思いをするかもしれない。大事にしているものを奪われるかもしれない。愛する人を失うかもしれない。

何かを失って傷つくのではなく、これまで求め、夢見てきたものを生み出すのに失敗するといった、もっと微妙なかたちをとるかもしれない。計画を持っていなければ、計画を持っている人の踏み台にされるだろう。きっと、あまり気持ちのいい状況ではないはずだ。こんな風に世の中を見るのは愉快ではないが、それでも事実は事実だ。

だが管理のまずい、あるいはまったく管理されていない人生を送っていると、残酷で無情な仕打ちを受けることが多いのとは対照的に、明快な戦略と勇気を持ち、全力を尽くして戦略を計画通り実行に移せば成功できる。困難をも乗り越えられるだろう。

## 人生の戦略に不可欠なこと

世の中は邪悪なものではない。ただの世の中だ。恐れる必要はない。ただ管理するだけのことだ。管理する鍵は、自覚を持って戦略を練ることだ。考えてみよう。ここで自分自身に機会を与えれば、あなたは注目を浴びるかもしれない。

人生をより良いものに変える、本当のチャンスをつかむのに必要な注目を。これがあなたのチャンスならどうなるだろう？　これがあなたの転機ならどうなるだろう？

人生管理に専念している時、これまでに取り組んだ「人生の法則」の多くがいっそう重要性を帯びてくることに気づくと思う。これまでにとりあげた人生の法則を理解すれば、たえず変化するあなたの人生を管理する準備がいっそう整うことになる。

たとえば、これまで課題に取り組んできたなら、あなたはすでに必要不可欠な道具をいくつか手に入れている。自ら選んだ、人生に決定的な結果をもたらす行動も自覚しはじめている。さらに、たびたび繰り返されるこうした行動から得ている見返りも突き止めている。

こうした知識は、もちろん、人生を効果的に管理しようとする際に、きわめて重要な道具になる。自分の行動や見返り、タイプをこれまで調べてきて、問題のいくつかを最小限に食い止めるか取り除くかすれば、自分の人生がどんな感じになるかということに、すでにかなり焦点を合わせているかもしれない。

いいニュースがほかにもある。人生は管理されるものであり治すものではないが、毎日、一からスタートする必要はない。毎朝、白紙の状態からはじめるわけではない。あなたの人生はすでに、独身か既婚か、家族と暮らしているか、友人と共同生活をしているかなど、ある程度枠組みができている。

どんな環境であろうと、あなたがその中で機能していける既知の枠組みがあるのだ。あなたはおそらく、その枠組みに合わせて、「人生の法則5　人生は行動に報いる」で触れたある種の人生の決断を下して、自分の中に取り入れているだろう。

**人生の決断は、あなたの心理と行動のベースであり、あなたが心の奥底に受け入れている基本的な価値観であることを思い出すだろう。**

こうした決定についてはたいていの時間、意識していないのが普通だ。それでも、存在するのは確かだ。たとえば、子供たちや愛する人を暴力や言葉によって虐待しない、という人生の決断を行っているのではないだろうか？（もしそうでないなら、すぐにそうするように勧める！）自分自身やほかの人たちを、敬意をもって扱うよう子供たちに教える、という人生の決断を下しているかもしれない。

こうした人生の決断は、人生管理に関する戦略を立てる際の礎になる。テーマのようなものだ。すべてあなたに関わることだ。人生の決断を吟味し続ければ、自分がゼロから出発しているわけではないことが、すぐにわかるのではないかと思う。あなたはすでに、良く管理された人生の基本ができている。ただ計画的になることが必要なだけだ。

それでは、あなたの人生の決断は何だろうか？　自分では考え抜いて選択をした覚えがないかもしれないが、あなたが実際にはそうした選択をしているということについて、私は何の疑いも抱いていない。それだけでなく、人生の決断を認めて言葉で表すことによって、あなたは自分の人生に大いに必要とされる秩序をもたらすと思っている。それまでよりもずっとはっきりと、戦略を立てる際の基礎があることを実感するだろう。

**《課題一一》**

自分で意識している人生の決断を、当たり前のことだと片づけずに、すべて書き出そう。

・家庭では神とともに生きる
・清く正しい人生を送る。特に、嘘はつかないし、盗みもしない
・子供の前ではケンカをしない
・子供たちに、大人の問題を扱かわせたり、背負わせたりしない
・暴力に訴えない
・他の者の面倒を見られるよう、自分自身を大事にする

人生の決断について触れる時、一時の気まぐれやいい加減な約束のことを言っているのではない。人生の決断は、心の底から行われたものだ。それは、考える余地のない信念であり、時々ではなくつねに従って生きるものだ。あなたの人生の決断を書き出そう。人生の決断の完全なリス

トが完成したら、すでに解決した重要な問題の数と質に、あなたは満足感を覚えるかもしれない。同時に、人生の決断というレベルの約束事が明らかに欠けている分野があることにも気づいたかもしれない。何が欠けているのか？　その問題は何か？

人生管理の決め手であり、あなたが見落としている恐れがある人生の決断は、自分自身が許容できるレベルを定めることだ。人生は決して成功一色の旅路ではないという私の当初の意見に、あなたも賛成してくれると思う。

**人生に深刻な欠陥や問題、課題がない人には、私はお目にかかったことがない。こうしたものは、あって当然のものだ。**

**本当に問題なのは、こうした問題をどのように処理するかであり、処理にどの程度の努力を払うかである。自分で定めた人生管理の基準が高すぎたり、低すぎたりすれば、自分の問題を増やすことになる。**

もちろん、自分自身に多くを要求しなければ、人生は質が悪いものになるだろう。だが「完璧主義者」となり、現実離れした基準を定めれば、夢の世界に生きることになる。自分自身に対して現実的な期待を抱き、辛抱強くあるレベルから次のレベルに上がっていくことが大事だ。

この自分への要求という問題が、人生の決断として取り上げられる理由を、あなたにはっきりさせておくべきだろう。人生の乗客にならず、すべての分野で自分自身に最高のものを求めると決意するのは、あなたの人生のその後を決定づける瞬間だ。

残念ながら、あなたはこれまで、自分自身とこうした腹を割った対話をしようと考えたことがなかったかもしれない。自分の方針として、自分自身から喜んで受け入れるものとは正反対の、自分自身に要求するものを決定するのに、今以上に適切な時はない。一度決めたら、毎日設定し直す必要がないような基準であるべきだ。だから、これは非常に重要で意義のある問題であり、細心の注意を払って自分との対話をするべきだ。

## ●――「安全地帯」へ逃げ込むな

自分への要求について考えていて、自分が安全地帯で暮らしていることを発見するかもしれない。何かを成し遂げるまで努力するのをあなたは避けている。そんなことをしたら快適ではなくなるから。あなたは、満足しきって人生の流れに身をまかせている。自分にその程度しか要求しないことに慣れているから。あなたは、危険をきらう人生を送っている。

こういった人生は快適ではあるが、沈滞しているなんてものではない。安全地帯にとどまると、本当の幸せを損なう恐れがある。たとえ、自分の人生に変化をもたらす唯一の人間でなくても、あなたはもっとも大事な人間であることを覚えておいてほしい。

変化を望むなら、あなた自身が行動を起こさなければならない。人生の流れが変わりはじめるとすれば、それはあなたが自分の考えや感情、行動を変えたからだ。次の簡単な真理を心に留めて置いてほしい。

・いつもやっていることをやり続けたら、いつも持っているものを持ち続ける
・もしあなたが違う行動をとれば、違うものが手に入る

安全地帯から離れよう。これまで以上に一生懸命に、そして利口になると決心して、違う行動をとろう。これはつまり、すべての分野で全般的に自分自身への要求を増やすということだ。

もしもあなたが正直な人間なら、きっと自分が「人生の怠け者」であると認めるはずだ。たとえばあなたは、心と感情のエネルギーを使って、腰を据えて目標とその目標を達成するための計画を書き出すことはない。その気はあるかもしれないが、あなたはただ流れに身をまかせている。

効果的に人生管理をしようと思えば、「前傾姿勢をとる」必要がある。身だしなみや自制心、感情の処理、対人関係、仕事、恐怖への対処など、日常的なものも含めて思いつくかぎりのあらゆる行動の分野で、自分自身にもっと要求をしなければならない。これからは毎日、一日のはじめにこう質問しよう。「私の人生をより良くするために今日は何をしたらいいか?」。毎日こう問

いかけて、答えを出し、実行するのだ。

もし周囲の人々が傍から見ていて、あなたが違った行動をとっていることに気づかないとしたら、それは、私が言わんとしているレベルに達していないということだ。意欲的に自分の人生の方向を変えなければならない。そのためには、はしごを一段一段登るように、着実に成果が上向きになるよう、自分自身と自分の一日について計画を練り直さなければならない。成果は他へ波及しやすい。これは本当のことだ。もしあなたが何か違ったことをしはじめれば、これに刺激されて他のことにも変化が起きる。

もしかしたら、あなたは身体を鍛えたいと何年も思いながら、毎日、疲れて家に帰り、岩に張りついて動かないトカゲさながらに、ソファーで寝そべっているのではないだろうか。そんなことではだめだ。

今日からそんなことはやめよう。ほとんど毎日、運動している者として言わせてもらえば、私も少なくとも三日に一日は、へとへとに疲れ切っていて、とてもじゃないが運動はできないと「確信している」。ところが一五分ほど身体を動かすと、元気が出て気分が良くなり、頭もすっきりして将来のことを考えられるようになる。マイナス思考の勢いに身をまかせてはいけない。身体、精神、感情、行動といった面で自分自身にもっと多くを求めよ。

**かりに対人関係で、必ずかっとなって口ゲンカや怒鳴り合いになってしまう相手がいれば、自**

**分自身により多くのことを求めるのだ。今度衝突しそうになったら、立ち去るか、もっとやんわりと応じる決心をするのである。流れに身をまかせるのをやめ、あなた自身が流れをつくろう。**

**例ならいくらでも挙げられるが、申し分のない行動をとっているとは言い難い分野があることに自分でも気づいていると思う。人生の目標の追求と問題の解決のために、自分自身にもっと多くを要求するのだと自覚を持って決心しよう。そうすれば、人生の戦略を立てるための基礎ができる。**

この「人生の法則」の要点は、あなたは成功した人生を送るためのもっとも大事な資源であるということだ。

私生活をどれだけうまく管理しているかを見れば、自分の人生全体をどれだけうまく管理するか、すぐにわかるだろう。政治的に正しくないように聞こえるかもしれないが、あなたは自分を人生でいちばん大事な人間と思わなくてはならないと、私は固く信じている。こんなことを言うと、人々は条件反射のように、自分勝手で自己中心的な行動をとれと勧めているのだとすぐに解釈する。だが私は、決してそんなことを言っているのではない。

## ●──「目的」と「知識」を持って選択しよう

きっと、決断を下しただけでうまくいったことがこれまでに幾度かあったと思う。何もかもがうまくいった。決断を下した際にも正しいことだと感じられたが、その後もうまくいき、時が経つにつれていっそう正しい決断だったと思えたことだろう。だが人生は完全ではないので、現在過去を問わずあなたが下すすべての決断が自然とうまくいくわけではない。

正しい決断を下す時もあれば、**決断を正しいものにしなければならない時もある**ということを、あなた自身の人生哲学に加えてほしい。

お粗末な選択をすると、あなたの成熟度と決意のほどが試される。こうした選択をした場合には、「この決断を正しいものにしよう」と宣言しなければならない。これはつまり、欠点をなくし、解決策を探すという宣言であり、最後までやり抜くという宣言だ。

私は今、成熟度の話をしている。一見うまく行かないように思えたら手を引くというのは、特に若い時なら、実に容易なことだ。だが、結婚や子供といったことについて、いったん決めたことを帳消しにするのは、それほど簡単なことではない。自分の人生では、自分が下した間違った決断を正しいものにするために、努力を結集するという決意を固めよう。

こうした決断にともなうリスクを忘れてはならない。下手な人生戦略を立てると、よくある失望に終わり、ゆくゆく胸が張り裂ける思いをすることになるかもしれない。つまり、一つの思いがけない大きな不幸に終わるかもしれないのだ。取り組んでいる問題が些細であれば、下手な戦略を立てても大事には至らない。問題が重大だと、結果も重大だ。だが実際のところ、すぐにはどうこうなくても、たいてい決断にともなうリスクは非常に大きい。

あなたが賭けるのは、人生の質や希望、夢や目標だ。好むと好まざるとにかかわらず、あなたも人生の戦略家である。能力の劣る戦略家だとしても、誰もあなたの依頼人、つまりあなたを助けることはできない。あなたが解決しようとするのは、あなたの全人生――家族関係、仕事、健康、心の幸せ――に関する問題だ。あなたはかなり大きな問題を抱えている。そうでなければ、本書を読んではいないはずだ。問題は、生き延びるためだけでなく、成功するためにも必要となる技能を、あなたが持っているかどうかである。もし持っていないなら、こうした技能を身につける決心をする必要がある。それともあなたは、あの静かに進行する「破滅の人生病」のあらたな犠牲者となるつもりだろうか？

**あなたが管理している人生は、あなた自身のものだ。あなたが管理している人生の感情面、社会面、精神面、身体面――これらはすべてあなた自身のものだ。**

**目的を持って管理しよう。知識を持って管理しよう。どんな選択をするかで、あなたの心の状態が決まる。目的と知識を持って選択すれば、あなたは望むものを手に入れられるだろう。**

「人生の法則4」で、自分が認めていないことは変えられないということを学んだ。これを思い出して、自分の人生に横たわる主な問題を突き止めなければならない。そのための時間をとろう。そうすれば、人生を管理する際に、集中的に力を注ぐべきところに全力を注げる。第一二章であなただけの特別な人生戦略を立てる時に、何が問題か知ることがきわめて重要になる。

第九章

# 見返りを断つ

◆◆◆人生の法則❽

# 私たちは自分の扱い方を人に教えている

これまでに学んだ人生の法則は、人生の中で自分がとる行動が、どのようにして結果につながるかということに焦点を当てたものだった。今回の法則も例外ではない。この法則のテーマは、本質的には、あなたがどのように自分の対人関係を定め、どのように結果を得ているかということだ。けれども他にも、重要なことがある。

この法則では、結果を得るということのほかに、あなた自身が結果であり、あなたが相手の行動を形成しているという事実も取り上げている。

人は結果から学ぶ。したがって、あなたが見返りを与えたり、受け入れたり、正しいと認めたりするかどうかが、相手の行動とその後の選択を左右する。相手が同じ行動を繰り返すか否かは、あなたがその行動をどう解釈し、どういった反応をするかで決まる。あなたは、関係を決めるプロセスに、積極的に関与しているのだ。

だから、なぜ人から今のような扱いを受けるのか疑問に思うなら、「人生の法則3　人はうまくいくことをする」を参考にしてほしい。

**人がそんな行動をとるのは、結果的に、どんな行動をとれば見返りがあり、どんな行動をとれば見返りがないかを、あなたが教えている**からだ。望むものが手に入るなら、人はその行動を自分のレパートリーに入れておく。望んだ結果が得られなければ、レパートリーから外してまた別の行動をとる。人生のすべての分野と同じように、対人関係でも、意思ではなく結果がものを言うことを理解してほしい。文句を言ったり、泣きわめいたり、脅したりしてから、マイナス思考の見返りを与えているかもしれない。

それでも、最終的に、相手が望む反応をすることによって、その行動に対して見返りを与えているのならば、向こうは「しめしめ。うまくいった。これで欲しいものを手に入れる方法がわかった」と考える。

自分の人生に関わっている人から、望ましくない扱いを受けているなら、自分のどんな行動がそうした扱いを増長させたり、引き出したり、許したりしているのか知りたいだろう。誰かにたえず虐待されたり、食い物にされたり、無神経なことをされたりしているなら、自分のどんな行動が、相手の行動を促しているのか突き止めることだ。そうすれば二人の関係を再調整し、もっと健全な方向に向かわせることができる。

関係は双方が決めるものだ。関係を決める時には、お互いが重要な役割を果たしている。そもその初めから、二人の間では対等な交渉が行われる。あなたは相手といっしょに条件やルール、基準を決める。だから、この契約が気に入らないからといって、相手だけを責めてはいけない。あなたは、相手とまったく同じくらい、その関係に責任がある。次のような具合だ。

Aさんは、関係の方向性を定めるある種の態度で、Bさんと関わりはじめる。Bさんは、Aさんの設定を受け入れるか拒絶するか、どちらかの反応を返す。拒絶するにあたり、Bさんは、最初の設定を完全にはねつけるか、何らかの修正を加えるかもしれない。

もしBさんの反応によって設定が変われば、今度はAさんが、その新しい設定を受け入れるか拒絶するかして、Bさんに反応を返す。関係が決まり、二人がそれを受け入れるまで、こうしたやりとりが続く。こんな風に、あなたは、すべての対人関係で条件を決めるのに積極的に関与しているのだ。

## ●――ジョンとケイのすれ違いの原因

私は以前、結婚してから二七年になる中年夫婦のカウンセリングをした。ジョンは、電気工事請負業者で、ケイは病院のベテランの受付係だった。二人とも大家族の中で育ち、自分たちも四人の子供を育て上げた。子供たちはみな成人し、独立していた。ジョンとケイは、お互いに相手をとても愛しているものの、意思の疎通がまったくうまくいっていないので相談に来たと告げた。

ちょうどその日は休暇の翌日で、二人の話では、最近、過去最悪のケンカをしたということだった。ケイはかんかんに怒っていたが何も言わず、ジョンがケンカのきっかけとなった出来事について説明した。彼の話によると、毎年、感謝祭には彼らの家に家族が大勢集まるので、その前夜は、いつもジョンが徹夜で七面鳥を料理するのが恒例になっていたという。この年の感謝祭には、二六人の家族が来ることになっていた。ジョンはたまにしかアルコールを飲まないが、自分の伝統的な感謝祭の儀式について彼はこう説明した。

「毎年、感謝祭の前夜には、『ジャックダニエル』を一杯やりながら、家内や他の連中が来るのを待ち、それから料理をはじめるんです」

「私は、七面鳥を本当に時間をかけて料理するのが好きでして。だから、たいてい夜の一二時頃に、七面鳥をオーブンに入れ、ウイスキーの封を切り、徹夜の大仕事をはじめるんです。たいてい、ジャックダニエルを一クォートほど空けたくらいに、私も七面鳥も出来上がっているんですよ」

長い年月にわたり、ケイはこのしきたりを気にしていないようだった。だがあいにく、この年は、どうやらジョンのほうが、七面鳥より少しばかり先に出来上がってしまったらしく、オーブンに七面鳥を入れるのを忘れてしまった。彼がそのことに気づいた時には朝の六時で、一三キログラムの七面鳥はまだ冷蔵庫の冷凍室でカチコチに凍っていた。

ウイスキー漬けの頭でしか思いつけないような論法で、彼は唯一の筋の通った決断を下した——そうだ、七面鳥をバラバラにしてフライにすればいい。

ケイが台所に足を踏み入れた時には、壁のいたるところに油が飛び、八つか九つのフライパンや鍋でぶつ切りの七面鳥が揚げられ、ジョンは眉毛まで小麦粉まみれになっていた。ケイが幸せな気分でないことは明らかだった。そして「ママが不幸ならみな不幸」ということわざどおりになった。

どういうわけか、この一件以来、ジョンとケイの関係は緊張したものになった。一〇日間の間、二人はろくに口もきかなかった。お互いに、夫婦の関係が悲惨になったのを相手のせいにした。結婚生活がうまくいっていないのは、ケイがほとんど口をきかないから、というのがジョンの言い分だった。

ケイはケイで、うまくいっていないのは、ジョンが「のべつまくなしにしゃべり」、人の話にぜんぜん耳を傾けないからだと言い張った。おおかたの夫婦と同じく、彼らは助けを求めて私のところに来たわけではなく、どちらが正しくてどちらが間違っているか断言できる、審判もしくは裁判官がほしかっただけだった。

当然ながら、私は向こうの要望に応えることはできなかった。ジョンとケイのどちらが正しいわけでも、間違っているわけでもなかったからだ。

彼らは**お互いに関係を決めてきた**のだ。ジョンは、ほとんど口をきかずに自分に対して受け身であるのが許容範囲内である、とケイに教えたのである。なにしろ、何年もそうした態度を受け入れてきたのだから。いっぽう、ケイはジョンが主導権を握って会話を独占しても構わないと、彼に教えてきたのである。なぜなら、二七年間も彼のそうした態度を許してきたのだから。お互いに問題行動をとってもおとがめなしで済ますことによって、二人はお互いの行動が許容範囲内であると教えてきたのだ。

クッションの役目を果たしてくれる子供たちがいなくなり、ついに夫婦だけの生活になると、二人の問題は表面化してきた。そしてついに、彼らが大きな危機と考える感謝祭の大失敗によって、二人が協力して定めた関係の基礎にヒビが入りはじめた。お互いに自分の扱い方を教えてきたこと、そのどちらも健全ではないことを、二人はそろそろ認識してもいいころだった。

互いの許容できない行動を助長するのをやめるとすぐに、ジョンとケイは会話も増え、仲もよくなり、お互いへの信頼度も高まりはじめた（ただし、ジョンが一人で七面鳥を料理することはもうないと思う)。

ジョンとケイの例からわかるように、**三〇年近く続いた関係であっても、設定し直すことはできる**。初めに自分の扱い方を人々に教えることができるなら、そのあとでふたたび、自分の扱い方を新たに教えることもできる。

ギブ・アンド・テイクの関係や結果の中でこそ、関係についてうまく交渉を進めることができる。これまで知らなかったかもしれないが、あなたは交渉したり、関係の枠組みを決めたりしているのだ。今はあなたもわかっている。重要な交渉をしていながらそれに気づかずにいるのは、非常に危険なことだ。

良いニュースは、あなたにも責任がある以上、好きな時に好きなだけ、相手に「交渉再開」を宣言できることだ。ジョンとケイは、ほぼ三〇年後にその通りのことをした。とにかく、新しい関係でも古い関係でも、関係がどういう状態であるかということに対して、あなたにはつねに責任がある。

どうかわかってほしい。私が言わんとしているのは、**極端でいっぽう的に見える状況であっても、まったく文字通りの意味であなたには責任があるということだ。**

## ●――ドロレスはなぜ夫に殴られ続けたのか？

この法則については、それよりもずっと深刻で悲劇的な例もある。昔、新米の精神科医だったころ、毎日のようにいっしょに仕事をしていた神経外科医に、地元の病院の救急治療室（ＥＲ）に呼び出された。

私は脳の外傷性障害と脳障害の診断と治療の分野で経験を積んでいたので、脳と脊髄に深刻な外傷があり、傷はふさがっているが頭部外傷の恐れがある女性の、機能的な診断をするのを手伝ってほしいと頼まれた。連絡をもらった時、その病院からわずか数ブロックのところにいたので、私が着いたころには、付き添いの者がまだ患者の身体をきれいにしているところで、病歴もまだ聞いていなかった。

私が部屋に入った時、ドロレスは半ば意識があったが、およそおしゃべりしたい気分ではなさそうだった。頭皮は生え際でずたずたに裂け、額のほとんど端から端まで一〇センチから一三センチほど肉がめり込んでいた。

左耳はぶら下がり、手術でくっつける必要がありそうだった。下の歯は下唇と顎から突き出ており、鼻はひどく骨折して位置がずれ、裂けていた。この病院は、主要な州間高速自動車道からほど遠からぬところにあり、大事故は日常茶飯事だった。

ドロレスのケガは、自動車のフロントガラスから飛び出した時のケガと一致していた。道路に投げ出されたようにも見えた。実際に詳しい情報を集めるためというより、状況判断がどの程度できているかを判断するために、私は彼女に質問しはじめた。「ドロレス。どこで起きたのですか」。記憶喪失になっているかどうか、そして人や場所、時間を正確に報告できるかどうかは、訴訟に備えるためはもちろんのこと、診断の上でも重要なことだった。高速道路あるいは交差点の場所を特定できるかどうかを調べ、短期記憶をテストしたいという思惑もあった。

ドロレスの返事に唖然としたというのは、はなはだ控えめな表現だろう。穏やかで不明瞭な声で、彼女は答えた。「私の部屋兼寝室です」。彼女はしかたなく、夫に殴られたことを認めた。私は戸惑い、唖然とし、憤慨していた。私が目にした異様なケガはどれも、彼女の人生の伴侶の仕業なのだ。彼女を慰めようと、私は口を開いた。「こんな目に遭われて、本当にお気の毒です。きっとショックを受けているでしょうね」。

血だらけの腫れ上がった目で私を見つめると、ドロレスは肩をすくめるような仕草をした。「そうね、最初はショックでした。でも今はもうそんなことはないと思います」。

私の態度はたちまち変わったと、あなたに白状しよう。だが、かりにそうだとしても、彼女の苦痛の奥の深さと激しさにぞっとしていたことに変わりはない。何物も、彼女の夫が心の病んだ凶暴な悪人だという私の確信をうち消すことはできなかった。とはいえ、今では頭が混乱していた。どうしてこの二人はこうした生き方ができるのか？　私に言わせれば、これは殺人未遂である。私はすぐに考えた。「ドロレス。結婚の誓いを立てたとしても、彼に何を握られていようと、あなたは逃げないと。これはまともなことじゃない」

カルテを見ると、悲しいことに、彼女はこれまでに何度も緊急治療室に運ばれていた。夫に肋骨を四本折られたのが一回。熱い台所のガスレンジの火に手を押しつけられたのが一回。殴られて意識不明になったのが二回。そしてこの三年間に、彼女は何回も傷口を縫わねばならなかった。いつも彼女は夫をかばった。毎回嘘をつき、最後はいつも彼のもとへ戻っていた。

これがきわめて悲しい状況であることは疑問の余地がないが、ドロレスにもこの関係に対して責任があることは否定できないと、私は主張する。彼のもとにとどまり、告訴しないことで、彼女は事実上、彼につねにこう言っているのだ。「**こんなことをしても大丈夫。あなたは罪に問われない。私を殴ってもいいし、殺したって構わない**」

あなたは反論するかもしれない。「マグロー先生、あなたはわかってない。こういった状況にある女性は、それも外で働いていないならなおのこと、逃げるための資金を持つことが難しいのだ」。その通りだと私は承知しているし、逃げ場がなく、すぐに飛びつける他の選択肢がないと、無力感におそわれるということもわかっている。

家を出れば子供が危険な状況に置かれるとなれば、難しいものだ。それでもあなたは、第一に、自分の命と身体を守らなくてはならない。敬意を払って自分を扱うように人に教えるか教えないかだ。そのまま放っておくと、相手は罰を逃れて、当然ながらあなたはもっとひどい目に遭う。

ドロレスを責めるべきではない。彼女はひどい犯罪の犠牲者だ。それでも、**自分自身を危険から救うことができるのは彼女だけ**なのだ。

私の意見では、彼女の夫は病的すぎて、当てにはできなかった。彼女は自らを頼みにしなければならなかった。間に入ってくれる者はいない。苦しみが和らぐこともない。もしあなたが現在、暴力を受けているなら、逃げて助けを求めたほうがいい。それも今すぐに。私がいた病院はほとんど役に立たなかった。同僚と私は警察に電話した。

結局、ドロレスの夫には執行猶予が与えられた。だが私が最後に聞いた時、二人は元のさやに収まっていた。

## ●――相手の望ましくない行動に、「見返り」を与えない

どんな相手と関係を結んでいようと、あなたは相手にここまでは許せるという関係の限界と

ルールを教えてきている。相手は、あなたの反応パターンを学び、それを自分の行動の参考にしている。継続的に行っているこうした交渉に果たしている自分の役割を認めるならば、「人生の法則2　人生の責任は自分にある」に従って生き、考えていることになる。自分自身の経験を作りだしていること、相手のある行動を受け入れるという選択をする時、その行動を我慢するという結果も選んでいるということを認めていることになる。

相手があなたとともに、あるいはあなたのために、もしくはあなたに対して何らかの行動をとっている場合、二人の間ではそのやり方でうまくいっているから、相手はそういった行動をとっているのだ。どんな行動ならうまくいくかいかないか、相手に教え直さないといけないだろう。

もし今、マイナス思考の関係にあるなら、ドロレスの例ほど病的で深刻ではないことを切に願う。それでもルールは同じだ。あなたは、罰を受けなくても済むこと、済まないことを、人に教えている。

相手が害のある行動をとった場合に積極的に見返りを与えるか、受け身で彼らがそういった行動に固執するがままにしているか、そのどちらかの態度によって相手を教育しているのだ。

この「人生の法則」を認めれば、対人関係面での自分の行動を分析しはじめるだろう。なぜ今のような関係になったのかと自問せず、こうなって当然ではないかと考えるはずだ。今のような関係になったのは、自分がそのように仕向けたからだということがわかるだろう。

**どんな行動がうまくいくかいかないかを決めるのが、あなた自身であるなら、あなたは関係を今すぐ変えることができる。**

簡単なことだとは言わない。努力するだけの価値が自分にあるかどうか、あなたは判断しなくてはならない。私が今、あなたを操りたいと思っていることは、明らかなはずだ。

私は、関係は双方が決めると述べてきたが、その事実をこれっぽっちも疑ってほしくない。もちろん私は、あなたを奮い立たせて、すべての対人関係について、双方が身体や精神、感情といった面でお互いに敬意を払うといった、扱い方の最低基準を定めさせたいと思っている。けれどもその基準を有効にするためには、自分の反応をコントロールする気がなくてはならない。

自分が認めていないことは変えられない。そこで、あなたが自分の扱い方をどんな風に人に教えてきたか、具体的に見てみよう。そうすれば、変える必要があるパターン化した自分の反応に的を絞ることができる。

もちろん、基本的な問題は、相手の望ましくない行動に「**見返りを与えている**」かどうかだ。いかなる関係にも見返りがあってはならないと言っているのではない。相手が敬意をもってあなたを扱うなら、この望ましい行動に対して見返りを与えるのが適切というものだ。

逆に、相手が無神経もしくは残酷にあなたを扱い、それに対してあなたが見返りを与えているなら、その見返りを絶つ必要がある。攻撃的になったり、威張り散らしたり、横暴な態度をとったりして、それでうまくいくと（つまり、自分の思いどおりになると）相手が考えているなら、あなたは受け入れられない行動に対して見返りを与えていることになる。その場合、あなたの課題は、マイナス思考の行動に対して自分がどんな見返りを与えているか突き止めることだ。

こういったパターンを特定するのは簡単なはずだ。例えば、こちらが言うことを聞かないと相手がむくれ、結局あなたが折れるとしよう。あなたは、むくれるという行動に対して見返りを与えているのだ。向こうはあなたの扱い方を心得て、自分の思いどおりにすることができる。

しかしながら、とりわけ見つけだす必要がある見返りは、もっとわかりにくいものかもしれない。私たちは、相手に自分の役割を充分に果たすことを求めないことで、自分自身を欺くことがある。怠けて、お粗末な働きぶりでも、何とかやっていけると相手に思わせるのだ。この場合、「努力をしないでもいい」という見返りを与えている。

あなたは、たえず相手のいたらない点を補ったり、まったく理屈に合わない精神的、または感情的、金銭的負担を肩代わりしたりしているかもしれない。こうした場合、相手が受け取る見返りは、あなたの苦労の結果をむさぼることだ。

ひょっとしたらあなたは、もっと気づかないかたちで、いい成果を出して相手に脅威を与えないように、自分にブレーキをかけているかもしれない。その場合の見返りは、偽りの対等意識と安心感だ。

## ●――相手との偽りの関係を解消する

しばしば人は、夫（妻）の親代わりになって、相手が子供であるかのように支えたり守ったりすることがある。こうした場合、相手が受け取る見返りは、大人として期待されないことだ。もしかしたら、あなたの夫（妻）が、本物の親密な関係になることを恐れていて、あなたは相手には快適だが自分は報われないレベルに、二人の関係をとどめているかもしれない。

その場合、相手が受け取る見返りは、感情面での要求がないこと、自分のことにとことん没頭できることだ。どんなことであれ、相手が「何のおとがめもなし」で済むようにしているならば、まさにその寛大さそのものが、微妙だが重要な見返りだと言うにとどめておこう。

交渉を再開するにあたっては、恐怖を抱えていたり自信を喪失したりしていない、力のある立場で挑まなければならない。力をつけるには、本書でこれまでに学んだ知識と決意が必要だ。敬意をもった扱いを受ける決意といった、本書を開いてからこれまでに蓄積した知識は、断固としたものでなければならない。

他の誰かと病的でいるよりも、一人で健全にやっていくという人生の決断を下さなければならない。ゲームをしているのでも、虚勢を張っているのでも、ショックを与えてやろうとしているのでもないということだ。信用できない相手といっしょにいるよりも、敬意をもって自分自身を扱い、健全で幸せな生活を一人で送るほうがよいと考えるということだ。

相手に依存しているかもしれないし、いっしょにいるのが習慣になっているかもしれない。それでも、もし相手があなたに対して、分別のある正しい扱いをする気がないなら、言ってやるのだ。**「あなたのやり方を変えて。そうしないなら私は出ていく」**と。

自分の関係を評価する際には、自分自身をダマしたいという誘惑に気をつけよう。**虐待を受けていることに対して、たとえ一部であれ、自分にも責任があるという事実を受け入れるのは難しい。**これまで見てきたように、犠牲者になって誰か他の人のせいにするほうが、はるかに簡単で自然で便利だ。だがあなたは私の説明に納得しただろうし、**心の中では、実際に自分にも責任があることがわかっている**と思う。人々の自分に対する扱いに責任があることを認められないなら、変化を起こすことにどれほど力を注げるだろうか？

**あなたにできる最悪のことは、変化を起こすと息巻いたあげく、結局もとの慣れ親しんだ破滅的なパターンに戻ることだ。**変化を起こすと口で言うだけで実行しないのは、あなたの発言や宣言を軽んじるようにと、相手に教えるようなものだ。向こうは、あなたはすぐに降参すると信じて、辛抱するようになるだろう。変化を起こすという約束を、先に触れた人生の決断のレベルにまで高めることが必要だ。関係の基準について言えば、実際に変化を起こすのは難しいかもしれないが、絶対に妥協しないと自分に誓おう。人との関係で妥協すれば、あなたにとっていちばん大切なもの、つまりあなた自身を売り渡すことになる。

あなたの人生の戦略のどれにも当てはまることだが、目的を持ち、有意義で前向きなやり方でこうした関係を変えることが、重要になるだろう。それには、どういった変化を起こす必要があるか知るために、まず関係の中での自分の現在の立場を把握することが、非常に大事だ。言いかえれば、「**壊れていないものを直して、壊れているものを直さない**」ということがないように、慎重さが求められるということである。変化を起こしたいと願っている関係の現状について、自分自身と本心からの対話をする必要があるだろう。

《課題一二》

ここでのテーマは人々にあなたの扱い方を教えることである。あなたの人生のすべての対人関係に当てはまるが、焦点を合わせるのがもっとも自然で有効な例は、「大事な人」との関係だ。次の診断シートは、関係の現状だけでなく、現状に至った原因を突き止めるのにも役立つだろう。

**【関係診断シート】**

① 正直なところ、私は与える側で、夫（妻）は受け取る側だと感じる。

**はい　いいえ**

②　私たちの関係は、二人の大人の関係というより親子の関係に似ている。
**はい　いいえ**

③　私と夫（妻）のケンカは、ますます頻繁に、あるいはますます激しく、もしくはその両方になっている。
**はい　いいえ**

④　私はやたらと謝っている。
**はい　いいえ**

⑤　私には一人だけで過ごす時間と空間が必要だと感じる。
**はい　いいえ**

⑥　この一年の関係を振り返って、犠牲を払ったり変わったりしたのは、たいてい自分のほうだと思う。
**はい　いいえ**

⑦ 夫（妻）のことで自分自身や他の人に言い訳をすることが多い。
**はい　いいえ**

⑧ 感情面で必要なものが満たされていないと感じる。
**はい　いいえ**

⑨ ⑧の質問で「はい」と答えた場合。そのせいで、実質的には自分をダマして人生の大事な部分を奪っていると感じる。
**はい　いいえ**

⑩ 相手との関係で性的欲求不満を感じている。
**はい　いいえ**

⑪ 夫婦の関係よりも夫（妻）の仕事や子供などが優先されていると感じる。
**はい　いいえ**

⑫ 夫（妻）の知らない大きな秘密がある。

**はい　いいえ**

⑬ 自分は利用されていると思う。
**はい　いいえ**

⑭ こんな関係のまま生きるよりも、人生にはもっと何かがあってしかるべきだと感じる。
**はい　いいえ**

⑮ 自分もしくは夫（妻）の両親の夫婦関係とまったく同じパターンが、自分と夫（妻）の関係に見られるようになってきたと思う。
**はい　いいえ**

⑯ 恐くて、本当に親密な関係になることができない。
**はい　いいえ**

⑰ 二人の関係で正しい行動をとっているのは自分だけだと感じる。
**はい　いいえ**

⑱ 二人の関係では罪悪感が大きな要素になっている。
**はい　いいえ**

⑲ 二人の関係で、自分はただお義理に振る舞っているだけだと感じる。
**はい　いいえ**

⑳ 夫（妻）とは夫婦というより、同居人の関係に似ている。
**はい　いいえ**

㉑ 現在のような関係ではなくなった時のことを空想する。
**はい　いいえ**

㉒ 夫（妻）と波風立てないようにするためには、本当の自分を出してはいけないと感じている。
**はい　いいえ**

㉓ 私と夫（妻）は、二人の関係のために努力するのをやめ、ただ現状を受け入れているだけだ。
**はい　いいえ**

㉔　今のような関係でいるのは、自分が心から望んでいるからというより、昨日もそうだったからにすぎない。

**はい　いいえ**

「はい」と答えた質問にスポットライトを当てよう。もちろん、「はい」という答えが多いほど、関係は困った状態にある。たぶん、「はい」と答えた質問が、二人の関係についてふたたび交渉する際の話題になるだろう。

自分と相手により多くを求めることで、あなたは実のところ、「契約を変更」しているのだ。誤解しないでほしい。相手はこの契約変更が気に入らないだろう。**あなたが現状を変えようとするのに抵抗するはずだ**。

あなたは相手にルールを教え、行動に対して見返りを与えてきた。そして相手は、あなたと同じように、今の契約に満足している。もしポーカーの賭け金を上げるつもりなら、相手の行動に対して違う反応を取りはじめる前に、警告を与えるのが筋というものだ。もしもあなたが、赤信号で「ストップ」、青信号で「進め」と誰かに教えてきて、今になってそのルールを変更するなら、相手にはそのことを知る権利がある。

私は今、相手が変化全般、特に自分への要求が増えるような変化に抵抗すると言ったが、そんな激しい抵抗はしないだろうと、相手を見くびってはいけない。抵抗には、「あなたは私のことなんて、もうどうでもいいんだ」といった訴えから、心理的な脅迫まで、さまざまなものがある。心理的な脅迫は、あなたが新しい姿勢を撤回しなければ家を出るといった脅しのかたちをとるかもしれないし、場合によっては、興奮して自殺するといった脅し文句が飛び出す可能性もある。こんな類のスピーチを聞くかもしれない。

「私にこんな仕打ちをするなんて信じられない！　いつから私を憎んでいるの？　私は、あなたの幸せのために努力してきたのに。これまで、さんざん尽くしてきた——。あなたはどうすれば私が傷つくかわかっていて、そんなことをしているのよ。誰かほかにいい人がいるんでしょ？　そのあなたのお友達とやらが嫉妬して、あなたの頭にこんなくだらないことを吹き込んでいるんだわ。あなたにはそれがわからないの？　自分は完璧だとでも思っているわけ？　ちゃんちゃらおかしくて話にもならない。去年あなたが何をしたか覚えている？　あなたを失うくらいなら死んだほうがましよ」

このスピーチをじっくり見てみよう。まず、全体的に利己的で、相手を操ろうという意図が見える。「私にこんな仕打ちをするなんて信じられない」というのは、犠牲者の口調だ。罪悪感を植え付け、あなたを守勢に立たせるために、言いもしないことをさもこちらが言ったように仕向けよう、という気持ちがみなぎっている。あなたが相手を傷つけていること、第三者の存在、つまりあなたの「友達」の存在があることを匂わしている。非常に攻撃的でもある。「こんな仕打ち」、「私は努力してきたのに」、「自分は完璧だとでも思っているわけ？」。最後に究極の脅し文句だ。「死んだほうがましよ」

このスピーチのあと、相手は何事も起こらなかったふりをし、「いつも通りの生活」に戻ろうとするかもしれない。あるいは、一時的に「天使」のようになるかもしれない。あなたの友人や身内に連絡をとって味方につけ、この「狂気の沙汰」を思いとどまらせようとするかもしれない。いずれにしても、この最初の攻撃を含めて、二人の関係におけるほとんどすべての攻撃は、罪悪感に訴えるものになるだろう。

罪悪感は、対人関係において強力で破壊的な武器である。心を鬼にして、罪悪感に操られないようにしなければならない。罪悪感はあなたを麻痺させ、金縛りにする。自分を恥じて己を責めれば、前進はない。健全な選択肢は、あらゆる問題行動を認めることだ。なぜそうした行動をとるのか突き止め、それを変えるための計画を立てよう。世の中は行動に報いる。罪悪感にさいなまれたら、心は麻痺してしまう。

最後まで頑張り通そう。決心を揺るがせてはいけない。もし相手が家を出るとか自殺すると言って脅しをかけてきたら、はったりだと思わなければならない。相手が本気だと思うなら、二人の関係と相手は、あなたが考えているよりもはるかに不安定である。いずれにしても、相手が自殺しかねないと思うなら、警察に連絡して、プロの手に委ねることだ。だが決して屈服してはならない。折れると、あなたを「操る」ことは可能だと相手に教えることになる。

最後に、公正と完全を期して、反対の立場から「人生の法則8」を考えねば、不公平というものだろう。

**あなたの人生に関わっている人たちは、あなたを大目に見ているだろうか？　あなたが敬意をもって彼らを扱わなくても大丈夫だと、彼らはあなたに教えてきただろうか？　二人の関係で、あなたが努力もせずに、のらりくらりとやっていても構わないと、彼らはあなたに教えただろうか？**


返報の法則を思い出してほしい。与えたものが返ってくるというやつだ。自分自身する気になれないことを、人に求めてはならない。関係の中での自分の行動に焦点を当て、真剣に調べてみよう。不健全な行動からあなたはどんな見返りを得ているだろう？　こうした見返りを突き止めるだけでなく、あきらめる気持ちが、あなたにはあるだろうか？　自分自身の行動について正直になることで、大きな信用を勝ち取り、変化の呼び水となる環境を作り出すことができる。自分自身について調べる気がないなら、他人のことをとやかく言ってはならない。

# 第一〇章

# 憎しみはあなたの心を変えてしまう

◆◆◆人生の法則⑨

# 許しには力がある

人間が抱くすべての感情の中でも、憎しみや怒り、憤りは、とりわけ強力で自滅的だ。こうした感情は、自分や自分が愛する人を傷つけたとあなたが受け止める行動が引き金となって、あなたの中に芽生える。こうした感情を抱くほど自分を深く傷つけた相手を憎みたい、激しい怒りを覚えたい、そうして当然だ、とあなたは思っているかもしれない。

**相手は憎まれて当然の奴であり、あなたに憎まれて苦しむ運命にあるのだと信じているかもしれない。あなたは、憎しみを抱くことで、軽蔑の対象に神懸かり的な呪いをかけられると、しばしば考えているかもしれない。**

**だが、そういった憎しみを抱き続ければ、信じられないほど高い代償を払うことになる。というのも、実際のところ、こうした感情はあなたという人間を変えてしまうからだ。憎しみはあな**

**たの心を変えてしまう。**

乾燥した森を焼き尽くす炎さながらに、こうした激しい感情は他のすべての感情をあなたの心から閉め出し、表に現れる（悪意のある攻撃）か、内にこもる（深い恨み）かのどちらかの態度に駆られるほどに、幅を利かせるようになる恐れがある。

考えてみよう。こうした感情にとらわれている人に出会い、苦悶の表情を目にすると、たいして想像力を働かせなくても、その人物が心の中でどんな思いを抱いているか察しがつくものだ。憎しみや怒り、憤りは、こうした感情を抱いている者の心を食い尽くす。

この言葉はまったく文字通りの意味に解釈してほしい。どんな考えや感情にも、それにともなう生理現象があると言ったのを覚えているだろうか。キュウリのピクルスを食べた時の生々しい身体反応を思い起こせばいい。こうした強力なマイナス思考の感情を抱いている時には、キュウリのピクルスどころではない歴然とした反応を示す。

憎しみや怒り、憤りといった感情を抱くと、体内の化学物質のバランスが著しく崩れる。毎日二四時間、「攻撃・逃避」反応（ストレスがかかった時の交感神経の反応）が起こり続ける。これはつまり、憎しみや怒り、憤りは、心の平和や喜び、安らぎとはまったく相容れないということだ。もし、こういった醜い感情をずっと抱いているなら、あなたの身体はほとんどずっと、「異常均衡状態」と呼ばれる生理的に不安定な状態にある。これは簡単に言えば、自然な化学作用に関して、あるものが過剰で、あるものが不足している状態だ。こういった激しい興奮状態にある人は、睡眠障害や悪夢、集中力の低下や疲労といった症状を示すことが少なくない。

緊張による頭痛や偏頭痛、潰瘍、背中の痙攣を患うことも珍しくなく、心臓発作を起こすことすらある。人は、幸せと悲しみを同時に感じるようにはできていない。心安らかでありながら興奮するというのは無理だ。だから、こうした強力な感情がもっとプラス思考の感情を閉め出すところまで行くと、悲惨な健康状態になる。

こうした感情が身体にどんな影響を及ぼすか話してきた。こうした感情が心の監獄をつくってしまうことも知っておく必要がある。他の人に憎しみや怒り、憤りを抱くと、自分の周りに壁をつくることになる。あなたはこうした苦悩にとらわれ、マイナス思考のエネルギーに全人生を支配されるようになる。

あなたを心の監獄に閉じこめるだけでなく、こうした感情には波及効果もある。こうした感情は、あなたが傷つけられた関係だけにとどまらない。

あなたの考えや感情、信念は、あなたのすべての関係に持ち込まれることを思い出してほしい。電気のスイッチのように感情をつけたり消したりできると考えるのは、単細胞人間の発想だ。あなたはすでに、そんな風にはいかないことを知っているのではないだろうか。

**恨みや怒りには大きな力があり、心にいったん入り込むと、関係すべてに影響を及ぼす。こうした感情は、本当にあなたを別人のようにしてしまう。**

**それまでのあなたではなくなり、憎しみや恨みがあなたという人間の特徴になる。結局のところ、こうした感情が強力なのは、あなたという人間を変えてしまうからだ。あなたの行動を変え、あなたが与えなければならないものを汚すのである。**

そのことを考えてほしい。これはつまり、あなたを愛している人は、**あなたの心に入り込めないということだ。**かつてのあなたを包んでいる恨みという殻にはね返されるのである。くすぶる怒りや恨みは、あなたの認識、ひいてはあなたの世の中との関わり方や世界観、フィルターをも、とことん醜くする。

現実なんてない。あるのは認識だけだ。そしてあなたの認識は、こうした醜い感情によって変えられてしまうのである。

仮面をかぶってこうした感情を隠せるとは考えないことだ。あなたが与える刺激、すなわちあなたが身につける仮面からは、間違いなく、恨みや怒りといった感情を抱いていること、自分の殻に閉じこもっていることがうかがえるはずだ。その結果、あなたは自分に対する反応について、人々にほとんど選択の余地を与えないことになる。

## ●——「憎しみ」「怒り」の感情は、今すぐ断ち切る

あなたは自分の人生の関係すべてに貢献するか、汚すかのどちらかだと私は言ってきた。憎しみや怒り、憤りといった一連の感情を他の関係に持ち込めば、それらの関係まで汚すことになるのは明らかだ。

疑いなく、自分の人生の感情面と対人関係面の質を落とすことになる。あなたの課題は、こうした一連の感情を取り除き、他の関係に持ち込まないようにすることだ。

あなたの夫（妻）、子供たち、他の愛する人たち、そして自分自身のために、こういった感情を断ち切り、憎しみという毒に犯された心を洗い清める勇気を持たなければならない。自分にはその権利があるというだけの理由で、怒りを抱く必要はないということを学ばなければならない。

**もしそれでも、自分自身の怒りは「正当なもの」だと主張するのなら、他のことも考えなければならない。自分が持っていないものを与えることはできない。**

**これは文字通りの意味にとってほしい。いくらそうしたくても、持っていなければ誰かに**

**一〇〇万ドルを与えることはできない。同様に、純粋で素直な愛がなければ、純粋で素直な心からこうした愛を与えることはできない。**

それでは持っていないものを与えることになるだろう。もし心の中にある愛が汚されていたら、もしその愛の中で憎しみや怒り、憤りといったものがガン細胞のように増え続けていたら、そうした愛しか与えられない。憎しみや怒り、憤りのせいで心が冷たく頑なになれば、そうした心から生まれる感情しか抱けなくなる。

そして、そうした愛を、あなたは子供たちや夫（妻）、両親、兄弟や姉妹、仲間に与えなければならないのだ。憎しみや怒り、憤りは本当に、あなたという人間を変えてしまう。こうした感情は、愛する人に与えたいと思っているものを与えられなくする。

ここで話している感情は、誰かとどこかで心のしこりとなるような出来事が起こった結果生じた、開いた傷口のことである。こうしたマイナス思考のすべての感情の対象が誰であろうと同じだ。怒りという重荷を引きずっている人は必ず、相手の仕打ちで受けた苦しみに終止符を打てないから怒りを引きずっているのだと言う。

怒りを抱き続けるのは、相手が悪いことをしたと思っておらず、そんなひどいことをしたことを認めたり、理解したりすらしていないかもしれないからだ、と私に訴える。

憎き相手について私に語る時、「私には許せない。だって向こうは悪いと思っていないのだから。許すに値しないし、向こうも許してほしいとは思っていないかもしれない」と言う。もしそういった基準に立てば、この世の中には明らかに許される資格がまったくない人間が大勢いる。他の人に一生続くダメージを与えておきながら、自分の行動がどんな影響を与えたか、みじんも気にかけない人間がいる。相手を傷つけても何とも思わず、それどころか相手の人生と心を壊しても平気な人間がいるのだ。

## ●──人を許すことで自分自身も解放される

「人生の法則2　人生の責任は自分にある」は、行動を選ぶ時、結果も選んでいるという事実を述べたものだ。この事実を、自分が今抱いているかもしれないすべての怒りや恨みに当てはめなければならない。

行動を選び、結果を生みだしているのは、他の誰でもない、あなた自身であることを認識するのだ。さらに言えば、考えるのは行動するのと同じである。他の行動と同じように扱わなくてはならない。

この法則に「人生の法則6」を足してみよう。あなたは、自分が作りだした認識だけを通してのみ、この世の中を知り、体験する。あなたの認識は、世の中についてのあなたの解釈から成り立っている。この二つの法則は強く結びついて、人生の感情面の質を決める。

あなたは、そしてあなただけが、自分の感じ方を選べる。他の人は、あなたが反応すべき出来事や行動は提供してくれるが、それについてどう感じるかを選ぶのはあなただ。憎しみを抱く道を選べば、暗いフィルターを通して世の中を見る道を選んだことになり、暗い世界観を持つようになるということを知っておいてほしい。

最後に、きわめて受け入れるのが難しいかもしれないが、**あなたやあなたが愛する人に対して罪を犯した人間を許すのは、相手のためではない。あなたのためだ。**

第三章で取り上げたジェニーの話を思い出してほしい。彼女は祖父を許すことで自分自身を解放した。許すということは、自分自身の心のあり様を決める力を失わないために、必要なことは何でもするということだ。こう言えるようになることだ。

**「あなたは、私の心を冷酷にし、私という人間と私が大事にするものを変えることによって、私を傷つけることはできないし、私の前から消えてからも、私を支配することはできない。**

**選択するのは私だ。あなたは、私の代わりに、私がどう感じるか選ぶことはできないし、私はあなたにそんな力を与えるつもりはない」**

何より肝心なのは、心からこう言うことだ。

「あなたは、自分との絆の中に私を閉じこめることはできない。私そのものの一部になり、毎日私の考えや感情、行動の一部になることはできない。

私は、憎しみや怒り、憤りを通して、あなたと絆を結ぶつもりはない。恐怖を通してあなたと絆を結ぶつもりもない。

あなたの暗い世界に私を引きずり込ませるわけにはいかない。あなたを許すことで、私はあなたではなく、自分を解放しているのだ。

あなたは毎日、自分だけで生きなければならない。あなたは心の闇とともに生きなければならない。でも私は違うし、これからもそうはならない」

## ●――父親への憎しみにとらわれ続けたデヴィッド

私がこれまでに扱ったとりわけ悲劇的な人生の中には、憎しみや怒り、憤りに駆られた人たちの人生もあった。彼らは、心の中の、苦痛と敵意というもろい層の奥に、優しさと愛を秘めていた。

デヴィッド・ケリーもその一人だった。デヴィッドは長男で、非常に無慈悲で厳格な父親を満足させようとたえず努力したが、何をやっても父を満足させることができなかった。デヴィッドが家の農場でどれほど長い時間、どれほど一生懸命に働いても、充分ではなかった。自分の仕事をどれほどテキパキこなそうと、幾度、自分に割り当てられた以外の仕事を進んで手伝おうと、父親を満足させることはできなかった。

デヴィッドは、「よくやった」とか「おまえはいい人間だ」と父親から言われたことが人生で一度もなかった。「愛している」と言われたことも、一度もなかった。デヴィッドの父は殴ったり、押したり、引っ張る以外、デヴィッドの身体に触れることもなかった。まだ幼い時ですら、何が起ころうと、デヴィッドは泣くことを許されなかった。泣き言すら許されなかった。

七歳の時、デヴィッドは、うっかりと大型トラクターのマフラーにもたれ、右の腕と肩の後ろに大火傷を負った。ひどい火傷で、結局デヴィッドは入院し、皮膚の移植手術を受けなくてはならなかった。だが痛みに身もだえしながら父親の前に立つと、泣くなと言われた。父親は、まるで赤ん坊だ、「小さい女の子」みたいだと言って、デヴィッドをあざけり笑い、泣くなんて恥ずかしいと思えと叱った。デヴィッドは我慢できなくなって、突っ伏してすすり泣いた。父親は彼を引っ張り上げて立たせると、縄で激しく打ちすえた。

デヴィッドは禁欲的になることを学び、一生懸命になることを学んだ。自分が一人前の男であり、何があろうと強くタフであることを、父親に証明するのが、彼の人生の目標になった。彼は仕事に打ち込み、しばしば信じられないようなチャンスをつかんだ。すべて、父親を感心させたいがためだった。

デヴィッドが結婚して間もないある秋の午後、彼の父親は鋤で畑を耕していた。トラクターが立ち往生していたので、手を止めて様子を見に行くと、トラクターが突然動きだし、下敷きになった。彼は、上で回転していた鋤で片方の腕が切断され、出血多量で誰もいない畑で一人死んでいった。

デヴィッドは怒り狂った。父親が自分から命を落とし、デヴィッドが自分自身の力を示すチャンスを奪ったことが、無念でならなかったのだ。彼は憎しみと怒りと混乱に身を焦がしていた。デヴィッドが私のところに来たのは、妻に促されたからだった。彼女は四歳の息子のしつけのことで心配していた。デヴィッドは息子に対して、自分の父親と同じようなしつけをしているということだった。彼は子供に泣くことを許さず、子供でいることも許そうとしなかった。

デヴィッドに自分の思いを言葉にさせることにようやく成功すると、彼は自分自身の力と正しさを証明するチャンスを奪われたことで、父親に対して怒りを感じていると打ち明けた。無念さと歯ぎしりするほどの怒りに涙を流しながら、畜生親父は彼が一人前の男だとも、彼を愛しているとも言わずに死んでいったと語った。デヴィッドは、自分に対してひどい扱いをし、その仕返しをするチャンスを奪った父親を、死ぬまで憎み続けるだろうと告白した。彼の感情の醜さは想像に難くなかった。彼は、苦痛にさいなまれ、自滅的な行為に夢中になっていた。

デヴィッドが自分自身を解放しなければいけないことは、一目瞭然だった。父親を許し、自分の感情にピリオドを打たなければ、彼は自分の残りの人生を犠牲にし続けるだけでなく、幼い息子と愛する妻の人生をも犠牲にすることになるだろう。

もちろん私はデヴィッドに、この章で述べたことを一つ残らず話したが、彼の場合はそれだけでは不十分だった。デヴィッドは、自分の感情にピリオドを打つために、行動を起こさなければならなかった。

彼は、出口のない罠に捕らわれた気分になっていた。父親の死によって和解するチャンスを奪われたからだ。父親が、憎しみと怒りで彼をがんじがらめにし、彼の現在の生活を支配していることを理解しはじめると、デヴィッドは俄然やる気になった。

自分が力を投げ出していると思うと、はなはだ不快だったのだ。父親が墓場から自分を操っていると思うと、デヴィッドは胸がむかむかした。彼は力を取り戻したいと思った。自分自身と家族のために。

デヴィッドにとって最終的な転機は、**許すのに相手の協力は必要ないということを理解しはじ**

**めた時だった。相手は知る必要すらない。**

**悪かったと思っている必要もない。自分のやり方が間違っていたと相手が認める必要もない。許すのは、あなたのためであり、相手には関係ないのだ。**

自分を管理する際には、他の人から得たいと思っているものを、自分で自分に与えなければならないことがままあるが、そのことを知ったのもデヴィッドの役に立った。デヴィッドの父親は、愛していると彼に言うことができなかった。

本当は良い人生を送るに値する良い人間であると、デヴィッドに言うこともできなかった。もう彼はこの世にはいないのだ。デヴィッドは、好きなだけ待つことができただろう。何年も不機嫌なままではらわたの煮えくりかえる思いをしていることができただろう。だがそんなことをしても無駄だった。

父親から得たいと思っているものを、自分で自分に与えなければならないことを、私はデヴィッドに納得させた。彼は進んで、鏡に映る自分自身に、父親の口から聞きたかったことを言ってやらなければならなかった。

「おまえはいい人間だ。いつもいい人間だった。おまえには健全でバランスのとれた人生を送る資格がある。それに値する人間なのだから、そうした人生を手に入れるだろう。

おまえの父親が見ようとしなかったからといって、そういった資質がないわけではない。おまえに欠けていたからではなく、フィルターのせいで、そういった資質が父の目に入らなかったのだ」と。

鏡の中の自分をまっすぐ見つめ、父親の口から聞きたかった言葉を自分に与えられるようになると、デヴィッドの心には、父親を許すのに必要な力と勇気が湧いてきた。自分が本当に一人前の男なら、「生い立ちに負けてはならない」ことに、彼は気づいた。

それまでのような感じ方でいることは拷問に等しいことを知り、自分の父親が生涯そうだったのと同じ歪んだ人間でいたのももっともだと心から理解することができた。

**彼は自分と幼い息子と妻のために、父親を許した。父親と同じような人生を送って、父親との関係で味わったような苦しみや痛みにさいなまれたくなかったから。**

自分自身にこうした言葉を贈り、父親を許すと、デヴィッドは自由に世の中での態度を選ぶことができた。彼は父親が自分に残した傷にとらわれないと決心した。

最後に会った時、彼は私の目をのぞき込んで言った。「こんなことを続けてはいられない。これで終わりにしなければ。今終わりにしなければ、私の息子は私が払わなければならなかったのと同じ代償を払うことになる」。こうした洞察を得て、私が述べた通りの行動をとることで、デヴィッドは絆を断ち切り、許しによってしか得られない自由を得た。

**《課題一三》**

あなたの人生の中にある、これと同じような感情を見つけだしてほしい。あなたを憎しみや怒り、憤りでがんじがらめにした人間が誰か突き止め、ノートに書き出すのだ。

自分自身と自分が愛する人のことを考えて、こうした絆を断ち切り、醜い感情を抱いているせいで歪んだ人間になるのをやめてほしい。

こうしたアプローチをとって許しの意味について考えを改めることで、自分の人生に関わっている他の人がもたらした苦痛から、自分自身を解き放つことができる。そうしないと、憎しみや怒り、憤りは実に破壊的な力を持っているので、四六時中、あなたについて回ることになるだろう。こうした感情は、あなたをひねくれた疑い深い人間にするだろう。

こうした感情にとらわれると、あなたは自分の周りに壁を作り、あなたを愛する以外何もしていない人たちから通行税をとることになるだろう。

**自分に対して罪を犯した人間が、あなたにそうした役割を押しつけるのを許せば、あなたの負けだ。そのことをわかってほしい。彼らのせいで、憎しみや怒り、憤りを抱くようになれば、あ**

**なたの負けなのだ。**

唯一の逃げ道は許しだという私の言葉を信じてほしい。心を傷つけられた関係の負の力に勝つためには、道徳を重んじて傷つけた相手を許すしかない。相手は、あなたにしたことをすべて、自分自身に対しても行っている。神があなたに代わって彼らを罰してくれる。

最後に一言。**誰かに傷つけられるより悪いことが一つある。それは、傷つけられたあとも、その痛みを引きずることだ。**

そうではないだろうか。あなたを傷つけた人間はもう手の届かないところにいて、積極的に、前向きに、あるいは別なやり方で対処することができないということが多い。ひょっとしたら、デヴィットの場合と同じように、相手ははるか昔に亡くなった父親かもしれない。あるいは引っ越して二度と会うことのない友人かもしれない。あなたはこれからの人生、本当に、こうした憎しみや怒り、憤りの面倒を見る役割を受け入れるつもりなのだろうか？

後回しにしてはならない。あなたにはこういった人たちを許す力がある。許すのは、相手のためではない。あなたのためだ。心の痛みや傷を乗り越えるのに必要なすべてのことを行うだけの価値が、あなたにはある。だが忘れないでほしい。あなたは自分自身の経験を作りだしている。

あなたは望むものを生み出し、望まないものを取り除く決意をしなければならない。

もし相手が、あなたに許されてもっけの幸いと思うなら、そう思わせておけばいい。救うべきはあなただ。心の監獄から解放すべきはあなた自身なのだ。

許しには、憎しみや怒り、憤りという一連の感情から自分自身を解放する力がある。この力を利用して痛みを乗り越えよう。あなたにはそれだけの価値があるし、あなたが愛するすべての人にもそれだけの価値はある。

# 第一一章

# あなたのゴールラインはどこか？

# 自分が求めているものを知り、要求する

常識的に考えれば、人生に望むものを手に入れるいちばんの早道は、「注文する」こと、つまり、立ち上がって自分が望むものは何か宣言することである。だが、これほど事実とかけ離れたものはない。アラジンがランプから現れて、「願いを叶えよう」と言ったら、たいていの人はしどろもどろになって、何にすべきかあれこれ悩むことだろう。

自分が求めるものを正確に知らないのは、良くないことだ。この「人生の法則」は文字通りに解釈してほしい。自分の望みが何であるか具体的に特定できなければ、立ち上がって要求することはできないだろう。

この章の目的は、自分の望みに焦点を当てる必要をあなたに感じさせ、自分が何を求めているのか具体的に特定できるようすることだ。そうすれば、自分が望むものを認識して、要求することができる。他の九つの「人生の法則」を頭にたたき込んでいるのなら、つまり自分が望むもの

を手に入れはじめるのに必要な知識を蓄えているのなら、この「人生の法則」を学ぶのは、胸躍る楽しい経験になるはずだ。

自分が望むものを特定して、要求できるようになるのに、**たぶん今以上に適切な時はあなたの人生にないだろう**。たとえ自分の望みが何か知っていても、それを手に入れる適当なチャンスがなかったので、今まではそれほど大切なことではなかったかもしれない。

でも今はちがう。とはいえ、自分が本当に望むものを認識して、具体的に表現するのは、難しいと感じるかもしれない。だが、そう思っているのはあなただけではない。

大半の人は、自分の望みをどう言い表していいかわかっていない。というのも、彼らには、自分の本当の望みが何かを知る手がかりがないからだ。浅はかな選択をしたばっかりに行き詰まった時のことを思い出してほしい。どの映画を観るか、レストランで何を注文するか、あるいは何を着るか決められない人間が、自分の目標を見つけられなくても、何の不思議があるだろう。優柔不断は足踏み状態につながる。

何もしなければ、望ましくない結果になる。これではあなたの人生の旅路は、無誘導ミサイルと同じになる。単純に考えても、うまくいくはずがない。

自分が望んでないことなら、たぶん、かなりの自信を持って言えるのではないだろうか。不愉快な環境で恐らく何年も暮らしていれば、有り難くないことだが、自ずと望んでいないことに詳しくなり、認識することができる。だがその逆の経験がろくになければ、自分が本当に望むものを具体的に挙げるのは、かなり難しい。

自分の望みを知らないことが大きな問題になるのには、数々の理由がある。あなたが生きているのは、自分が求めるものを手に入れられれば御の字という世界だ。これは、日々の欲求はもちろんのこと、あなたの大きな目標にも当てはまる。

かりに、新聞に中古の車を七千ドルで売るという広告を出したとしよう。誰かが広告を見て、次のような申し出をする可能性はどれくらいあると思うか。「おや、これは本当にいい車だ。高すぎるなんてとんでもない！　私は九千ドル払うよ」。実に滑稽な話ではないだろうか？　滑稽に聞こえるのは、実際に滑稽な話だからだ。これと同じように、あなたの人生の目標についても、あなたが手に入れるのは、**最高でも自分が求めるもの**なのである。

自分の望みを突き止め、手に入れるための計画を立て、一生懸命頑張れば、少なくとも、望みに近いものが手に入るかもしれない。いっぽう、もし自分の本当の望みが何かということすらわからないのであれば、求めることもできないのは明々白々だ。

望むものを与えられるのが、自分自身だろうと他の誰かだろうと、それが何か特定できなければならない。もし私が世の中を取り仕切っていたとしても、何が望みか教えてもらえなければ、私は望むものをあなたに与えられない。

## ●――ほしいものがわからなければ、チャンスはつかめない

何かを求めて泣いている赤ん坊と同じ部屋にいたことがあれば、それがどれほどもどかしく、無力感を覚えるものかわかると思う。赤ちゃんに何かしてやりたい、欲求を満たしてやりたい、と感じることとだろう。でも赤ちゃんは何が欲しいのか教えられない。

あなたの場合も、自分が求めているものが何であるのかわからなければ、言葉にできない赤ちゃんと大差ない。違うのは、世間はあなたの母親ではなく、あなたの望みを理解しようと母親並みの努力を払おうとはしないということだけだ。自分の望みを特定できなければ、地団駄を踏み、泣き叫びながら人生を送る羽目になる。

成功するチャンスがまったく巡ってこないように思えて欲求不満を感じているなら、こんな風に考えてほしい。成功のチャンスは目の前にあるのかもしれない。だが、自分にとっての成功が何であるか特定できなければ、チャンスが巡ってきても気がつかないだろう。

ここで考慮に入れるべき厳しい真実がもう一つある。自分が心から望むものを特定するのは、

それを手に入れるための基本であるため、心して答えを出さなければならないということだ。自分が求めるものを勘違いするのは、まったくわからないよりもいっそう悪い。自分が求めていると確信したもののために何年も、あるいは一生をかけた人に、仕事で（さらに言えば個人的に）出会ったことが、幾度あったかわからないくらいだ。

彼らは長年、懸命に努力し、犠牲を払っていた。やっと目標を達成したのに、失望する結果に終わるのを見るほど、悲しいことはない。彼らは怠けたわけではない。間違った道を選び、倦まずたゆまず間違った方向に進み続け、本来あるべき場所からほど遠い場所に来てしまったのだ。

子供の時、私は、「願いどおりになるかもしれないから、祈る時には何を祈るか気をつけろ」と戒められた。もし自分が特定したものが、そのものズバリ手に入るとなれば、あなたは特定する際に慎重を期したいだろう。

もちろん、先ほど述べた人たちのような結果に終わりたくはないはずだ。彼らは、自分が本当は望んでいないものを求めて大きな失望を味わっただけでなく、自分にとっていちばん大事なものは、実はすぐ手の届くところにあったのに、間違った目標を選んだばっかりに、手に入れ損なったことを知った。

たぶん彼らが本当に求めていたものは、きりきりしながら追いかけた目標よりも、もっと手の届きやすいものだっただろう。この「人生の法則」をなおざりにしたがために、こんな皮肉な結果になってしまったのだ。自分も同じ過ちを犯すかもしれないということを、あなたは認めなければならない。この人生の法則の単純さにダマされてはいけない。自分が望むものを特定する場合には、最大限の注意を払ってしかるべきだ。

自分が求めるものを手に入れるタイミングにも、注意を払わなければならない。望むものを手に入れる機会には、時間制限がある。いわば賞味期限のようなものがあるのだ。

たとえば、自分の本当の望みは、子供たちと有意義で親密な関係を持つことだ、と考えたとしよう。人格が形成される成長期に、子供たちのことを知り、影響を与える機会を持ちたいと思う。だが、そのまたとない機会が失われたずっと後に、こうした決断をしたとしよう。

望んだ役割は他の人が果たしてしまったかもしれない。あるいは、あなたが自分たちの人生でこうした役割を演じることに、子供たちはもはや関心がなかったり、受け入れたりしようとしないところまで来ているかもしれない。

自分がチャンスを逃したと気づくのは、胸が張り裂けるほどつらい経験だ。だから私は、自分が望むものについては、どの程度急を要するかを考慮に入れて計画を立てることを勧める。パニックを起こさないこと。ろくに考えもせずに定めた目標を求めて、軽率に行動しないこと。自分が求めるものを特定し、要求する場合には、どの程度急ぐ必要があるかをはっきりさせ、計画的に行動すべきだ。

考える際には、集中しながらも柔軟であらなければならない。人生で私がとりわけ恐れていることは、本当に意味がある大切なものへと通じる道から外れた時に、そのことを知らせてくれる早期警戒信号を見逃すことだ。

私はこうした早期信号に対して警戒態勢をとり続けるために最善の努力を払っている。頑固な生き方をして、一大事を告げる緊急警報に驚くようなことになるのが恐いからだ。「ものがわかっているか、わかっていないかのどちらか」であるということを心に留め、人生の一大事にぶつかった時に、ものがわかっている人間でありたいと思っている。自分が本当に望むものを特定し、要求する術を学ぶにあたっては、こうしたことを心に留めておいてほしい。

## 自分の目標が明確かをチェックする

どんな目標を設定する場合にも、はっきり特定する必要がある。求めるものに向かっている時には、つねにそのことに気づき、感じ、意識するくらい、自分の欲求を知り尽くしていなければならない。

同様に、軌道から外れた時にも、そのことに気づき、感じ、意識できないといけない。自分の目標がわかっていれば、どんな行動や選択をすれば、プラスになるかマイナスになるかわかるだろう。目標をしっかり把握していれば、近づいた時に感じ取り、しかるべき時がきたら、コガネムシを見つけたカモさながらにチャンスに飛びつける。ただし、それもチャンスに気づけばの話だ。自分が求めるものをよく知っておかなければならないと私は言っているが、これは、いろんな条件を付けて、さまざまな角度から自分の求めるものを説明できなければならないということだ。成功したいのなら、次の質問に答えられなければならない。

あなたにとって成功とは何か？　つまり、ゴールラインはどこか？　「やった！　これだ！」と言うためには、自分の人生に、特に何を生み出さなければならないのか？

**あなたが求めている「これ」は何か？**
**あなたが「これ」を持っている時、どんな風に見えるか？**
**あなたが「これ」を持っている時、どんな感じがするか？**
**あなたが「これ」を持っている時、どんな行動をとっているだろうか？**
**あなたは誰と「これ」をしているか？**
**あなたはどこで「これ」をしているか？**
**あなたが「これ」を持っていれば、人生は今とどう違ってくるか？**

手に入れるためには、人生のどの面を克服したり、変化を起こしたりしなければならないか？　つまり、手に入れるための努力を妨げるであろうどんなことを、あなたは今しているか、あるいはしていないか？

もしこれらの質問すべてに詳しい答えを出せないならば、まだ用意ができていない。自分の望みを宣言する際に人々が犯すいちばん多い間違いは、**漠然としすぎたり、抽象的すぎたりすることだ。**

たとえば、「私がこの人生に本当に求めるものは、幸せになることだけだ」と、幾度あなたは口にしただろう？　あるいは他の人がこういうのを何度聞いたことだろう？　これは常識的な答えのように聞こえるが、人生の目標としては絶対に失敗だ。私が飼っているイヌのバークレーも、幸せになりたいと思っている。つまり、あなたとバークレーは同じものを求めているということだろうか？

私はそうは思わない。あなたとバークレーの幸せの定義はかなり違っているほうに、全財産を賭けてもいい。誰かにお腹を掻いてもらい、コーヒーテーブルの下で眠ることで喜んで満足するというのでなければ、この世に二人といない人間として、自分が本当に望むものについて、もう少し明確でありたいと、あなたは思うのではないだろうか。

## ●――大きな望みも臆せず認める

目標を定め、それに向けて全力を傾けている人の人生と、何が欠けているのか、あるいは自分に何が必要かすらわかっていない人の人生を比べてみよう。本当に求めているものを特定すれば、目標はこれこれこれだと具体的に定まっているわけだから、港の灯りを目指す船のように、自分の人生を誘導しはじめることができる。

人生の最大の失望を言い表したことわざがある。「欲しくないものには事欠かない」というものだ。このことわざの教訓は明らかなはずだ。甘いものが喉から手が出るほど欲しい時、世の中のポテトチップスはどれも役に立たない。一ダースほどの鍵を試して、どれも鍵穴に合わないようなものだ。

一つの正しい鍵だけが、扉を開けることができる。自分が求めるものを知っていれば――それがどんな風に見え、どんな感じがして、どんなことが起きるかを知っていれば――正しい鍵を持っているということだ。

自分が心から求めているものを間違えずに特定するには、次のアドバイスが役に立つかもしれない。大胆かつ現実的に。自分が何か特別なもの、特別な感情や経験を求めていることを臆せずに認めよ。これまで言ってきたように、最高でも自分が求めるものしか手に入れられない。目標を低くしすぎないように。そんなことをすれば、求めてもいないもののために一生を費やす恐れもあるからだ。そのいっぽうで、現実的になろう。今の自分と現状を評価しよう。

アメリカについて述べた、よく口にされる言葉に、「アメリカでは誰でも大統領になれる」というのがある。これは事実かもしれないが、政治の経験も正式な教育も下地になる経歴もないのに、五〇歳になって一念発起しても、まず大統領にはなれまい。もっと前から下準備をしておく必要があるだろう。もしＮＢＡでプレイすることが望みで、六センチほどしかジャンプできない四五歳の男性なら、十中八九、別の何かを求める必要があるだろう。

自分の望みを特定する準備をする時も同じだ。自分が心から満足できるものに手を伸ばせるくらい大胆になりつつも、現実離れしないようにしよう。

少しばかりがっかりするような話だが、このアドバイスに従ってほしい。いずれにしても、あなたが本当に望んでいるものを得るために、大統領になったり、ＮＢＡでプレイしたりする必要はないだろうから。

二つ目の注意は、目的と手段を混同しないように気をつけるということだ。必ずと言っていいほど、人は、手に入れた時自分がどんな気分になるかを確認するという、大事な次のステップまで進まずに、物や出来事に焦点を合わせる。たとえば、自分の望みを特定しようとして、あなたの頭に真っ先に浮かぶのは、「高級車と給料のいい仕事」かもしれない。高級車と給料のいい仕事は、それ自体が目的というより、目的に至るまでの手段であると思う。あなたは考えをさらに推し進める必要がある。進んで自問しなければならない。

「なぜ私は高級車と給料のいい仕事を求めているのか？」と。

そうしたものを持っている時に抱くであろう感情のため、という答えになる可能性が高い。この例について言えば、車や仕事はおそらく、あなたにとって安心感や質の高い生活を意味しているのではないだろうか。なにしろ、この二つは、あなたが非常に強い反応を示すものだ。もしそうであるなら、あなたの本当の目標は、高級車や給料のいい仕事ではなく、こうしたものを持っている時に抱く**特別な感情**ということになる。

車はそのうちにポンコツになってくる。給料のいい仕事も、臨時休業または解雇で失う恐れがある。自分が求めているのが車だと本当に思っているなら、廃品処理場に行って、五年か一〇年前に欲しくてたまらなかった車種の車を探せばいい。もしそれが本当の目標なら考え直す必要があるだろう。

これは重要な違いである。**本当に求めているものが、物や出来事ではなく、それに絡む感情であることに気づけば、目標は、物や出来事から、それに関連する感情に変わる。**

自分が本当に求めているものは、車や仕事によって得られる感情だと気づけば、あなたの目標は、車や仕事ではなく感情ということになる。

言いかえると、本当の望みが、自分自身を誇りに思い、安心感を覚えることであるなら、こうした感情を抱くための手段を、車と仕事という二つに限定するのは適当なことではないだろう。たぶん、同じ目的を達成する手段が一〇通りはあり、そのどれでもうまくいくだろう。

一〇通りの手段があれば、一通りか二通りに手段を限定した場合よりも、求めるものが手に入るチャンスが明らかに大きくなる。自分が車や仕事を求める理由がわかれば、いずれにしてもこの二つでは目的にかなわないという結論に達するかもしれない。そうすれば、望んでもいないもののために、貴重な時間とエネルギーを無駄にするのを避けられる。

## ●──リンダが人生に本当に望んだこと

私は長年にわたり、何千人という参加者のために人生のテクニックと人生の戦略についてのセミナーを開いてきた。そして、自分が本当に求めるものを確認する段になると、あらゆる職業・

社会的階級の人たちが、一様に混乱するのを目の当たりにしてきた。

私は、人生の戦略を生かせるかどうかは、なにより、この自分の望みを特定するプロセスにかかっていると考えているので、セミナーではいつも、参加者に実際に、いくつかのステップを踏んで自分が求めているものを確認してもらっている。

こうした参加型セミナーでの対話例を一つ紹介しよう。参加者のリンダ・ウィリアムズは、ロサンゼルスから来た四四歳の既婚女性だ。リンダの話では、結婚生活と家庭、個人生活のすべてが崩壊しつつあると感じたので、セミナーに参加したということだった。

彼女は都心部の近くに住んでいて、犯罪や暴力が近隣にまで広がっており、三人の息子が道に迷っているのではとおびえていた。彼女と夫はまだ一つ屋根の下で暮らしているが、数年前から「家庭内離婚」も同然の状態ということだった。私たちは次のように会話を進めていった。

私　「それでは、リンダ。あなたの望みを教えて下さい。**理性ではなく、感情に従って**話してほしい。ふるいにかけずに、思いつくままに並べて」

リンダ　「私はロサンゼルスから引っ越したいんです。何か本当にひどいことが起きる前に、あの恐ろしい場所から抜け出したい。あの街は恐くて、私はもうあそこに住みたくないんです」

私　「それでは、そのためにはあなたは何をしなければいけないのでしょう？」

リンダ「わかりません。引っ越しは無理です。ロジャーも私も仕事があるし、今でもかつかつの生活ですから。引っ越しなんてできません。私たちは、あそこに囚われていて、何もできないんです。こんな話をしても意味がありません。私は――私は、こんなことしたくありません。こんな話をするのもいやです。引っ越しは無理なんですから。時間の無駄です」

私「それでは、望みが叶ったら、あなたはどんな風に感じると思いますか？　現状の恐怖と脅威から逃れられたとしたら、どんな風に感じるでしょう？」

リンダ「ああ、それはもう、安心感を抱いて、幸せで、わかりませんけど希望も持てると思います。私と息子たちのことで、昔みたいに希望が持てるでしょう。以前は私、楽観的だったんです。子供たちはいずれ大人になり、立派にやっていくとわかってました。今は、あの子たちが大人になる日が来るのかどうかもわかりません。今ではもう、深呼吸もできなくて、ずっと過換気状態なんです」

この最後の答えこそが、彼女が本当に求めているものを突き止める本当の第一歩だったと私は信じている。ロサンゼルスから引っ越したいという彼女の最初の発言は、現在の苦痛と恐怖から逃れたいという気持ちを、無難にうわべを取りつくろって表現したにすぎないと解釈した。呼吸を整えることもできないほど、動揺していることもわかった。

私は、彼女自身、考えがまとまっていないのだという結論に達し、彼女の本音に注意深く耳を傾けなければならないことを悟った。「安心感を抱いて、幸せで、また希望が持てる」と彼女が言った時、初めて本音を聞いたと思った。

私　「それでは、あなたの本当の望みは、安心感を抱いて幸せな気分になり、自分の将来と、ご主人と息子さんの将来に、またいくらか希望を見いだすことですね」

リンダ　(泣き出しながら)「はい。そうです。その通りです。私は心配するのにうんざりしました。罠にはめられたような気分を味わうのも、もううんざり。ただ、わからないんです。どうすればいいのか。何に力を注げばいいのか。家族を失望させていることは自分でもわかっています。家族のためにより良い家庭を築けないことを、恥ずかしく思います」

私　「それでは、より良い家庭を築くためには、あなたは何をしなければいけないのでしょう？　あなたの家庭生活をいくらかでも元の状態に戻すためには、何をしなければいけないのでしょう？　母親としての今の自分を恥じないためには、何をしなければならないのでしょう？　もう途方に暮れたり、おびえたりしないで済むようにするためには、何をしなければならないのでしょう？」

リンダ　「わかりません。わかりません」

私　「では、以前のあなたにはわかっていたとすれば、どうでしょうか？」

リンダ　「わかりません。息子たちとの距離を狭めないといけないと思います。あの子たちが私と同じことを望んでいると感じないといけないでしょう。それにロジャーを取り戻さないと。私たちの心はもう、一つじゃありません。言葉も交わさなければ、分かち合うこともない。支え合うこともありません。一人でいるのにうんざりしました。私のロジャーの心を取り戻さなければ」

明らかに、この女性はまだ夫を愛している。どうやら、恐怖と不満が原因で後ろに引いているようだ。

私　「もし息子さんたちとの絆を取り戻せたら、どんな気分になるでしょう？　あなたが言ったように、あなたのロジャーの心を取り戻したら、どんな気分になると思いますか？」

リンダ　「こんなに自分を恥ずかしく思うことはないでしょう。家族を一つに束ね、子供たちを導くことができない、最低の母親や最低の妻だと感じることはないでしょう。夫に自分を求めさせることができないことを恥じたりしないでしょう。私は彼に自分をこんなに与えたいと思っているのに。夫は、いい人です。疲れていて、孤独に見えます。でも、私には彼を助けることができません」

私　「感じることがないとか、恥ずかしく思うことはないといったことは言わないで。こうしたものをあなたの家庭と結婚生活に取り戻せたら、どう感じるか話して下さい」

リンダ「わかりません。私には。たぶん――たぶん、女として自分をまた誇れるようになるでしょう。自分は完全な人間だとまた感じられるでしょう。以前は私も強かったんです。私の母と同じように、円満で暖かい家庭をつくっていました」

私　「それでは、あなたの本当の望みは、もう一度自分を誇りに思うことですね。あなたの本当の望みは、女性として、妻として、そして母親として、自分の役割を全うしていると感じることですね」

リンダ「はい。はい。おっしゃる通りです。以前はそんな風に感じていました。もう一度そんな自分になれるなら、もう一度昔の自分になれるなら、私たちはどんなことにも対処できます。私たちはいっしょにロサンゼルスで何とか暮らしていけるでしょう。ただ、一人ではできません。今は私、自分が自分でないみたいな感じなんです。先生のおっしゃる通りです。私はまた、自分を誇りに思い、完全な人間だと感じたい。それが私の望みです。私は良い母親です。本当は。子供たちのためなら命も惜しくない。向こうがそうさせてくれるなら、ロジャーのために何でもします」

私　「それでは、あなたの家庭にこうしたものを取り戻すために、あなたは何をしなければならないのでしょう？」

リンダ「私は、そのように仕向けないといけません。自分を哀れむのをやめ、孤独でいるのをやめなければ。家に帰って、ロジャーの手を取って『もう、こんな生活はやめましょう』と言わなければ。手遅れになる前に、私たちの将来を変えるために何かしなければいけません。息子の横に座り、顔を両手で包んで、『どうしたら、あなたの力になれるのか、教えて』と言わないと。私は、夜な夜な涙に暮れる代わりに、何かしなければ。そうしなければ。今すぐに」

私　「そうすれば、あなたはどんな気持ちになるでしょう？」

リンダ「また、自分を誇らしく思い、完全な人間だと感じられるでしょう。それが私の仕事ですから。神様はそのために私を今の家庭に送り込んだのに、私は務めを果たしていない。それが、私の望みです。それが。問題なのはロサンゼルスではなく、私と私の家族です。私たちの関係を修復しないと」

もちろんリンダには、やらなければいけないこと、計画しなければいけないことがたくさんある。けれども、彼女が本当に人生に望むものにかなり焦点を合わせるようになったのがわかると思う。彼女が今は、本音を語っているのがわかる。自分の望みを知り尽くしているのがわかる。

今なら彼女は、計画を立て、目標の基準と優先順位に照らし合わせて、自分の人生のすべての選択肢を評価できるだろう。彼女は、目標から道を逸れることはないはずだ。それがどういうものか、彼女はよく知っているのだから。

**《課題一四》**

私がリンダにぶつけた質問に注意してほしい。これらの質問を、あなたも自分にぶつける必要がある。質問が本質的には堂々巡りをしていることに気づいたかもしれない。

この対話には、一定のパターンがある。同じ質問を自分にぶつけて、答えを書き留めてほしい。この繰り返しパターンに従い続ければ、人生に求めるものを正確につかめるだろう。もう一度、主要な質問を挙げておく。

**①　何が望みか？**
**②　そのためには何をしなければならないか？**
**③　望みが叶ったら、どんな気分になるか？**
**④　ということは、本当の望みは何か？（質問③で述べたこと）**
**⑤　そのためには何をしなければならないか？**
**⑥　望みが叶ったら、どんな気分になるか？**
**⑦　ということは、本当の望みは何か？（質問⑥で述べたこと）**

この堂々巡りが続く。偽らずに正直に、そしてなにより正確に答えてほしい。リンダのように必要な努力をすれば、自分の望みをかなり正確に特定し、望むものを自分が生み出したら、すぐにそれを要求できるようになるだろう。

あなたの望みを言い表すには、たぶん幾通りもの表現ができるだろう。どの場合にもできるだけ具体的に表現する必要がある。あなたの「望み」は、自分以外の人にどう見えるか、あるいは望みが叶えば自分はどんな気持ちがするか、他の人はどんな反応を示しどんな感情を抱くか、どんな行動をともなうか、といった観点から表現するといい。

できるだけさまざまな表現で、自分の目標を具体的に定めることによって、自分の望みについて理解を深められるだろう。結果的に、より目標に沿った選択をするようになるはずだ。そして、目標を達成した時に、そのことを自覚できる見込みも高くなる。達成度を測る多くの基準を持っているのだから。

## ●——望むものを要求する意欲と勇気を持とう

さて、「人生の法則10」の後半部分、「要求する」に取り組もう。これは、自分の望みを特定するのと同じくらい難しい仕事だ。要求するには、決意と全力投球が必要だ。

こんなジョークを聞いたことがあるだろうか。「意気地なしは土地を相続しても、証書を求めて進み出ない」。しかるべき時が来たら進み出て、自分が望み、手にするのが当然のものをすんで要求しなければならない。進み出てこう言うのだ。「世界よ、止まれ。私の番だ。私は自分のためにこれを要求する」

この世の中は競争社会であることを理解してほしい。「世間には骨を追いかけるイヌがたくさんいる」という言葉がテキサスにはある。これ以上真実を突いたものはないだろう。あなたが正当な権利を持っているものを、横取りしようと身構え、やる気満々で、実際にそれが可能な人間が大勢いる。

それはあなたの財産かもしれない。あなたの自由かもしれない。ある種の考えや感情、信念を持つ権利かもしれない。なぜそれをやりやすくしてやることがあろうか？　なぜ泥棒のために窓を開けておくような真似をするのか？　自分が望むものに値する人間だと信じるにたる力と決意を持てば、というか持った場合にだけ、あなたは大胆にもこう宣言することができるだろう。「私の番だ。これは私のためのものだ。私は今、これを要求する」

あなたは個人的な経験から、競争に参加して闘っておきながら、立ち上がって勝利を求めようとしない人間を目にするほど、イライラするものはないことを知っている。そんな人間になってはならない。あなたは、臆病さや後ろめたさ、劣等感や自意識を克服しなければならないかもしれない。

**あなたは今以上のものを持つに値する人間だ。あなたは今以上のものを持つことができる。**自分が望み、持つに値するものを要求しよう。誰もあなたのために要求してくれないのだから。誰も、あなたの代わりに立ち上がって、あなたのチャンスを要求できない。あなたが行動を起こさなければ、要求されないままで終わってしまう。

自分が望むものを要求しようという意欲と勇気を持つことは、この「人生の法則」を生かすカギである。これは、特に重要な問題かもしれない。なにしろ、たぶんあなたの性格にはまったく合わないことだろうから。

人生の大半を、自分が望まないもの、自分が望むものよりもかなり劣るもので我慢して生きているなら、妥協せずにつねに優れたものを追求するのは、自分らしくない行為であるように感じるだろう。

月並みな人生を質の高い人生にするには、自覚を持って決意をする必要があるということだ。実際に、腰を据えて自分自身と対話し、人生の決断をしなければならない。思い出してほしい。人生の決断は、もう毎日あれこれ考えなくていいような、心から確信したものを言うのだ。

前にも言ったように、競争社会では管理者は結果を出さなければならない。人生の管理者として誰かを雇った場合に求めるのと同じものを、自分自身に求めなければならない。

私があなたの人生の管理者として、あなたが人生に望むものを手に入れようとしていると仮定しよう。あなたにはそれを持つ権利がある、という確信が揺らぎはじめたら最後、いったいこの仕事をいつまで続けなくてはならないのだろう、と私は考えるようになる。

私はあなたのところに行ってこう言うだろう。

「あなたの人生の目標についてこれまでずっと考えてきましたが、あなたが自分の望みに値する人間かどうか確信が持てません。

つまり、こういうことです。あなたは実際のところ、特別な人間じゃない。これは、他の人が手に入れる類のものです。

波風を立てるのをやめて、現状に甘んじたらどうでしょう？　あなたがこうした感情や経験を手に入れると、面倒なことになるし、他の人に非常に迷惑がかかるかもしれない。それに、あなたはいささか自分勝手だと私は思います。

皆が皆、自分が望むものを手に入れるわけじゃない。あなたは、心を落ち着かせて、今より悪い人生でないことに満足する必要があるでしょう」

さて、もし私がこう言ったら、あなたは恐らく私をクビにして、問題は解決するだろう。だが、あなたは自分をクビにはできない。つまり、そう簡単には解決しないということだ。

考えられるもっとも有能な人生の管理者になろう。自分には望むものを手に入れるだけの価値があり、チャンスが巡ってくれれば、手に入れる権利を要求すると決心しよう。

# 第一二章

# ガイドつき
# 人生の旅

## ●――あなただけの人生戦略を立てる

本当の変化を起こすのに、今が絶好の機会であることを認めなければならない。私は物事を美化しているのではない。あなたがすばらしい人間だと言っているわけでも、善人ぶって、世の中は愛と光に包まれているとたわごとを並べているのでもない。事実を話しているのだ。私は、現実の人生がどのようなものか示してきた。あなたはハンドルを握る用意ができているものと考えることにする。

人生の戦略を立てるのは、学んで身につけるテクニックだが、あなたはすでに、これまでの章を通して、基本技術は身につけている。自分の人生の現状と、今のような自己管理をしていたらどういう結果になるかといったことについて、あなたはだいたいのことはわかっている。

戦略を立てて生きるかどうかに関係なく、自分が得る結果を左右する一〇の「人生の法則」も熟知している。こうした基礎に基づいて、この章と次の章では、自分だけの人生戦略を立ててもらうつもりだ。あなたにまだ欠けている知識は二つある。一つは、現状を正確に把握すること。もう一つは、自分の望みを完全に理解することで、これが目標達成には欠かせない要素であることは、あなたもすでに認めているだろう。

前にも言ったが、問題が何かわかれば、半分解決したようなものである。何が問題なのかわかるまでは、本当のところ解決に向けて前進はできない。同じことが、人生戦略を立てる際にも当てはまる。私たちがまずしなければならないのは、あなたの人生を「診断」することだ。

効果を上げるためには、厳密に診断しなければならない。特定することについては「人生の法則10」で詳しく取り上げたので、ここでは繰り返さない。だが、「人生」という言葉は、「幸せ」という言葉と同じくらい大ざっぱで曖昧だということを、理解することが大切だ。だから、「幸せな人生を送りたい」と言うのは、大ざっぱすぎてまったく意味をなさない。自分の現状と自分の望みを見極める際には、はっきり限定しなければならない。

幸い、あなたは一つの次元だけに焦点を合わせるよう制限されているわけではない。診断するにあたり、人生は一つの次元だけではないという事実に救われるだろう。さらに、「人生の法則7　人生は管理するもの。癒すものではない」を思い出してほしい。成功は動く標的であり、後を追い、たえず追い求めなければならない。

人生を診断し、管理するもっとも有効な方法は、範囲を狭めて行うことだ。人生の分野には一部重複するものもあれば、一つで独立しているものもあるが、人生は各分野を調べる必要がある。人生を評価する時には、最低でも次のような分野に分けて行うといいだろう。

・個人面　・仕事面　・対人関係面　・家庭面　・精神面

人生のこれらの面は、確かに互いに影響しあっているかもしれないが、個別に検討すべき互いに異なる人生の次元もある。次の表は、個別に検討しやすいように分類されているので役に立つと思う。

表では、人生を基本的に二五ないし三〇の次元に分けている。これらは、私たち一人一人が、もっとも関心を抱いている問題だ。あなたがすでに書き留めたものも表に含まれていることに気づいたと思う。たとえば、「五人から一〇人のリスト」は、あなたの本心を伝える必要がある人たちだし（課題八　二〇二ページ）、「関係診断シート」は、第九章（課題一二　二九四ページ）で取り組んだものだ。

五つの分野すべてで、人生の決断リスト（課題一一　二六七ページ）をつくるように求められているが、これは、もうあれこれ考えなくてもいい基本的な価値観を確認するために、第六章で作成したものである。各分野に取り組む際、人生の決断リストを参照するのを忘れないようにすれば、本当に前向きな変化を起こしたいと思っている分野に特に注意を払えるかもしれない。

すべての分野とすべての「人生の次元」で目標を持っているかもしれないし、一部についてしか目標を持っていないかもしれない。いずれにしても、それぞれについて検討し、「今はどういう状況なのか、そしてこの人生に本当に望んでいるものは何なのか」自問しよう。それぞれの分野と「人生の次元」について、たとえその項目についてはしっかりとした基盤があると信じていても、やはり検討する必要があるだろう。実際に、その次元で現状に満足しているならば、その重要性を確かめてから、他の分野に移ればいい。

## ●――自分の人生を位置づける

この表を作成することによって、自分自身と本当に向き合うという非常に重要な仕事に、初めて取り組むことになるだろう。もうすぐ、表の各「人生の次元」でのあなたの現状と、望みが叶った場合のあなたの人生を評価するための七つのステップに進む予定だ。

それぞれの「人生の次元」に関する七つのステップを、一つひとつすべて徹底的、かつ慎重にこなしていくことがどれほど大事か、いくら強調しても強調しすぎることはない。個人セラピーやカウンセリングを受けていようといまいと、このガイドつきの旅ほど、あなたのことに時間とエネルギーを注ぎ、あれこれ考えてくれる人は、きっといないだろう。あなたの人生がこれほど体系的に評価されることもないだろう。ただしそれも、あなたが時間をとればの話である。

## 人生の次元

**個人面**

- 自尊心
- 教育
- 経済状態
- 健康

「人生の決断リスト」参照
（課題一一　267ページ）

**対人関係面**

- 夫（妻）・恋人
- 友人
- 新しい関係
- 既存の関係の修復
- 壊れた関係の回復

「五人から一〇人のリスト」参照
（課題八　202ページ）
「人生の決断リスト」参照
（課題一一　267ページ）
「関係診断リスト」参照
（課題一二　294ページ）

**仕事面**

- 仕事の成績
- 職務
- 目標
- 昇進
- 転職

「人生の決断リスト」参照
（課題一一　267ページ）

**家庭面**

- 両親
- 子供
- 兄弟姉妹
- 他の家族

「人生の決断リスト」参照
（課題一一　267ページ）

**精神面**

- 神との個人的な関係
- 精神的な歩み
- 個人的な瞑想や内省
- 信仰面での生活
- 人生の焦点

「人生の決断リスト」参照
（課題一一　267ページ）

もし本当にこの旅に必要な時間をとれば、洞察力と知識を身につけ、合わせるべき焦点を知り、人生を確実に変えることができるようになるはずだ。これまでほとんどの人が経験していないほど、自分自身についてよく知るようになるだろう。
残念ながら、今のところ、あなたは誰のことよりも自分のことをわかっていないかもしれない。残念ながらと言ったのは、自分のことを知らないのは、悲劇だと信じているからだ。

**自分自身のことがわからないということは、自分の欲求や自分に必要なものがわからないということだ。自分にとって何がいちばん大切なのかわからないということである。**けれども、いちばん多くの時間をともに過ごす相手は自分自身だ。いちばん投資する相手は自分自身だ。だから、**自分を知ることの重要性を過小評価してはならない。**

こんな風に考えたことはないかもしれないが、**世界史の中で、あなたという人間は二人といない。現在も過去も未来も、あなたという人間は他にはいないのだ。あなたは生まれ、今生きており、いずれ死ぬだろう。そして二度とあなたという人間は現れない。あなたは独自の人間であり、この地球上の他の誰とも異なる。そのあなた自身と親しい関係を築かずに人生を送るのは、間違いだ。**

そんな間違いを犯すのは、このことを誰もあなたと話したり、あなたに教えてくれたりしなかったからだ。多くの文化や社会が、生きることに関係したこの非常に重要な側面に重点を置いているが、アメリカは違う。

例えば、東洋の文化は、瞑想と自己発見を通して民衆を教育する。アメリカ文化は違う。私は何もあなたに、マントラを唱えさせようとしているのではない（マントラを唱えるのは確かに意義のあることかもしれないが）。自分と向き合う時間を自身に与えてほしいだけだ。

これまで私は、誰しも人と接する時には仮面をかぶっていると言ってきた。たぶん意外ではないだろうが、私たちは自分自身に対しても同じように仮面をかぶることがしばしばある。この試みを実りあるものにする必要条件として、「自分に完全に正直になること」を最初に挙げたのも、このためだ。自分に向き合うつもりなら、本当の自分に向き合ってほしい。偽りのあなたに向き合ってはいけない。正直に自分を評価してこそ、望みを叶えられる。

このプロセス全体の根底にあるのは、「人生の法則1　ものがわかっているか、いないか」だ。ここでの「もの」は、あなただ。

この法則のところで見てきたように、自分自身についての知識ほど強力な知識はない。人生のすべての状況や環境、問題や対人関係に共通するのはあなただ。あなたは、自分が置かれたあらゆる状況や環境にプラスかマイナスの作用を及ぼす。自分がプラス、マイナスどちらの作用を及ぼしているか、なぜどのようにしてそうした作用を及ぼしているのか、そろそろ知ってもいい頃だ。

正直に自分を見直してほしい。これまで自分のためにしてきたことの中で、もっとも胸が躍る建設的なことになるかもしれない。次の質問に答えてほしい。

- すべての状況に共通する私の特徴は何か？
- 私はどんな状況になっても、悪い結果になると覚悟しているだろうか？
- 私はどんな状況でも、ケンカ腰で挑んでいるだろうか？
- 私は独断的で、何かあるとすぐに人を非難するだろうか？
- 私は、怒りと苦々しい思いに駆られて、関わる人すべてに醜い態度をとっているだろうか？
- 私は不安なあまり、いかに自分が不当な扱いを受けているかを示す例を探しているだろうか？
- 私は受け身な態度をとり、自分の立場を主張しようとしないせいで、人に見下されたり、失礼な扱いを受けたりしているだろうか？
- 私は、こけおどしの優越感や傲慢な態度で、不安を隠しているだろうか？
- 私は、がむしゃらすぎて、人々を疲れさせているだろうか？
- 私は、たえず自分を他の人と比べているだろうか？
- 私は、人目を気にしてばかりいて、本物の体験をしていないのだろうか？
- 自分自身や相手を裁いたり、非難したりして人生で大切な関係を台無しにしてきただろうか？

## ●――ノートとペンを用意して質問に答えよう

どうやって変化を起こそうか、と心配することはない。それは次の段階だ。さしあたって今は、これまで以上に、はっきりとありのままの自分自身を知るのだと自分に言い聞かせてほしい。知識は強力な武器になる。自分を知ることは、きわめて大事なことで、胸躍ることだ。たとえ、自分の気に入ることばかりではないとしても。

こうした問題を紙に書き留めずに、ただ頭の中で考えるだけでは、うまくいかない。書き留めると、自己評価に大切な客観性がプラスされる。文字になった言葉は、鏡に似ている。鏡を見ないと自分の顔を調べることができないのと同じように、書き留めずに自分の人生を調べることはできない。書き留めることで、距離を置いて客観的に評価できる。ここでも、ノートと使い慣れたペンと赤ペンが必要になるだろう。まず、書き留めることだ!

あなたが答えようとしているのは、基本的なことだが非常に大事な質問だ。重要な分野や「人生の次元」を見落とさないように、三六四ページの表を時おり参考にする習慣をつけてほしい。表を参照する際や各質問に取り組む際には、これを「あるがままの事実を述べる」序章と考えてほしい。

**《課題一五》**

三六四～三六八ページを見てほしい。どちらのページでも、「人生の次元」について自己評価が求められていることがわかると思う。これらのページはフォーマットの見本で、特定の「人生の次元」について、理想的ないし完璧である場合の状況と現状を評価・比較するためのものだ。

ノートの見開きに、各質問への答えを書き込めるだけのスペースをとって、この表を写そう。「理想」のページの右上に書き込んだ「人生の次元」の次の行に、あなたが取り組むことに決めた最初の「人生の次元」を書いてほしい。また三六六ページの「現実」のページの右下に、この「人生の次元」について、1から10までの10段階で自己評価をするところにも気をつけてほしい。あなたは、人生のこの分野で実際にどんな行動をとっているだろうか？　もしこの分野については、人生は完璧だと思うなら、評価は10だ。逆に、この分野については悲惨そのものだと思うなら、評価は1だ。5という評価は、快適だが特に満足というわけではないことを意味する。４以下、および6以上の数字は、もちろん、こうした「中途半端な」人生よりも程度が上か下かを段階的に示している。この次元での自己評価は、今の時点でも大事だが、あとでもっと重要になるので、とことん正直に評価しよう。「10なんてありえない」とよく言われる。私たちは、完璧ではなく優秀を求めているので、10という評価があり得ないことは、私も理解し、認めている。だが、10という評価は、最高点として少なくとも参考になる。

さて、表の「理想」と「現実」のページを見比べてみよう。このように見開きを使っているのは、その「人生の次元」について、望みどおりになった場合の人生の状況と実際の人生を、並べて比べられるようにするためだ。

「理想」のページ（三六四ページ）に書かれている「ステップ1」に注目してほしい。これは、「…」のところに自分の考えを書き加えて文を完成させよ、という意味だ。「もし私が、この次元で評価が『10』の人生を送っているとすれば」

A　私の行動には…の特徴がある

B　私の内なる感情には…の特徴がある

C　なくなるであろうマイナス要因は…だ

D　存在するであろうプラス要因は…だ

それぞれの文の下に書かれている各質問は、その分野について何らかのきわめて具体的な考えを促すためのものだ。

このステップと、「現実」のページ（三六六ページ）にある「ステップ2」を比べてほしい。ここでも、いくつかのキーセンテンスを完成させることが求められ、焦点を絞った答えを促すような質問が書かれている。「私は、この人生の次元では実際には、○○のレベルの人生を送っているので」

A　関連する私の実際の行動は…だ
B　私の実際の内なる感情は…だ
C　存在するマイナス要因は…だ
D　今はないが必要なプラス要因は…だ

誤解のないように例を挙げておこう。私は三五二ページの表を参考に、最初に評価する「人生の次元」は「自尊心」にしようと決めたとする。私は、「人生の次元」のところに「自尊心」と書く。それから、「ステップ1」(「理想」のページ)と「ステップ2」(「現実」のページ)に取り掛かる。特に「自尊心」に焦点を合わせながら、関連する具体的な質問に答えて、AからDのすべての文を完成させる。

さて、実際に「人生の次元」の表を見てみよう。どの「人生の次元」に最初に取り組むか決め、その次元の「ステップ1」と「ステップ2」を完成させる。

「ステップ3」　よく考えて「人生の次元」の表の両ページを埋めたら、もう一度「ステップ2」(「現実」のページ)の回答すべてに目を通す。自分自身についての判断を示している、あるいは否定的信念を表している箇所に特に注目しよう。思い出してほしい。否定的信念は、自分の一部になっているとあなた自身が確信しているマイナス思考の特徴のことだ。たとえば、「私は生まれつき頭が悪い」とか「私は何をやっても中途半端だ」といったようなものである。こうした判断もしくは否定的信念を見つけたら、そのつど赤で囲む。丸で囲んだ部分を後で参考にするので、必ず全部丸で囲んでおこう。

「ステップ４」　さあ、これで、この「人生の次元」に関して「現実」を「理想」に変えるために、乗り越えなければならない障害をリストアップする準備ができた。あなたは、今いる場所から自分が望む場所に通じる道に立ちはだかるすべての障害に注目することになる。このリストを作るために、ノートの次の部分を見直したいと思うだろう。

・マイナス思考のテープと否定的信念のリスト（課題五　一〇五ページ）
・マイナス思考の行動リスト（課題六　一四一ページ）
・不健全な見返りリスト（課題六　一四一ページ）
・マンネリ度診断テストの回答（課題七　一八九ページ）

あなたは、自分の道をふさいでいる人生のすべての環境について考え、書き留めたいとも思うことだろう。障害は次のようなものであるかもしれない。

・経済力の不足
・あなたを自信喪失にしかねない夫（妻）
・生活事情
・教育の不足

内面的であれ外面的であれ、あなたの行く手に立ちはだかっているかもしれないことをすべて網羅した総合的なリストを作ってほしい。

「ステップ5」 これはステップ4とは反対に、この「人生の次元」に関して、「現実」を「理想」に変えるのに「役立つ」ものを考えるというステップだ。あなたの資源は何だろう？ 現実から目標にたどり着くために、あなたの人生の中でいちばん役に立つものは何だろう？ それは以下のようなものかもしれない。

・支えてくれる家族
・良い仕事
・知性
・固い決意

・現状で感じている苦痛
・失うものは何もないという自覚

「ステップ6」　自覚的障害単位（Subjective Units of Discomfort＝SUD）スケールは心理学ではお馴染みのツールで、特定の「人生の次元」の現状に関連して感じている苦痛の程度を測るものだ。表で、理想値10に対して、現実の自尊心のレベルが6だったとしよう。問題は、あなたがこの差について**どの程度**悩んでいるかだ。この現実の自尊心と理想の自尊心の差のことで、あなたはどれくらい苦痛を感じているだろう？　この不快度を0（まったく不快でない）から10（もう一日も耐えられないほど激しい苦痛）の10段階で表し、評価を書き留めよう。

「ステップ7」　この「人生の次元」に関して変化を起こす優先度を、次の四つの分類から選ぼう。

① 緊急
人生に変化を起こすという欲求が、最大の関心事である。恐らく、この問題はかなりの苦痛をあなたに与えており、頭の中はこのことでいっぱいで、他のことを考える時間や心の余裕、エネルギーがほとんど残っていない。この「次元」で変化を起こすことは、きわめて重要だ。

② 高

心とエネルギーを傾けているが、「緊急」の場合ほどではない。人生で直面する一般的な問題に対してよりも関心が高いという程度。大きな苦痛の種ではないかもしれないが、明らかに人生を破壊するものなので、本格的に焦点を当てるべきことが、「高」に分類される。

③ 中

「中」程度の関心事とは、そのことばかり考えているわけではないとしても、変化を起こすべき問題だ。あなたはこの問題を意識し、かなり注意を払っている。だがこの問題に取り組む前に、努力とエネルギーを注ぐべきことが他にある。優先順位が「緊急」や「高」の分野に変化を起こしてから、取り組む問題だ。

④ 低

我慢できる問題。あなたはこの問題を意識し、変化をもたらしたいとは思っているが、変化を起こすのが適切であるか、あるいは重要であるかは、今のところ疑問である。これらの問題は、「計画段階」まで行かない。

## 人生の次元（理想）○○○○○　理想値10

ステップ1　もし私が、この次元で評価が「10」の人生を送っているとすれば、

**A　私の行動には…の特徴がある**

・私は何をしているだろうか？
・私はどこでそれをしているだろうか？
・誰としているだろうか？
・私の行動や態度は、他の人の目にはどのように映るだろうか？
・私の生き方は、どんな言葉で表現されるだろうか？

**B　私の内なる感情には…の特徴がある**

・私は自分自身についてどう感じているだろうか？
・自分自身にどんなメッセージを送っているだろうか？
・朝、新しい一日を迎えて、どんな感情を抱いているだろうか？
・避けられない問題に直面しても、この次元でまだ「10」の人生を送っていることを示す手がかりとなる感情は何か？

C　なくなるであろうマイナス要因は…だ

・どんな望ましくない結果を得ることがなくなるだろうか？
・どういった不満なこと、いらだたしいこと、危険なこと、あるいは辛いことが起こらなくなるか？　日常の決まりきった事柄のうち、どの部分がなくなるだろうか？
・他の人から現在たえず受けている反応のうち、もう起こらなくなる反応はどれか？
・私は、こうしたマイナス要因がなくなったとどのようにして知るのか？　たとえば、マイナス要因が「太りすぎ」ていることなら、体重計の目盛りを見れば、もう自分が「太りすぎ」ではないことがわかる。どんなかたちでマイナス要因がなくなったことがわかるのか？

D　存在するであろうプラス要因は…だ

・この分野で評価が「10」だとわかるような、どんな反応を他の人から受けているだろうか？　他の人から、どんな「優しい言葉」を絶えずかけてもらっているだろうか？
・日常生活にはどんな進歩が見られるだろうか？
・日常の決まりきった事柄のうち、どの部分を特に楽しいと思っているだろうか？
・身体面でどういったプラスの変化が見られるだろうか？　私が評価「10」であることが自分や他の人にわかるような、どんな身体的変化――姿勢や表情、血圧、息づかいなど――が見られるだろうか？
・どんな資源を利用しているだろうか？

**人生の次元（現実）○○○○○　　　自己評価（1 2 3 4 5 6 7 8 9 10）**

**ステップ2**　私は、この人生の次元では実際には、○○のレベルの人生を送っているので、

**A　関連する私の実際の行動は…だ**

・私は、後で後悔するようなどんな行動をとっているか？
・私がこのレベルであることを示しているのは、具体的に私の行動のどんな点か？
・この分野で理想に達していないことがどうしてわかるのか？
・この人生の次元で理想に達していないことを「隠す」ために、私は他の人にどんなことを言っているか？　どんな言い訳をしているか？　言い訳をする以外に、「隠す」ためにどんな行動をとっているか？
・望ましくない行動の引き金となる特定の人間がいるとすれば、彼らのどんな行動が「私からそうした行動を引き出す」のか？　彼らはいつ、こうした行動をとり、私の反応はどんな順番やパターンをとっているか？　私はたいてい、どんなマイナス思考のステップを踏んでいるだろうか？
・私の人生の中で大切な人たちは、私がこの分野で問題を抱えていることを伝える言動をとっているだろうか？

**B　私の実際の内なる感情は……だ**

・この人生の次元に対して、私はすぐにどんな感情で反応するか？　人生のこの分野について考える時、私はすぐにどんな本音レベルの反応を示すだろうか？
・この分野で問題に対処しなければならない時、それが辛いことであることを、どんな感情によって知るのだろうか？
・この次元で危機を迎えた時、私はどんな感情を抱くだろうか？
・理想に達していないことについて、私は自分自身にどんな言い訳をしているだろうか？　問題について、自分自身にどんな言い逃れをしているのか？

**C　存在するマイナス要因は…だ**

・私がこの分野で問題を抱えていることを示す身体的な徴候は何か？　この人生の次元がもたらしている苦しみは、どんな性質のものか？
・ほとんどいつでも人々から返されているように思えるのは、どんな望ましくない反応か？
・人生のこの分野で自分が「仮面」をかぶっているように感じているか？　その仮面はどのようなものか？　これは、「本当の自分」をほとんど見せていない人生の次元だろうか？
・このレベルである理由について、自分自身にどんな説明をしているか？　私のどんな点が、問題の原因になっているかもしれないと考えているか？
・私の邪魔をしているのは、どんな障害か？

**D　今はないが必要なプラス要因は…だ**

・今の私に欠けていて、手に入れたら、この分野の評価を大幅に上げる要因は何か？
・今まで聞いたり、感じたりしていないどんな言葉や感情を、他の人々から与えられる必要があるか？
・他の人にやめてもらう必要がある言動は何か？
・この次元で、何から満足感や達成感を得ているだろうか？

**ステップ3**　ステップ2の答えに含まれている判断や否定的信念をすべて赤で囲め

**ステップ4**　この「人生の次元」で「現実」を「理想」に変えるために、乗り越えなければならない障害を挙げよ

**ステップ5** この「人生の次元」で「現実」を「理想」に変えるために、利用できるあなたの資源を挙げよ

**ステップ6** あなたの自覚的障害単位（ＳＵＤ）を評価せよ（理由も述べよ）

**ステップ7** この「次元」で変化を起こす必要性の程度を、「緊急」、「高」、「中」、「低」から一つ選べ

「人生の次元」の各分野の表を、一つずつ完成していってほしい。変化を起こすべきだと感じているそれぞれの「人生の次元」について、「理想」と「現実」のそれぞれの自己評価表を作成しよう。ちゃんとしたものを作るために、時間をかけること。一回ですべてやらなければと感じることはない。それよりも、必要ならこの作業を何日かに分けてやることを勧める。だが、いつまでに評価を終えるか自分自身に約束してほしい。この大事な作業を行うために、時間帯を決めて特別に時間をとっておくのも、良い考えだ。

**《課題一六》**
すべての分野および「人生の次元」について評価を終えたら、次ページの「優先順位一覧表」を見てほしい。優先度（緊急、高、中、低）ごとに四つの欄がある。この表は、どれから変化を起こすか決めるのに役立つ。あなたが五つの「人生の次元」について特に急いで変化を起こす必要があると考えているとしよう。そうした「人生の次元」を優先度の高いものから順に書いてほしい。「緊急」に分類した五つの「人生の次元」のうち、もっとも急ぐ必要があるのはどれか？　その「次元」を、「緊急」欄のいちばん右側に書こう。そのとなりに、二番目、三番目、四番目、五番目と順番に書いていく。すべての「人生の次元」が優先順位表のどこかにあるように、それぞれの次元についてこれを行ってほしい。

## 優先順位一覧表

| | |
|---|---|
| 緊急 | |
| 高 | |
| 中 | |
| 低 | |

## 「人生の次元一覧表」をつくろう

さて、これまでの苦労の成果を総合的に見るために、「人生の次元一覧表」を五つ」(個人面・対人関係面・仕事面・家庭面・精神面の各分野についてそれぞれ一つずつ) 作成してほしい。次ページに見本がある。この表を作成するのは、「人生の次元」の表の五つの分野に含まれた各「人生の次元」について、一ステップずつの自己評価を完了してからにしてほしい。さて、「人生の次元一覧表」の見本を見てみよう。「個人面」という分野名の下に各「人生の次元」について1から10までの数字が並んでいるのに、気がついたと思う。この数字は、特定分野のそれぞれの「人生の次元」評価表を作成した時点での、あなたの自己評価を示している。表のいちばん左に、その分野全般の評価を示す数字がある。ここに、一覧表の評価の平均値を書いてほしい。たとえば、もし「自尊心」と「経済状態」の評価がそれぞれ4で、「教育」と「健康」の評価がそれぞれ8なら、合計24を4で割って平均値は6になり、この数字が、この分野全体の評価となる。

この「人生の次元一覧表」は、各「人生の次元」についてあなたが自分自身に与えた評価を一覧にしたもので、人生のその分野で、こうした評価が平均値とどのように結びついているかがわかる。五つの分野のそれぞれについて、この一覧表を作成してほしい。

## 人生の次元一覧表

【分野】個人面

| 自尊心 | 教育 | 経済状態 | 健康 | 分野全般 |
|---|---|---|---|---|
| 1 | 1 | 1 | 1 | 1 |
| 2 | 2 | 2 | 2 | 2 |
| 3 | 3 | 3 | 3 | 3 |
| 4 | 4 | 4 | 4 | 4 |
| 5 | 5 | 5 | 5 | 5 |
| 6 | 6 | 6 | 6 | 6 |
| 7 | 7 | 7 | 7 | 7 |
| 8 | 8 | 8 | 8 | 8 |
| 9 | 9 | 9 | 9 | 9 |
| 10 | 10 | 10 | 10 | 10 |

次に、ノートの何も書いていないページの上に、「判断」と「否定的信念」を書きだそう。いちばん最初の評価表に戻って、丸で囲んだ判断や否定的信念を一つ残らず探すのだ。一つずつこの新しいページに書き出そう。このリストが完成したら、あなたが現在信じていて、マイナス思考の対話のかたちで自分をプログラミングする時に利用しているすべてのことを示す一覧表ができたことになる。

## 優先順位をつける

最後に、プログラミングに関しても、今のあなたの人生での一般的な優先順位に注意を向けよう。私が言っているのは、あなたがいちばん大事にし、あなたの心から片時も離れないもののことだ。これは、先ほど優先順位をつけた変化とは違う。ここで扱うのは、望ましい変化ではなく、あなたが関心を持っていることだ。所定の欄に、人生で優先順位が高いものを上から五つ書きだしてほしい。まず、人生でもっとも大事だと思っているものを、一番右の欄に書き込もう。次に二番目に大事だと思っていることを書き、その調子で五番目まで並べてほしい。こうした価値観の中には、はっきりと分けられないものもあるかもしれないが、それでも強いて1から5まで順位をつけてほしい。よく考えて自分にとって何が大事か、自分の心に正直に問いかけよう。

**優先順位**

| ❶ | ❷ | ❸ | ❹ | ❺ |
| --- | --- | --- | --- | --- |
| | | | | |

## ●——長時間費やしていることを書き出す

この大切な練習は、まだ終わっていない。今度は、次ページの表の空欄に、あなたが時間を費やしていることを、時間が長いものから順に並べよう。一番のところには、睡眠時間を除いてもっとも多くの時間をかけている活動を書いてほしい。正直に正確に書くこと。たとえば、一日は二四時間だ。もし睡眠時間が八時間なら、残りの起きている一六時間が、さまざまな活動に配分されていることになる。一日のうち一〇時間を仕事関係（通勤時間と労働時間）のことに費やしているなら、単純に計算して、いちばん多くの時間を費やしているのは仕事ということになる。これで残りは六時間になった。もしも、そのうちの三時間をテレビを観て過ごしているなら、二番目はテレビになるだろう。これはあくまで例にすぎない。時間をかけて、正直かつ正確に、自分の時間配分について所定の欄を埋めてほしい。

このガイドつきの旅で紹介したすべてのステップの作業を終了したら、今度は分析タイムだ。あなたは、自分の人生をいくつかの「人生の次元」に分けて、徹底的に系統立てて評価するという作業を終えた。たぶん、今ノートには、これまでに誰もやったことのないほど、客観的で徹底的なあなたについての評価が書かれていると思う。自分が生み出した大量の情報の中で迷子になりそうになったら、一覧表で「全体像」を把握するといい。

## 時間配分表

| | ❶ | ❷ | ❸ | ❹ | ❺ |
|---|---|---|---|---|---|
| 活動 | | | | | |
| 時間（パーセント） | | | | | |

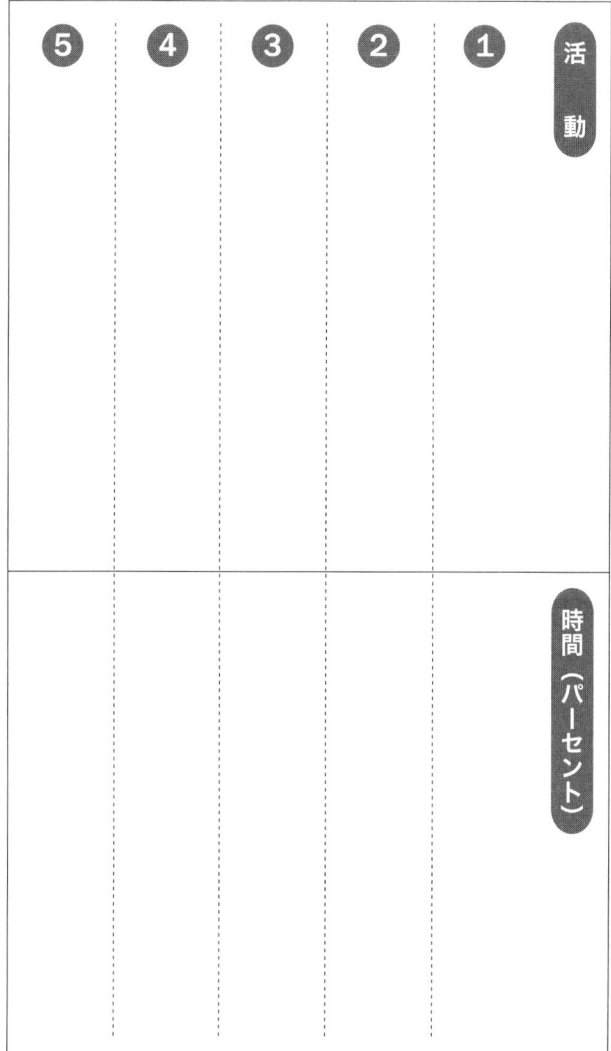

**これらの情報を駆使して、何をするのだろう？**　まず、この情報を見直して、自分の人生のテーマを知ることができるかどうか確認するのだ。たとえば、

・現実と理想にどれほどのギャップがあるか自問する。著しくかけ離れているだろうか？　それとも差はわずか、あるいはほどほどだろうか？

・問題を抱えているのは、人生の一、二の分野に集中しているだろうか？　それとも、さまざまな分野に分散しているだろうか？

・あなたの判断や否定的信念のテーマは何か？　つまり、状況に関わらず、一貫して自分に言い聞かせがちなことがあるか？

・自信喪失や自己嫌悪にかられているだろうか？

・あなたに特徴的な感情は何か？　怒り、恐怖、苦痛などだろうか？

・肉体的、感情的、精神的エネルギーを主に消耗させているものがあるか？

・「優先順位一覧表」を見直してみて、違う項目に分けたものの中で類似点があるだろうか？　たとえば、最優先すべきこととしてリストアップしたものは、行動に関連したものだろうか？　それとも、もっと個人的なものだろうか？

・あなたの優先事項は、他の人に絡んだものが多いか？　それとも、もっぱら、あなた個人に関するものだろうか？

・必要な時間についてはどうか？　至急取り組まなければならない優先事項は、短期的なものか、長期的なものか？

人生の現状と目標達成までにかかる時間のようなものをより実感できるように、これらの質問と、頭に浮かんだ他のあらゆる質問に答えよう。このように洞察し、全体像をつかむと、人生を正しい方向に向かわせる際に非常に役に立つ。

**《課題一七》**

自分の性格プロフィールを書いてみる。段階的な分析の結果を一覧表に写し、あなたの回答に共通するテーマのようなものを探したら、いよいよ診断の最後の段階だ。すべてではなくても、たいていのことには、良い面と悪い面がある。あなたが今終えたばかりの段階的な分析を行うメリットは、人生全体を評価するといった、難しくて手に負えないような作業がやりやすくなることだ。デメリットは、細かく分けると、全体的な特徴がわからなくなる恐れがあることだ。ケーキを食べる場合と、ケーキの材料を一つずつ食べる場合を、比べてみればいい。ケーキには特有の風味ときめがあるが、砂糖を一口食べてからバターを一口、小麦粉を一口といった食べ方をすると、ケーキの風味ときめが失われてしまう。人生を細かく分けると、扱いやすくなって、理解もしやすくなるが、望むものを生み出すことについて考える際には、人生のきめと風味を保つことも大切だ。

だから、これから取り組んでもらう、自分自身の望ましい性格プロフィールを書き留める作業は、人生診断の最後の課題ではあるが、重要性がもっとも低いわけでは絶対にない。方法や理由について細部にこだわりすぎずに、目標を達成したら人生がどんな風に見え、どんな風に感じられるか、熟知することが大切だ。この性格プロフィールは、あなたの「北極星」になるかもしれない。あなたを正しい方向に向かわせ続ける具体的なイメージになるかもしれない。望みが叶ったら、特定の次元であなたの人生がどんな風に見え、どんなふうに感じられるかということについては、これまでにある程度詳しく取り上げてきた。しかし、私は今もっと大きなスケールで、あなたの人生について語っている。たとえれば、船のデッキから見るのとは対照的に、一万フィートの上空からあなたの人生がどう見えるか、私は語っているのだ。

この性格プロフィールについては、感動的な劇の主役用の台本を書くような感じで書くことを勧める。この場合のドラマチックな劇は、あなたの人生であり、主役はあなただ。主役の台本を書いているなら、演じる人間が、口調や雰囲気、態度、その役の個性や行動の基調が理解できるように書かなくてはならない。登場人物の表面的な態度はもちろんのこと、心の中で抱いている感情を、俳優に伝えなければならない。ここでもう一度言っておくが、理由や方法にこだわってはならない。登場人物がどんな風に見え、感じ、行動するかにだけこだわろう。

この課題には、ある程度の想像力と空想力が必要だ。この課題だけは、想像力と空想力がプラスになる。自分が望むものを手に入れたらどう感じるかを、この性格プロフィールの中で、言葉で表現する必要があると言っているのは、よく考えないと、自分がどんな感情を抱くかわからないことを、私は知っているからだ。よく考えること——これこそがあなたがしなければならないことだ。たとえば、もし、マラソンに参加して勝つことを夢みているなら、他の参加者をすべて負かしてレースを制したことを知りつつゴールした時、どんな気分がすると思うか、言葉で表現してほしい。観客の喝采を聞き、それがすべて自分に向けられたものだとわかっている時、どんな気分になるだろう？　この課題では、こうした感情を突き止め、「北極星」の一部として利用できるように、想像の世界に入り込むことが必要だ。こんな風に想像や空想が役に立つことは、めったにない。ぜひ、この貴重な機会を楽しみながら、自分の目的地を熟知してほしい。

私が数年前に仕事を通じて出会ったある女性は、この課題を実に見事にこなし、本書で例として紹介しても構わないと言ってくれた。キャロルの例は、あなた自身の性格プロフィールを作成する時に、内容的に参考になるというより、あなたがどういう点に気をつけたらいいか示すものだ。このことを念頭に置いて読み、人生というドラマで、楽しみながらあなた自身を演じてほしい。キャロルは、説明するという目的のために、第三者になりきって自分自身のことを書いている。

## ●——キャロルが書いた「自分自身」

キャロルは三八歳だが、よく笑い、生き生きとした目をしているので、年齢よりも若く見える。自分の将来に何が待ち受けているのか楽しみにし、楽観しているように見える。キャロルは毎日、自分の精神面、健康面、感情面に気を配っている。傷ついたり腹を立てたり、憤ったりしたままでいることはなく、こうした感情が沸き上がってきたら、そのつど処理している。定期的に運動しているが、強迫観念に駆られているわけではなく、楽しみながら身体を動かしている。

キャロルは、自分の時間を持つために、他の家族よりも三〇分早く起きる。祈りを捧げ、聖書を読むことにそれぞれ数分費やしたあと、計画性をある程度保てるように、その日一日の予定を立てる。キャロルは、相手の希望にはお構いなしに、毎朝、夫と二人の子供を抱きしめたり、軽く叩いたりして起こす。キャロルは、自分と周囲の人間を元気づけるような楽観主義と、すがすがしい気分で一日をはじめる。職場で誰かに会うと、あいさつする。キャロルは一日中、誰といる時でも肩の力を抜いてリラックスしている。人には自分から話しかけるが、ごり押しはせず、相手がうち解けなくても、自分はきらわれているのだと受け止めない。注目の的になりたいとは思わないが、空気のような存在ではない。キャロルは物おじせず、一人でいる時も誰かといる時もくつろいでいる。

キャロルは、過去のしがらみを捨て、自分を傷つけた人間に対して何年も抱いていた怒りや憎しみ、憤りを捨て去った。自分の人生に関わっている全員と和解したわけではないが、心の扉を開いており、向こうもそのことは承知している。彼女の心に入りたい人間がいれば、正当に扱い、受け入れるつもりだ。相手にその気がなくても、二人の間に壁を築いているのは自分ではなく、相手だとわかっているので、それで心がかき乱されることはない。

キャロルはふたたび、友人と積極的に付き合い、趣味にいそしんでいる。結婚生活と家庭生活に心を砕きつつ、一個人としての生活も保っている。人生のすべてのことと同じように、彼女は、家族と友人、義務と気晴らしの間で、適当なバランスを維持している。

これらは、キャロルの総合的な性格プロフィールから三分の一ほど抜粋したものだ。ここで引用したもの以外に、彼女は以下の話題にも触れた。

・自尊心
・罪悪感
・動機付け
・経済状態
・ユーモア
・独断

・忍耐
・批判精神
・傾倒
・自制

もう一度言っておこう。キャロルの例は、人生が望みどおりになったら、どんな風に見え、どんなふうに感じられるか言葉に表す際のガイドとして利用してほしい。

## ●――自分の人生に責任を持つ

これで、人生に段階的で有意義な変化を起こしはじめる準備ができた。あなたは無知なわけではなく、知識を持っているだろうから、この難業に取り組むにあたっては、弱い立場ではなく強い立場で取りかかれるだろう。あなたは、一〇の人生の法則について適切な知識を持っているし、自分自身についても適切な知識を持っている。

これまでの章で取り上げた課題をすべて終わっていたら、混乱せずに考えがまとまっていると自分で感じるはずであり、人生に大至急必要なものに全力を注いでいるという実感があるはずだ。

自分自身について発見した真実が気に入らないかもしれないが、少なくともあなたはもう、こうした真実を知っている。それに、「人生の法則4　自分が認めていないことは変えられない」については、逆もまたしかりである――つまり、**自分が認めていることは変えられる**という事実に、慰めを見出すことができる。

## ●――夢と目標

さて今度は、「目標」について考えよう。まず、夢と目標にはどんな違いがあるか理解する必要がある。この二つを区別すれば、夢を目標に変えはじめることができる。

誰しも、少なくとも一度は、将来自分がどんな人生を送るか夢見たことがあるだろう。夢を見るのが健全なことである場合もある。夢は人を奮い立たせ、過去に縛られずに、将来の人生に目を向けさせるからだ。夢を見るのに必要なのは、もっぱら精神と感情だけであり、想像力が許すかぎり、いくらでも夢を見ることができる。夢を見るのにエネルギーはほとんど必要ないし、行動も不要だ。現実の世界に存在する限界や真実に、縛られることもない。夢が高じて、豊かな空想の世界で、刺激的で素敵で、時には風変わりですらある、ありとあらゆる出来事を自ら作りだして体験する人もいる。

何を夢見るとしても、それは現実ではないと考えよう。夢は、毎日生きている世界ではないし、つかのま現実逃避できることをのぞいて、これといった効果はない。だが、場合によっては、夢は気を紛らわしてくれ、プレッシャーを感じていればそれを和らげ、現実の人生を変えるのに役立つかもしれない。

夢を見るのは簡単だが、夢を現実に変えるのは容易ではない。誤解しないでほしい。望む人生を夢に見て、リアルで事細かな空想の世界を築くことが、よりよい方向への本当の変化を起こすうえで、重要な第一歩となることも少なくない。

**独創性と、空想にふけりたいという意欲さえあれば、夢は見られる。だが、こうした夢を現実に変えるためには、それだけでは不十分だ。エネルギーと戦略、計画、そして非常に特別なテクニックと知識が必要だ。私は、これらのさまざまな要素を、「戦略的人生計画」と呼んでいる。**

そろそろ、夢を目標に変える術を具体的に学んでもいい頃だ。というのも、実際に追求し、その手につかめるのは、夢ではなく目標なのだから。現実的な目標を追求するには、重要な七つのステップがある。これらのステップを学び、戦略上の目標を追求するのに利用すれば、目標を達成できるだろう。

# 第一三章

# 目標設定の七つのステップ

## ●——ステップ1　具体的な出来事や行動のかたちで自分の目標を表現する

夢では、細かい部分がうまく誤魔化されたり、そっくりそのまま省かれたりすることが多いが、目標は、何が望みか混乱する余地がない。達成可能な目標を定めるためには、活動のかたちで定義することが必要だ。つまり、目標を構成する出来事や行動のかたちで表現しなければならないのである。

たとえば、夢の場合、旅行に行きたいという欲求は、単純に「世界を見たい」という言葉で表現されるかもしれない。いっぽう、目標や現実の場合は、「世界を見る」という言葉が意味するものを具体的に表す活動や行動で表現する必要がある。「私は五年間、毎年、三つの州と一つの国を旅行したい」といった具合だ。欲求は、いくつかのステップに分ければ、あいまいで「空想的な」夢よりはるかに直接的に管理したり、追求したりできる。

**【結論】**……　夢を目標に変えるには、それを活動のかたちで、つまり何がなされるかというかたちで、具体的に定義しなければならない。自分が何を望んでいるのか、はっきりさせるのだ。明確に目標を知り、定義するのである。次の問いに答えられないといけない。

・目標を構成する具体的な行動あるいは活動は何か？　「目標どおりの人生を送っている」時、

何をしていて、何をしていないだろうか？

・目標を達成した時、どうやってそのことがわかるだろうか？

・目標を達成したら、どんな気分になるだろうか？

具体的に詳しく表現された、これらの質問への答えは、欠くべからざる道しるべとなり、目標に向けて実際に前進しているかどうか、あるいは、途中で軌道修正する必要があるかどうかを教えてくれるだろう。思い出してほしい。「幸せになる」というのは目標ではない。これは出来事でも行動でもないからだ。目標を見つけようとするなら、こういった曖昧さは禁物である。幸せになりたいなら、幸せを「定義」しなければならない。

## ●――ステップ2　達成度を測れるようなかたちで目標を表現する

目標は夢と違い、努力の成果が目に見え、達成度を測れるようなかたちで表現しなければならない。管理できる目標にするためには、どれくらい前進したか判断できなくてはならない。どの程度まで目標を達成したかわかっておく必要がある。何らかの方法で、実際に目標を達成することができたかどうかわからなくてはならない。夢の世界では、「私は、実りあるすばらしい人生を送りたい」と言っても許される。だが目標と現実の世界では、「ステップ1」で述べたのと同じように明確に、かつ測れるかたちで、「すばらしい」という言葉と「実りある」という言葉を定義することになる。つまり、どれほど「すばらしい」人生を送っているか、どれほど「実りのある」人生かわかるように表現するのだ。次のような問いかけをするといいかもしれない。

・すばらしい人生であるためには、どこに住まないといけないか？
・すばらしい人生であるためには、誰と人生をともにしなければならないか？
・どれくらいのお金が必要か？
・どんな仕事や活動をしていなければならないか？
・どんな行動をとっているか？
・特定の活動にどれくらいの時間を費やしているだろうか？

測れる結果の例は他にいくらでもあるが、言いたいことはわかってもらえたと思う。

**【結論】**……目標に近づいているかどうか、あとどれくらいの道のりがあるか、目標を達成したかどうか、といったことがわかる、測れる結果で目標を表現しよう。先に述べたような問いかけをして、自分の目標が適切かどうか調べよう。

## ●——ステップ3　目標に期限を設けよう

定義も期限もあいまいな夢と違い、目標には達成までの特別なスケジュールが必要だ。夢の世界では、「いつか金持ちになりたい」と言っているかもしれない。だが目標や現実の世界では、「二〇一三年の一二月三一日までに、年収を一〇万ドルにしたい」といったような言葉になる。スケジュールや期限を決めることによって、目標に計画性を持たせることができる。期限を設けることで、切迫感や目的意識を抱くようになり、重要な動機付けができるようになる。目標を持つと、時間を気にすることが求められ、怠けたりグズグズしたりしてはいられなくなる。

どれくらいの期間を設けようと構わないので、いついつまでに目標を達成するという期限を決めよう。かりに、目標が、二〇週間で三〇キロほど体重を減らすことなら、期限は、ダイエットを始める日から二〇週間後ということになる。逆算していくと、一〇週が終わったちょうど中間点でどの程度体重が減っていないといけないかわかる。同じ要領で、五週間が終わった時点、一五週間が終わった時点で、どの程度体重が減っていないといけないかもわかる。予定を組めば、自分の計画が現実的かどうか評価し、目標達成のためにどれくらい努力が必要か判断できる。

**【結論】**……　スケジュールに従い、一定の期限を守ってこそ、目標を達成できる。自分の望みを明確に定めたら、いつまでに目標を達成するのか期限を設けなくてはならない。

## ●――ステップ4　コントロールできる目標を選ぶ

夢の中で空想する出来事はコントロールできないが、目標は、自分でコントロールして操ることが可能な生活面に絡んだものでなければならない。夢の世界で、「私の夢は、美しい『ホワイトクリスマス』を経験することだ」と言ったとしよう。この発言をより現実的にすると、「クリスマスには、家族のために、郷愁を誘う伝統的な雰囲気を演出しよう」となるかもしれない。もちろん、天気や雪はコントロールできないので、目標にするには適切ではない。だが、飾り付けや音楽、クリスマスのごちそうといったものならコントロールできる。こうした環境はコントロールできるので、目標に加えるのは適切なことだ。

**【結論】**……目標を見つける際には、自分ではどうしようもないことではなく、コントロールが可能なことを選ぶ。

## ●――ステップ5　目標達成につながる戦略を立てる

何かを熱望するだけの夢と違い、目標には戦略的な計画が不可欠だ。状況Aから状況Bに移るための戦略を立てるか否かで、結果が左右されかねない。本気で目標を追求するためには、それに関連する障害と資源を現実的に評価し、現実を踏まえた戦略を立てることが必要だ。

充分に計画された戦略を持つ大きなメリットは、意思の力にむやみに頼るという過ちを犯さずにすむことだ。覚えておいてほしい。意思の力が必要だというのは誤った考えだ。意思の力は、心を奮い立たせる燃料としては当てにならないものである。熱中している時には、一時的にがむしゃらになるかもしれない。だが情熱が冷めると、足が止まる。間違った出発点に立ち、やる気が起きない時、活力が湧かない時があるということを、あなたは知った経験が幾度もあるはずだ。

**やる気のでない時にも確実に前進するには、やる気が湧かない時でも努力を続けられる堅実な戦略を立てるしかない。**具体的に言えば、環境を設定し、予定を組み、責任をはっきりさせ、というに情熱が冷めていても、環境と予定と責任の三つが自分を支えてくれるようにしなければならない。

例えば、定期的に運動することが目標だとしよう。新しい計画に熱中している時なら、外に出て運動するのはたやすいことだ。だが、原動力となっているのが感情（意思の力）であれば、二月の寒い朝、運動なんてどうでもいい、それより眠りたい、と思った時にはどうなるだろう？意思が消えても、必要性はなくならない。それまでやってきたことをやめるのが難しい、もしくは不可能な環境を作らないことには、頑張り抜くことはできないだろう。

ごくごく単純に環境を設定するだけでも、めざましい効果がある。たとえば、仕事を終えて帰宅するころには、私はいつもお腹を空かせている。長年にわたり、台所に通じるドアから家に入るのが習慣になっていた。夕食前には何も食べないでおこうと何度も心に誓う。意思の力が勝つこともあれば負けることもあった。台所に足を踏み入れると、誘惑だらけだ。大皿にクッキーが載っている日もあれば、チョコレートケーキ(などの簡単につまめるもの)が置いてある日もあった。そこで私は、意思がくじけないように、台所に通じていない別のドアから家に入ることにした。こうして、挫折する心配なしに、どっぷり染みついていた反射的な食習慣を断ち切ることに成功した。この方法は実際、当てにならない意思の力に頼るよりも、はるかに苦痛が少なく効果的だ。

同様に、もし私が、誰かの環境に影響を及ぼして、自分が望む通りに設定できるのならば、同じように相手の行動についても、良い影響を与えたり、コントロールしたりできる。たとえば、私はタバコをやめさせることができる。環境を完全にコントロールできれば、一〇〇パーセントの確率でタバコをやめさせることができる。考えてみよう。私は、タバコがない環境に相手を放り込むだけでいいのだ。これで一件落着である。だがあいにく、パラシュートで南極に送り込みでもしないかぎり、タバコのない環境を確実に作ることはできないだろう。それでもこうした方向に持っていけば、成功するチャンスが高くなるはずだ。

三〇日間で五〇〇ページの本を読んで研究したいと思っているとしよう。まず第一に、どうすれば達成可能な目標になるかということに注意してほしい。この目標は具体的で、測れるもので、期限もある。割り算すれば、一日に何ページ読めばいいか簡単にわかる。**本当の**難問は、実際に本が読めるよう、自分と自分の環境を設定するための計画を立てることだ。これには以下のことが必要になるだろう。

・決められたページ数を読むのに、一日にどれくらいの時間が必要か知ること
・読書ができる時間帯を知ること(ここでは予定を組むことが大切だ。意思の力に頼ると失敗する。特別に時間を確保すれば成功するだろう)
・邪魔が入らず気が散らない環境で、忙しい日でも、決まった時間には必ず自分がいられる場所を知ること

なぜ、環境を設定することが大事なのか。それは、人生には、誘惑と挫折の機会がいっぱいあることを認識できるからだ。誘惑と機会に対抗するには、より建設的で、自分に仕事を課すような行動をとるしかない。環境を設定しないと、最後まで頑張り抜くのがいっそう難しくなる。

アルコール依存症患者や喫煙家が、中毒に打ち勝つのがどれほど大変なことか、考えてみよう。禁酒しているアルコール依存症患者に、バーテンの仕事に就いたり、バーなど、よく酒を飲みに行ったところに入り浸り続けるよう、勧めたりするような真似はしないはずだ。禁酒に成功する

ような環境を作ってやるとなれば、アルコール依存症患者をまったく新しい環境に放り込むのではないだろうか。昔からの飲み仲間と付き合わないように、強く勧めることだろう。飲みたいという衝動に特に負けそうな時は、酒を飲みながらではできない行動をとるよう勧めるだろう。池の周りをジョギングして、新鮮な空気を吸い込みながら、仲間と酒を飲むのは難しい。あなたもこれと同じように、悪い結果になるのを阻止するような行動を自分にとらせて、環境を設定することができる。

環境を調整することは、つねに大事だと思ってほしい。もしあなたが喫煙家で、タバコをやめたいと本気で思っているなら、喫煙を避けることが可能なあらゆる方法で自分の環境を設定することだ。あなたは、今までとは違うさまざまな行動をとり、これまでタバコを吸っていた場所や時間を避け、タバコを手に入れられないようにするかもしれない。次のような措置をとるのも悪くない。

- 家からタバコを一切なくす
- タバコ代になるような小銭は持ち歩かない
- あなたが必死に頼んでも、タバコを渡さないよう、同僚と友人全員に頼んでおく
- 朝目覚めてすぐ、食後、アルコールを飲んでいる時など、いちばんタバコがほしくなる時間帯に行う活動を決めておく

【結論】……計画を立て、その計画を実行すれば、目標を達成できる。意思の力ではなく、戦略と計画、環境設定に頼ろう。望ましい結果を「促す」環境を作る。失敗につながる場所や時間、状況や環境を知ろう。そうしたものを設定し直し、本当の望みには太刀打ちできないようにする。

## ●——ステップ6　段階的な目標を定める

私たちは、夢の世界では、ある日突然「そんな結果になる」のだという振りをしている。だが目標は、最終的に望ましい結果につながる、いくつかの測れる段階に慎重に分けられる。夢の世界で、「夏までに服のサイズを一八から八に落とそう」と言ったとする。現実を踏まえて言うと、「これから二〇週間の間、何らかの方法で一週間にだいたい一・五キロずつ体重を減らそう。二〇週間経てば、サイズ八の服が着られるだろう」となる。人生の一大変化は突然起こるのではない。一度に一段階ずつ起きるのだ。全体的に見れば、三〇キロ近くも体重を減らし、服のサイズを一〇段階も落とすなんて、気の遠くなるような話だと思う人もいるだろう。だが、いくつかの段階に分けて週に一、二キロ減らすとなると、断然コントロールできる目標に見えてくる。

【結論】……一定間隔に分けた適切で現実的な段階を着実に進めば、最後には成果がある。実際に取り組む前に、どんな段階があるか把握しておこう。

## ●――ステップ7　目標達成までの進捗状況に責任を持とう

思いどおりにできる夢と違い、目標は、ある程度の責任を節目節目に持つようにできている。たとえば、夢の世界で、自分の子供が学期末にオール一〇の通知表をもらってきても、当たり前のことだと受け止めるかもしれない。だが目標と現実の世界では、この子どもには段階的な責任があり、たぶん宿題や小テストや試験の結果を評価するために、毎週金曜の午後、あなたか先生に報告するだろう。このように節目節目で責任を持たせると、子供は毎週、自分の成果を評価されるとわかっているので、意欲的になる。

責任を持たないと、人は自分自身を欺き、確実に目標に達するよう調整できる時期に、自分の到らない点を自覚できなくなる傾向がある。家族や友人の中で、あなたの「チームメート」になりそうな人物、進捗状況を定期的に報告する相手は誰か、考えてほしい。誰かが自分をチェックしており、失敗すればそれなりの結果になるとわかっていれば、人は誰でもより良い反応を示すものだ。

**【結論】**……あなたの行動あるいは怠慢に対して、自分に大きな責任を持たせよう。目標のために努力していると感じる日もあれば、努力していないと感じる日もあるだろう。けれども、自分の望みと、いつまでに望みを叶えたいかという期限を正確に把握し、時間を確保すると同時にしかるべき環境を整え、そして責任を持たなければそれなりの結果になることを承知していれば、目標を追いかけ続ける見込みがぐんと高くなる。目標を達成しないではいられないように、自分自身に責任を持たせよう。

変化を起こすための独自の戦略を有効なものにするには、どんな目標を達成する時にも共通するこれら七つのステップを、計画を立てる段階で、実際に取り入れる必要がある。

第一四章

# 自分の公式を見つけよう

## ●――人生を変えるには、「努力」と「意欲」が不可欠

あなたはすでに、三つの重要な出来事を経験した。たぶん人生で初めて、何ものにも邪魔されずに自分自身の核心部分に迫った。結果を左右する一〇の人生の法則を通して、世の中の実状について学んだ。人生の戦略の要である、目標の立て方と達成の仕方について、重要な情報を身につけた。

戦略を立てて自分の人生をコントロールしている時に人が抱く感情について、私がめっきり疎くなったのでないかぎり、あなたは今、二つのよく似た感情を抱いていると思う。いっぽうで、おそらく、幾ばくかの紛れもない不安を感じており、ひょっとしたらいくぶん恐怖すら覚えているのではないだろうか。

それでも構わない。本書で大まかに説明した練習を行い、「人生の法則」を本当に学んだのであれば、あなたの人生の基礎と論理は根底から揺らいでいるかもしれないので、それも当然である。あなたはたぶん、現時点で自分という人間のほとんどすべての側面に疑いの目を向けるか、少なくとも吟味しているだろうし、時間を無駄にするのをやめなければ、と切迫した思いを抱いているかもしれない。

あるいは、これまでに下した決定や今までにとってきた、あるいはとらなかった行動のことで

自分に腹を立てているかもしれない。

こうした感情がプラスに働く場合があるとはいえ、人生の大部分をなかったものと見なしてやり直すには、あなた自身が途方もない努力を払い、並々ならぬ意欲を持つことが求められる。もはや、あなたの人生には、習慣や安全地帯が入り込む余地はないし、頑固でいる余裕もない。あなたの人生パターンに見られるこうした特定の側面を取り除くとなると、震え上がって、心が千々に乱れる可能性がある。だが、自分がこういった態度、特に頑固な態度で人生を歩み続けることはできないことが、今のあなたにはわかっていると思う。

あなたは、テキサス人の言う「ゴムホースのように柔軟」でなければならない時期にさしかかっている。これまでずっと習慣から自動的に抵抗してきたほとんどすべての物事について、あなたは自ら進んで異議を唱え、テストし、挑戦しなければならない。

第二に、あなたは恐らく、おおいに興奮を感じているのではないだろうか。もしそうでないなら、興奮を感じるべきだ。前に述べたように、これはあなたの人生を次のレベルに引き上げる最高の試みである。これは、計画によってあなたの人生を組み立て、したいことをし、なりたいものになる機会である。

あなたは本書をここまで読み進むうちに、与えられた課題をこなして、自分自身について知り尽くすようになった。あなたが自分の人生の実状について、いくつかの重要な真実に気づくか、改めて学んだものと思いたい。

**無関心な態度や無感動という言葉で表される、アメリカに密かに蔓延する流行病に、自分もかかっているかもしれないと思ったはずだ。自分の人生は一〇の不変の「人生の法則」に左右されており、人生の戦略にこれらの法則を取り入れれば人生の勝者になれることを、まず間違いなく知ったはずである。**

**これらの「人生の法則」に背けば、厳しい罰を受ける恐れがあるという結論にも、当然達したことだろう。さまざまなテストや診断シート、包括的なガイドつき人生の旅を通して、あなたは、今後焦点を合わせる弱点にスポットライトを当てたのだ。**

本書に真摯に取り組んできたなら、すでに難しい質問を自分にぶつけ、欠点も含めて自分自身をすべて認め、受け入れる気構えができている。あなたは、自分が決して完璧な人間ではないことを確認し、改善に取り組まないと必ず不幸になると気づいているかもしれない。

ガイドつき人生の旅に何とかついてこれたなら、優先順位を決め、確実に目標を達成するために、直視し、解決しなければならない重要な問題を、すでに見つけたはずだ。いつまでも試行錯誤を繰り返さないように、入念に計画された本物の変化にはどういう段階と状態があるか、あなたはすでに学んでいる。

あなたはもう、一度に一つの目標、一つの優先事項に取り組み、一段階ずつ人生を変えていくための人生の戦略を立てる用意ができている。これまでに学んだツールを利用して、あなたは最優先事項に取り組み、知識と結果に基づく、変化を起こすための戦略を練り、それにともなう決定的な行動を取りはじめることができる。

きっとあなたは、人生は勢いに左右されることに気がつくだろう。悪い方向に勢いづくと、不幸に向かってまっしぐらに進むことになる。逆に、必要な努力を払って、勢いを良い方向に転ずれば、幸せに向かってまっしぐらに進むことができる。

どんなに小さな、あるいは取るに足りないことのように見えても、前向きな行動をとるたびに、別な一歩を踏み出そうという気になり、ついには努力が積み重なって、人生を永久に変えられるような大きな力になることに気づくだろう。あなたは猛烈に努力し、良い結果と大きな勝利を生み出しはじめるだろう。

これまでに述べたように、あなたは過去も現在も、質の高い人生を送るのに必要な特性や道具、性質を自分の中に秘めている。欠けていたのは、意識とノウハウ、焦点と明快な理解である。だが今のあなたにはそれらがある。情報と動機と必要性もある。こうしたものはすべて、人生戦略の重要な基礎である。

だが、これまでにあなたが蓄積したプラス材料をすべて考慮しても、まだ準備と環境設定は万全とは言えない。非常に大事なステップがまだ一つ残っている。楽しく胸躍るものであると同時に、欠くことのできないステップだ。

それは、今後どういう行動をとるかを考えるステップであり、人生全般、そして特定の問題や挑戦にどのように取り組むかを考えるステップである。人生のすべての面に共通することだが、どんな気持ちや態度で、どれだけのエネルギーを傾けて人生戦略を実行に移すか選べることは承知していると思う。

この最後の章で、あなただけの人生戦略を立てる準備をする中で、勝者になる秘訣をいくつか学べるだろう。あなたが学ぶのは以下のことだ。

・自分の「公式」を見つけ、あなた独自の、そしてあなただけの必勝の性格を引き出す方法。これによって、あなたの人生は「注文設計」される
・成功と失敗をバネにして、現実の世界でうまくいく、あなただけの人生戦略を立てる方法
・職業や社会的地位に関係なく、すべての勝者に共通すること。世界クラスの本物の勝者に見られる、非常に個人的で具体的な考え抜かれた戦略や特徴、行動

## あなただけの公式を見つけよう

私たちは第一二章で、世界の全歴史の中で「あなた」という人間は一人しか存在しないという話をした。あなたには、独特の生き方がある。誰にでも、独自の個性や態度、日々の生きざまがある。誰にでも、独自の最高の生きざまがある。誰にでも、結果を生み出す独自の最高の性格がある。

あなたがすべきことは、もっとも実りある人生を送るための自分の公式、最高の性格を見つけて定義することだ。ほかの誰とも違う独自のものであるだろうが、それでいいのだ。常識的であったり、大勢に従ったりする必要はない。結果から見てあなたにとってうまくいくかどうかが目安だ。

それではあなたの公式は何か？　あなたに最高の成果をもたらす態度や熱の入れ方、行動、特性は何か？　これは、あなたが見つけ、従い続ける必要がある「必勝パターン」のようなものだ。「必勝パターン」は、プロのスポーツ選手によく見られる。プロのスポーツ選手は、ふだんの実力を発揮し、必勝パターンに従う必要がある。柄にもないことをすれば、惨憺たる結果になるだろう。

どんな公式や性格がうまくいくか判断するだけでなく、そうした生き方をする資格が自分にあると考えることも必要だ。他の人に敬意をもって扱ってもらえなくなるのでないかぎり、あるがままの自分でいる権利があると思わなければならない。世界に二人といない人間である権利を、進んで主張しなければならない。

もし自分の公式を見つけられなかったり、公式にしたがって生きる権利を主張したりしなければ、本書を通して蓄積した訓練や知識、情報はすべて無駄になる。あるがままの自分になってはいけないと、人に脅かされたり、命令されたりされるようではだめだ。

それでは、あなたの公式は何か？　あなたがベストを尽くすことができるのは、自信たっぷりで、場合によっては少しばかりうぬぼれている時だろうか？　それとも、密かに決意を固めている時だろうか？

あなたはがむしゃらなタイプだろうか？　それとも計画的でねばり強いタイプだろうか？　あなたが最高の自分になるのは、主導権を握った時だろうか？　それとも強い味方がいる時だろうか？

あなたが絶好調になるのは、積極的に何でも受け入れようとしている時だろうか？　それとも、健全な範囲で懐疑的な態度をとっている時だろうか？　あなたは一匹狼タイプだろうか？　それとも団結して事に当たるタイプだろうか？　何であれ、自分の公式を見つけ、誇りを持ってその公式に従って生きることだ。

よく、失敗から学べと言われる。これは真実を突いた賢明な言葉だ。あるやり方で試みて失敗したら、あなたは失敗につながった態度や行動に特別の注意を払い、自分の選択肢から抹消する必要がある。人々がうまくいかない態度や行動にこだわり続けるのには、いつも驚かされる。人々は、頑固に同じ行動をとり続け、壁に何度も何度も頭をぶつけ、結局いつも骨折り損のくたびれもうけになっていることに、気づいていないように見える。

私はこうした人たちにそのことをたびたび指摘し、実に基本的に思える質問をぶつけてきた。「どんな手段やかたちをとっても自分の行動がうまくいっていないことに、あなたは気づかなければならない。いったいなぜ、しつこくそんなことを続けているのか？」。

答えはほとんどいつも同じだ。「さあ、それが私のやり方なんです。私はこういう人間だから、そうしているだけです」。いったい、彼らは何を考えているのか？　何という人生戦略だろう？

これは敗者の人生戦略だ。正しくあることに頑固にこだわり、学ぶよりも負けるほうがよいと考えている人間の人生戦略だ。彼らは、自分の方法や行動が間違っていると認めるくらいなら、壁に頭をぶつけ、こんな結果になったのは世の中のせいだと考えるほうを選ぶ。

彼らは失敗から学ぼうとせず、自分の行動を正しい方向に持っていかない。自分が間違っていることを否定してはだめだ。自分の間違いを無視するのでさえもだめだ。自分が犯した間違いについて、じっくり考え、分析し、どうして失敗したのか原因を正確に把握すれば、二度と繰り返さないですむ。

失敗から学べということの言葉は適切な戒めだが、もう一つ大事なことがある。成功からも学ぶべきだ。自分の失敗例を研究して分析するのと同じくらい、熱心に身を入れて、成功例を研究し、分析しよう。

失敗例を研究することのデメリットは、もっぱら人生の悪い面ばかりに注意が集中してしまうことだ。自分の成功例を研究するメリットは、良い面に注意が集中することだ。人生の中で正しい方向に行っていることがあることはあなたも認めている。こうしたものを研究すれば、自分がそのように仕向けたから正しい方向に行っているのだということがわかるだろう。

## ●——成功例を徹底的に研究しよう

**私は運を信じないし、人生の偶然も信じない。私は、あなたの人生でうまくいっていることは、あなたがそう仕向けたからうまくいっているのだと信じている。**

**あなたの人生がうまくいっているのは、あなたが正しい態度や行動を選んで、正しい結果を生み出したからだと信じている。こうした成功例を研究すれば、有効な選択を繰り返す見込みが高**

**くなる。**

たとえば、ことのほかうまくいっている関係があるなら、腰を据えてその理由をじっくり考える価値はある。

何も私は、楽しむことなく何かを死ぬまで分析しろと言っているのではない。自分がその関係のどういう点に満足感を覚えているのかわかれば、役に立つと言っているのだ。

あなたは、うまくいっていない関係とは違うアプローチをとっているのだろうか？　もしそうなら、どんなアプローチだろう？　あなたは違う態度をとっているのだろうか？　あなたはこの関係に、ほかのあまりうまくいっていない関係よりも、一段と多くのエネルギーが必要な、高い優先順位をつけているのだろうか？

あなたはほかの関係からは得ていない、自分を元気づけてくれるような何らかの見返りや反応を、この関係から得ているのだろうか？　あなたとこの関係の何が、関係を特別にしているのか？　この関係がうまくいっているのはなぜか？

この成功例を研究することで、うまくいく態度や行動を突き止め、再現することができる。おそらくお互いに率直な態度で付き合えるのが新鮮なのかもしれない。その事実を知ることによって、同じような関係をほかの相手にも応用することができる。

たぶんこの関係では、あなたは珍しく素直なのかもしれないし、独断的ではないのかもしれない。あるいは相手に品定めされずに受け入れられていると感じているのかもしれない。もしそうなら、こうした特徴の土台がある関係を求めることができ、ひいては成功する可能性を高めることができる。

対人関係や仕事、スポーツ、問題の解決、健康、自己管理——何でも構わない。人生でうまくいっている分野があれば、その理由を突き止め、何度も何度も、それを再現しよう。

**《課題一八》**

人生戦略を実行に移しはじめる前に、今この場でこうした分析を行うと、後々役に立つだろう。三五二ページの「人生の次元」の表を使うと頭が働くだろう。

五つの人生の分野のそれぞれで、あなたにとってうまくいっていることは何だろうか？　もし一度でも成功を導き出したなら、もう一度同じことができる。

自分自身の成功例を研究するほか、他の人の成功と必勝の戦略を見習うのも、大いに役に立つ。敬服している人の特徴を見つけ、それを自分の性格や人生戦略に組み込むのは悪いことではない。自分以外の誰かになれと勧めているのではない。

すばらしい成果をあげている人が、知り合いの中にいて観察する機会があれば、あなたが感心している戦略や特徴を応用し、こうした人を研究して役割モデルにするのも、やってみる価値がある、と言っているのだ。その人のすべてに感心しているわけではないかもしれないが、卓越している点を選んで、積極的に見習うことはできる。

**他人の成功を研究するのは、私にとってはいつでも面白いことだった。最初は趣味だったものが高じて一生の仕事になってしまった。**若かりし頃でさえ、私は成功に惹きつけられた。私はスポーツをしていたが、実のところ、データや順位、評価といったものを研究するほど、のめり込んだわけではない。むしろ、首位のチームがなぜリーグの首位になったのか、成績トップの選手がなぜリーグ随一になったのか、その理由への関心のほうがはるかに高かった。

たとえばプロ選手について言えば、首位の選手と最下位の選手の違いは、基本的には、ないに等しいということを知った。億万長者のスター選手の大半は、必ずしも人より走るのが速いわけでも、高くジャンプできるわけでも、ついていくのがやっとの選手とは断然違う力技ができるわけでもないということも知った。何かほかの差があるに違いなく、それが何なのか知りたいと思った。

人生の中で、あなたが感服していて、成功している人は誰だろう？　同僚や雇い主かもしれないし、マスコミの報道や書物を通して知っているだけの国内の有名人かもしれない。あるいは両親など、家族の誰かかもしれない。それが誰であれ、自分自身について行うよう私が勧めたのとまったく同じように、時間をかけてその人の成功の公式を研究し、分析する価値はある。彼らは、あなたが感心し、成功の基盤だと確信するような哲学を持っているのだろうか？

彼らは、その他大勢の人とは違うとあなたが確信するような態度で問題を解決したり、人と接したりしているのだろうか？　彼らは仕事に対して、あなたが感心するような考えを持っていたり、意欲を見せたりしているのだろうか？

彼らは、自分が求めるものを手に入れるためなら、ある程度の危険を冒すタイプだろうか？どんな特徴であろうと、それを突き止めて見習えば、あなたにとってプラスになる。

## ●――成功者が必ず持っている一〇の要素

私は生涯、成功について研究してきたので、あなたが人生の勝者について研究して発見することに関して、あなたに有利なスタートを切らせることができる。

何年にもわたって、私は成功談とその中心人物について研究し、成功は偶然の賜物ではないという事実を発見した。たとえば実業界の勝者は、スポーツ界のチャンピオンや芸術界のスターと共通する特徴を持っている。つねに成功している人は、幸運なのではない。突破口を自ら切り開いたのだ。

彼らは、世界が立ち上がって注目し、ほうびを与えるようなことをする。目標や戦略はめいめい違うかもしれないが、彼らの戦略と成功するための計画をすべて並べれば、その戦略の核心に一定の共通項があることに気づくだろう。

この共通項は、成功の必要条件なのである。これがないと、あなたは失敗する。自分自身の人生戦略に取り入れてくれることを期待して、今ここで共通する特徴をあなたに教える。どれも選択の問題なので、他の人と同じくらいすぐに自分の人生戦略に取り入れられる。

これらは、戦略というスープに入れるきわめて大事な「スパイス」だ。細心の注意を払ってほしい。というのも、この情報を学んで自分の中に取り入れれば、効果があるからだ。私が研究してきた成功者たちが、必ず備えている一〇の要素は、以下の通りだ。

## ビジョン

つねに成功している人は、自分が望むものを手に入れている。自分が何を望んでいるか知っているからだ。彼らは、心の中で自分の望みを見て、感じて、体験する。

彼らは、自分の望みと目標をはっきりと心にイメージしているので、成功の瞬間を想像し、本当の出来事のように描写することができる。

たいていの人は、自分の望みが叶うと考えて期待に胸が弾むのを恐れる。望みが叶わなかった場合に、自分は不幸だと思ったり、失望したりするのが恐いからだ。

つねに成功している人は、こうした恐怖にとらわれたりしない。一か八かの覚悟で期待に胸を弾ませ、成功の瞬間を生き生きと手に取るように詳しく描写できる。彼らは、成功がどんな風に見え、どんなふうに感じられるか、自分の人生にどんな変化をもたらすか知っている。「北極星」となるビジョンを持っているのだ。ビジョンがあるからつねに意欲的で、能率よく軌道を進み続ける。

**戦略**

つねに成功している人は、心に描いているものを手に入れるための、よく考え抜かれた具体的な戦略を持っている。展望を持ち、期限を定め、成功までの過程をイメージしている。

いつどんな行動を、どの順番でとる必要があるか知っている。非常に大切なのは、それを書き留めていることだ。

こうした人たちは、戦略の目に見える拠り所となるカレンダーやフローチャート、フォルダーなどの書類を持っている。自分の資源を評価し、克服しなければならない障害を値踏みした戦略を立てている。

この文字になった戦略と、まざまざと心に描いた目標のおかげで、彼らは正しい針路を進み続けることができる。彼らは途中で道を逸れたりしない。自分の地図にない道には行かないのである。自分の「北極星」から目を離さないことで、彼らは目標に近づけない他の道を避ける。

**情熱**

つねに成功している人は、情熱を持ってゲームに挑む。彼らは、胸を高鳴らせて行動を起こす。エネルギッシュに行動する。彼らは、目標はもちろんのこと、それまでの過程にも情熱を注ぎ、最初から最後まで成功し続ける。

こういった人たちにとって、目標の追求は仕事ではないし、うんざりすることでもない。目標の追求は、愉快で面白いことなのだ。こうした人たちは、夜になるとしぶしぶ眠り、朝が来ると、自分が求めるものを手に入れようと、ベッドから飛び出す。

彼らの情熱は伝染しやすい。周囲の人間まで同じように胸を弾ませて目的を抱くようになる。

**真実**

つねに成功している人の人生には、否認や空想、虚構の入り込む余地がない。こういった人たちは、自分自身や他の人に対して「事実をありのままに語る」。

彼らは自分をダマすようなことはせず、自らに批判の目を向け、高いけれども現実的な基準を守る。人の意見を聞く際にもむきになったりせず、どんな情報にも何らかの価値を見いだせる。

彼らは、三塁ベースのうえで生まれて、自分が三塁打を放ったと思うような人間ではない。彼らは、自分がどういう人間かを知っており、それを踏まえて生きている。

自分の挑戦にはどんな限界があり何が要求されるか、といったことについて、自分に都合のいいように考えることはない。彼らは真実に対処する。そうしないと、目標を達成できないことを承知しているからだ。「どこが最低ラインかわかれば、私はそれに対応できる。それがわからなければ、問題について計画を立てられない」というのが彼らの態度だ。

## 柔軟性

つねに成功している人は、人生は成功ばかりの旅ではないことを理解している。周到な計画であっても、時には修正したり変更したりせざるを得ないことを理解している。

こうした人たちは、何らかの行動や思考パターンに頑固にこだわり続けたりしない。彼らは情報を進んで吸収し、実行可能な他の選択肢を検討する。

Aでうまくいけば、Aにし、BでうまくいけばBにする。彼らは柔軟だが、決して屈することはない。彼らは見かけや自我、あるいは意思といったものではなく、結果に基づいて自分自身を評価し、自分が間違っていたら、喜んで修正したり、初めからやり直したりする。

## リスク

つねに成功している人は、リスクを冒すのを厭わない。彼らが無謀だということではないし、自分や自分の目標を不必要な危険にさらしているということでもない。

彼らは進んで安全地帯から出てきて新しいことに挑戦する、という意味だ。必要なら未知の世界に飛び込み、より多くのものを手に入れるためなら、安全で楽で自分がよく知っている生活を捨てるのを厭わない。

たとえ、変えなければというプレッシャーを感じたり、失敗する可能性が生じたりしても、自分が持っているものが充分でないと認めるのを厭わない。

## 人の輪

つねに成功している人は、一匹狼ではない。成功する人は、自分の成功を願っている人たちに囲まれているから成功するのだ、ということがわかっている。

彼らは、一生を通じて、人が自分の周りに人の輪をつくり、その人たちと健全な関係を結ぶことを知っている。彼らは、自分にはない技能や才能、能力を持つ人を選んで、親密な絆を結ぶ。

こうした人たちは、自分のことを気にかけ、誇りを感じながら前向きに役に立つ事実を告げてくれる。信頼する友人や協力者の輪をつくることは、きわめて大事なことだ。成功する人は、受けとるばかりではなく自分も相手に与えることによって、こうした輪をつくる。彼らは、他の人の周りにできた人の輪にも加わる。

## 行動

つねに成功している人は、有意義で目的に沿った、方向性がある行動をとる。世の中が自分の思いどおりになったさまを頭に思い浮かべるだけで、引き金を引かない、というタイプではない。リスクを冒すことを恐れていないので、こうした人たちは進んで行動する。

それも堅実に一貫して。世の中がそう易々と報いてくれるわけではないと承知しているので、一度試みて失敗してもくじけない。一度でうまくいけば、万々歳。一〇度目にうまくいったとしても、それで結構というわけだ。

## 優先順位

つねに成功している人は、自分の課題をランク付けして管理している。優先順位を決めて、それに従って生きているのだ。彼らは、最優先すべきことに注意を向ける必要があれば、優先順位が二番目や三番目、四番目のことに、コツコツと取り組んだりしないといった具合に、時間を管理している。

もし途中で、優先順位がいちばんではないことに取り組んでいると気づけば、中断して最優先事項に立ちかえる。優先順位に従って人生計画を立てているので、慎重に順位をつける。前にも述べたが、彼らは軌道から外れず、いちばん大事なことに全力を傾けてから、他のことに移る。

## 自己管理

これまでに挙げた成功に必要な九つの共通項には、どれも自己管理が関係しているが、ここで触れる自己管理はもっと限定されたものだ。つねに成功している人は、意識的に、そしてあからさまに、一人の人間として自分のことに気を配る。

目標を達成するにあたり、自分自身がもっとも大切な資源だからだ。彼らは、自分の心や身体、感情や精神の健康を積極的に管理する。彼らは、燃え尽き症候群にならないよう、バランスを保つ。一つの目標に情熱を使い果たして、残りの人生の目標を忘れるなんてことはない。

運動や気晴らし、家族との時間にもエネルギーを注ぐ。病的で精根尽きるような関係や仕事のことで悶々とすることはない。修復を優先事項にするか、自分から手を引くかのどちらかだ。自滅することもない。こうした人たちは、自分のことを大事にする。自分は、目的地につくまで乗らなければならない馬のようなものだからだ。

## ●――成功の要素は誰もが持っている

成功している人の人生に必ず見られる、これらの決め手となる一〇の要素は、あなたが自分の人生で見習うべき類の特性を示している。自分自身の成功例を研究して、これらが、本当にきわめて重要な要素であるか確認してほしい。

スポーツ界のスターであれ何であれ、その人物が成功しているなら、こうした要素を取り入れた人生戦略を実行していること請け合いだ。

これらの特性が大それたことのように聞こえるからといって、恐れをなしてはならない。これらは、有名人に限った特性でも、有名人しか持てない特性でもない。

有名人とて、あなたとまったく同じ人間であり、世間がそのように仕向けたから有名であるにすぎない。決め手となるこれらの特性は、学校の先生の中にも、NBAのスターの中にも、同じように見られるものだ。看護婦や事務員、オペラ界のスターにも見いだせるだろう。他ならぬあなたの家の中でも見いだせると思う。少なくとも、私の場合はそうだった。


私は、世界級チャンピオンと同居している。結婚生活二二年になる私の妻、ロビンは、静かで目立たないが有意義な人生を送っており、マイケル・ジョーダンやシェリル・スウォープスが持っているであろうものと、まったく同じ特性と情熱を持っている。

ロビンは少なくとも、彼らに引けを取らないくらい自分の仕事を上手にこなしている。唯一の本当の違いは、マイケル・ジョーダンが何百万人という観客が見守る中で不思議な力を発揮するのに対して、ロビンは、私と二人の息子という身内の前で不思議な力を発揮することだ。彼女は一度もテレビに出たり、優勝試合でプレイしたりしていないが、英雄並みのことをやってのけるのを私は見てきた。

ジョーダンやスウォープスが、ゲームの終盤で「追い込まれると力が湧いてくる」と言っているのを聞いたことがあるだろうか。私は、数分で終わるゲームではない場面で、ロビンが追い込まれて力を発揮するのを目にしてきた。

私がその強さを見たのは、ガンに苦しみぬいたすえ亡くなった父親を、彼女が数ヶ月にわたって看病していた時だ。しかも彼女には、父親の看病だけでなく、息子たちと私の毎日の世話もあったのだ。私たちの長男が髄膜炎で生きるか死ぬかという時には、愚痴ひとつ言わず、彼女は九〇時間もの間一睡もせずに付き添った。


彼女は、母親として、妻としての役割を情熱とビジョンをもってこなしている。身長一五七センチ、体重五二キロほどの小柄な身体だが、自分の子供がトラブルに巻き込まれたら黙ってはいない。丸鋸を手に、クマとだって闘うだろう。

「見捨てる」とか「うんざりする」といったことがないのは確かだ。この女性は、人生の勝者である。チャンピオンである。一日の終わりに、トロフィーをもらったり、インタビューを求められたりすることはないが、それでも、どこの誰にも引けを取らないくらい、情熱とビジョン、行動でもって自分のゲームをしている。

マイケルやシェリルが「コートを走り回る」のに対して、ロビンは隣近所との自動車相乗りシステムで走り回る。マイケル・ジョーダンがチームの要であるのとまったく同じように、ロビンは愛情豊かな母として妻として、家族の要となっている。彼女は、良い時も悪い時も、威厳をもって質の高い人生を送っている。彼女には、家族のための計画がある。子供たちのためのビジョンがある。私たちの世話をできるように、自分自身の面倒を見ている。彼女は、成功しか生まれない愛のある温かい、人を育む環境を作っている。

これらは、チャンピオンに特有の性質だ。あなたの日常生活の中にいるチャンピオンを見つけだそう。何もスターを探すのに、ＮＢＡに目を向ける必要はない。今のあなたの人生にスターはいるはずだ。

これまではそんな風に思ったことも、自分自身をそんな目で見たこともなかったかもしれない。だが、これは事実の問題ではなく認識の問題だ。誰でもスターになれる。誰でも自分の人生のチャンピオンになれる。これこそが、あなたが求め、生きるべき真実だ。

今のままのあなたでは、スポットライトやカメラや、待ちかまえている記者がいないからといって、自分はチャンピオンになれない、あるいはチャンピオンではない、と思い違いをしないように。立ち止まって、周りを注意して見てみよう。思っていたよりも近くに偉大な人間がいるかもしれない。

この無味乾燥した世の中では、「日常生活の偉人」の話なんて実際にはない、たまたまこの二二年間、人生をともにしているから、ロビンのおかげだと考えているだけのことだ——。そう思われてはいけないので、アンディーの話をしよう。

## ●——アンディーが人生の勝者となれた理由

私のもっとも身近な仕事仲間で、いちばんの親友のビル・ドーソンの紹介で、私の会社は、カリフォルニア州での巨額の報酬が絡んだ企業訴訟に関係した。一〇億ドルを越える賠償金をめぐる訴訟で、私たちはフォーチュン一〇〇社に選ばれた企業数社の代理を務めていた。訴訟は五カ月ほど続く見込みで、その間のホテル暮らしはいちばん良い時でも緊張を強いられるものだった。

この訴訟で主任弁護士をしていたビル・ドーソンは、アメリカ屈指の腕利き弁護士だ。訴訟となると仕事の鬼になり、精力的かつ徹底的に訴訟の準備をする男だ。これはつまり、訴訟前に何度もミーティングを開き、訴訟中も幾度となくミーティングを重ね、真夜中過ぎまで翌日のための予行演習を行うということだった。

この街での移動は悪夢のようだった。私は街に来た初日の夜にアンディーに出会った。真夜中を少しすぎた頃、私は彼のタクシーで空港からホテルまで運んでもらった。

私はこれまでに、多くの都市で数多くのタクシーに乗ってきた。清潔なタクシーも中にはあったが大半は汚く、どれもこれもひどい匂いがした。私は乗り込んですぐに、今回のタクシーは違うと気づいた。時刻は真夜中を過ぎているというのに、アンディーの車は輝いていた。運転手本人はシャツとネクタイ姿で、車に引けを取らないほどきちんとした格好だった。後部座席には、地元紙と『USAトゥデー』紙、それと『ウォールストリート・ジャーナル』紙の最新版が、きちんと折りたたまれて置かれていた。恐らく、その日一〇回は読まれただろうが、どのページもあるべき場所におさまっていた。アンディーが自分の仕事と働きぶりに誇りを持っていることは疑う余地がなかった。彼の文法は怪しく、シャツはかなりすり切れていたが、清潔で、自分の姿に誇りを持っていることが見てとれた。

次の日、私は三台か四台のタクシーをはしごして、街を駆けずり回った。いずれも、降りたらすぐに服のままシャワーを浴びたくなるようなタクシーだった。私は前日の領収書を取り出して、アンディーに電話した。私のチームの六人から八人の人間が、定期的に市内を移動しており、それからの数ヶ月間、空港へも往復する旨を説明した。街にいる間、私たちの足になってもらえないだろうかとアンディーに頼んだ。ありがたいことに、彼はオーケーした。

それから四カ月半の間に、私は、人生のビジョンを持ち、自分の意のままにできる単純な手段で情熱を持って目標を追いかけている、この単純な男をよく知るようになった。アンディーは私たちを優しく包んでくれた。彼は朝早くから待機していた。それも時々ではなく、いつもだった。チームのメンバーを朝六時に拾い、その日の真夜中をとっぷりすぎた時間に空港で私を拾うということもたびたびだった。タクシーはつねに清潔。彼自身もいつも小ぎれいな身なりをしていた。彼はプロであり、自分の仕事に全力を注いでいた。

移動中の会話の中で、私は彼の哲学に耳を傾けた。正しいことをして一生懸命働けば報われる、というのがその哲学だ。彼の目標は、五年後に自分のタクシー会社を持つことだという。自分の目標にワクワクしているのは疑いなかった。

ある金曜の夜、空港まで送ってもらうと、天候のため飛行機の到着が大幅に遅れていた。アンディーは、待つ間、自分の事業計画を見る気はないかと私に声を掛けた。私が飛行機に乗り込み、もう自分は必要ないと確信するまで立ち去る気はなかったので、アンディーは急いではいなかった。私は、この善良だが単純で学のない男が何を見せてくれるのか、興味津々だった。

私はぶったまげた。単語のスペルが間違っていたし、手書きだったが、なるほどと思えるものだった。彼は計算し、先々のことを考えていた。期限と明確な成果の基準を決めていた。アンディーには計画があった。
それだけでなく、その年にアメリカで行われた最大の訴訟でないとしても、きわめて大きな訴訟を支える日々の雑多な業務で、欠くことのできない役割を果たしていた。彼は、私を含めてチームのメンバーや重要証人、弁護団を、信頼できるプロの仕事ぶりでタイミングよく運んでいた。自分がこの訴訟に何らかのかたちで関わっていることを、彼が誇らしく思っているのは一目瞭然だった。彼は毎日、新聞で訴訟の経過を追い、驚くほど事情に詳しくなっていた。

最後の日、アンディーは私を空港まで送り、ゲートまで一緒に行ってもよいかとたずねた。途中で彼は言った。「先生。この一件に関係させてもらって、感謝しています。これまでとは違う自分になったような気がします。私はたくさんのことを学びました。もうお会いすることがなくても、私にこんなチャンスをくれて、感謝しています」。これこそ一流の人間だ。私はアンディーに世話になった礼を言い、成功を信じていると言った。彼の計画は立派なもので、うまくいくと確信していると告げた。彼はビジョンと情熱を持った男だった。

アンディーのような人間がこの世の中に存在し、アンディーのような仕事をしていることを神に感謝しなければならない。さもないと、自分はかなりの大物だと考えている人間は、実に困ったことになるだろう。

我が家へと向かう飛行機の中で、私の頭を占めていたのは、訴訟のことではなく、アンディーのことだった。私が自分の仕事をするのと少なくとも同じくらい、彼が自分の仕事を立派にこなしていることは明らかだった。アンディーはチャンピオンであり、人生の勝者だった。彼は今の人生に誇りを持ち、自分が置かれた環境で立派に花を咲かせていた。国会議員やアメリカの産業界、そして他の分野にたずさわるすべての人は、アンディーから多くのことを学べる。少なくとも私は学んだ。

似たような話はいくらでもできるが、私が伝えたいと思っているメッセージをすでに理解してくれたことと思う。現状や仕事が何であろうと、学校での成績がどの程度であろうと、あるいは学がなかろうと、「人生の法則」に従い、成功の公式の要点を自分の中に取り込めば、あなたも人生の勝者になれる。人生の勝者になる、ならないは、あなたの選択次第だ。

著者

## フィリップ・マグロー

**Phillip C. McGraw, Ph. D**

20年以上にわたって戦略的人生設計の分野を研究。

行動科学で博士号を取得。米国有数の訴訟コンサルタント会社コートルーム・サイエンシィス（法廷科学）の共同設立者兼社長で、国内外の関心を集めた有名なオプラ・ウィンフリー訴訟では戦略を手がけ、勝利へと導いた。

主にコミュニケーションや対人関係に関するセミナーを開催し、効果的な人生設計の立て方を多くの人にアドバイスしている。心理学者として数々の科学論文も発表。テレビにも出演している有名人。

訳者

## 勝間和代（かつま　かずよ）

東京都生まれ。経済評論家、公認会計士。

早稲田大学ファイナンスMBA、慶應義塾大学商学部卒業。

現在、早稲田大学大学院商学研究科博士後期課程在学中。

当時最年少の19歳で会計士補の資格を取得した後、21歳で長女を出産。在学中から監査法人に勤めるが、ワーキングマザーとしての働きにくさから外資系企業に転職。以後、アーサー・アンダーセン（公認会計士）、マッキンゼー（戦略コンサルタント）、JPモルガン証券（ディーラー・証券アナリスト）を経て、会計を中心とした調査会社「監査と分析」を設立。

内閣府男女共同参画会議「仕事と生活の調和に関する専門調査会」専門委員。

2005年、ウォールストリート・ジャーナルから、「世界の最も注目すべき女性50人」に選ばれる。2006年、エイボン女性大賞を史上最年少で受賞。2008年5月、第一回ベストマザー賞受賞（経済部門）。3女の母。

著書に『勝間和代のインディペンデントな生き方実践ガイド』『勝間和代のビジネス頭を創る7つのフレームワーク力』（ディスカヴァー）『効率が10倍アップする新・知的生産術』（ダイヤモンド社）『勝間式「利益の方程式」』（東洋経済新報社）『お金を銀行に預けるな』（光文社）『決算書の暗号を解け！』（ランダムハウス講談社）など。

公式ブログ「私的なことがらを記録しよう！！」（Googleで「勝間和代」GO）も日々更新中。

**人生戦略公式サイト“最強人生.jp”オープン**
http://www.saikyojinsei.jp/

# 史上最強の人生戦略マニュアル

2008年　9月27日　第1刷発行
2009年　3月18日　第6刷発行

著者　フィリップ・マグロー
訳者　勝間和代
発行者　川口徹
編集人　松隈勝之
発行所　きこ書房
〒163-0264　東京都新宿区西新宿2-6-1 新宿住友ビル36階
電話 03-3343-5364
ホームページ　http://www.kikoshobo.com

装丁・本文レイアウト　本山吉晴
印刷　新灯印刷株式会社
製本　東京美術紙工協業組合

ISBN 978-4-87771-239-6


この本の売り上げによる翻訳者印税の一部は
世界中の難民・被災民の自立支援に使われます。
詳しくはChabo!のサイト（http://www.jen-npo.org/chabo/）を参照ください。